ŒUVRES COMPLÈTES

DE

LAMARTINE

PUBLIÉES ET INÉDITES

HISTOIRE DE LA TURQUIE

I

TOME VINGT-TROISIÈME

PARIS
CHEZ L'AUTEUR, RUE DE LA VILLE-L'ÉVÊQUE, 43

M DCCC LXII

ŒUVRES COMPLÈTES

DE

LAMARTINE

—

TOME VINGT-TROISIÈME

HISTOIRE

DE

LA TURQUIE

I

PRÉFACE

I

On n'écrivit jamais l'histoire d'un peuple dans des circonstances plus suprêmes pour ce peuple lui-même. Quand l'iniquité et le malheur frappent une nation, c'est le moment d'être ému et juste pour elle. La postérité est comme la justice, elle aime à défendre les faibles et à venger les opprimés. Les peuples trouvent quelquefois leur châtiment, quelquefois aussi leur vengeance, leur justification et leur gloire dans l'histoire.

Réveillés en sursaut de leur long sommeil par le péril de leur race et de leur nom, attaqués en pleine paix par l'envahissement de leurs mers et de leur territoire, insultés dans leurs foyers, outragés dans leur indépendance, incendiés dans leurs ports, submergés de toutes parts par des armées de ces Moscovites, qui prennent le nombre pour droit et le fer pour titre, les Turcs, debout sur ce qui leur reste de frontières, les armes du désespoir à la main, combattent sans regarder devant eux ni derrière eux pour savoir si la Turquie ressuscitera dans son sang ou mourra de leur mort glorieuse.

l'Europe n'est pas émue, au moins doit-elle être attentive. C'est l'heure de dire ce que furent jadis, ce que sont aujourd'hui et ce que peuvent être bientôt ces Ottomans défigurés à ses yeux depuis l'époque des croisades par des antipathies de religion. Ces antipathies tombent de siècle en siècle devant les intérêts de civilisation de races et de pondération du globe. Les peuples, désormais, ne vont plus chercher dans le ciel les motifs de se haïr et de s'entre-tuer sur la terre. Ils ne se demandent plus les uns aux autres s'ils sont bouddhistes, hébreux, musulmans, catholiques, schismatiques, romains de rite ou grecs de superstition ; mais ils se demandent s'ils sont vivants, justes, tolérants, braves, probes, patriotes, capables d'occuper sur le globe la place que les siècles leur ont assignée dans la distribution providentielle des territoires. Ils se demandent s'ils sont capables de défendre cette zone de terre ou de mer qu'ils occupent contre l'usurpation menaçante et universelle d'une autre race ; ils se demandent s'ils sont capables de constituer encore une digue contre les débordements d'une race conquérante, qu'il faut contenir dans son lit, ou à laquelle il faut lâchement livrer, comme à un cataclysme surnaturel, les territoires, les mers, les nationalités, les capitales, les religions, les civilisations, les libertés et les commerces du globe.

A cette question la Turquie répond par son héroïsme, l'Europe par le soulèvement unanime de sa conscience.

Non, l'Europe n'en est pas réduite à se résigner à l'omnipotence de la Russie comme on se résigne à un fléau de la destinée. Le Nord, en débordant, s'est trompé d'heure. La Turquie n'est pas morte, et l'Occident, prévoyant et ferme, défendra en Orient ces distributions des territoires et ces indépendances des races, qui, si on les abandonnait chez un peuple, seraient bientôt anéanties chez nous-mêmes.

L'Occident n'a pas toujours été si prévoyant et si sage. Il fut un temps où deux poëtes, Chateaubriand en France et Byron en Angleterre, prêchèrent contre les Ottomans, au nom des dieux de la Fable, une de ces croisades d'opinion qu'on avait prêchées autrefois à l'Europe au nom du Dieu de l'Évangile. Les publicistes créent les opinions, les poëtes créent l'enthousiasme. L'enthousiasme poétique émancipa la Grèce, malgré les hommes d'État. L'imagination s'en réjouit. La politique en conçut des pressentiments vérifiés par le temps. Nous-même, jeune alors et inexpérimenté des choses orientales, ne connaissant encore ni les lieux ni les hommes, nous fûmes injuste envers les Ottomans, par admiration pour le courage des Grecs. Nous nous trompâmes avec le monde. Il fallait protéger et fédéraliser la Grèce sans la détacher entièrement du centre Ottoman qui couvre l'Orient et l'Occident contre l'invasion moscovite. L'incendie inique et atroce de Navarin fut le feu de joie de la Russie. Il prédisait celui de Sinope.

Le sultan Mahmoud, qui régnait alors, et qui s'efforçait de régénérer son empire par la tolérance et par la civilisation européenne, versa des larmes en apprenant ce contre-sens et ce suicide des puissances. « Voyez, dit-il à un diplomate qui s'excusait de la participation de son pays à ce meurtre à froid de Navarin, voyez! l'Europe, que je défends seul contre le débordement de ces Moscovites, se joint aux Moscovites pour m'anéantir! L'Europe veut donc être inondée et subjuguée après moi?

« — C'est vrai, répondit le diplomate au sultan; mais ne désespérez pas de l'Europe. Il viendra un temps où elle reconnaîtra tardivement vos efforts, où elle viendra brûler dans vos mers les vaisseaux russes avec lesquels on a brûlé à Navarin vos vaisseaux.

« — *Dieu est Dieu*, dit Mahmoud en cachant son front dans ses mains et en pensant sans doute à son fils, *que sa volonté s'accomplisse!* »

Elle va s'accomplir.

II

Il ne s'agit plus aujourd'hui des Ottomans ou des chrétiens, il s'agit de l'indépendance et de l'inviolabilité de tous les peuples. Le tocsin du péril de l'Europe a sonné à Pétersbourg. Tous les peuples qui veulent conserver un foyer libre doivent courir au feu. Les puissances, selon nous, ont été trop lentes à entendre cet appel. Elles l'entendent enfin; il est temps de parler.

On peut, dans les questions de régime intérieur de son pays, avoir des antipathies ou des préférences, des réprobations ou des approbations qui sont les droits de la conscience individuelle. On peut se taire avec tristesse et quelquefois avec patriotisme, pendant les éclipses de la liberté, sur les problèmes de gouvernement. Ces choses contristent l'esprit sans altérer le fond même de la nationalité; les gouvernements ne sont pas les sociétés; ils n'en sont que la forme et le mécanisme. Le mécanisme brisé, le costume dépouillé, on retrouve un peuple, un territoire, des frontières, des mers, des armées, des colonies, des flottes, tout ce qui constitue en un mot la patrie.

Mais, si ces formes et ce mécanisme variable des gouvernements sont choses qui passent avec les années, les circonstances, les engouements ou les découragements des peuples, il y a au fond de ces peuples des choses permanentes, vitales, qui forment l'essence même de leur existence nationale et qui ne se retrouvent pas quand on les a une fois perdues. Ce sont les intérêts extérieurs de la nation, sa place dans le monde, son importance relative sur le globe, son poids spécifique dans l'équilibre des puissances, ses frontières, ses mers, ses alliances, sa géographie enfin. Sur des intérêts de cette gravité, il faut dire ce que l'on pense partout et toujours avec l'indépendance du patriotisme ; car ces choses ne sont pas du jour, elles sont de l'éternité du pays ; elles dépassent, par leur grandeur et par leur durée, les temps et les vicissitudes des gouvernements ; elles précèdent les dynasties ou les républiques ; elles survivent aux dictatures et aux empires. Celui qui voit ces intérêts permanents en souffrance ou en péril, et qui se tait, ne trahit pas seulement la vérité, il trahit son pays.

C'est ce qui nous fait écrire.

III

Sans entrer ici dans l'analyse des considérations innombrables qui ont fait, depuis François Ier, de l'alliance de la France avec la Turquie un proverbe de la politique traditionnelle de la France, nous ne dirons de l'empire ottoman qu'une seule chose : L'empire ottoman occupe géographiquement, militairement, maritimement et politiquement, en Europe et en Asie, une place sur le globe de plus de cent mille lieues carrées, et cette place, si l'empire ottoman disparaît, ne peut être occupée que par la Russie. Si l'Europe, en effet, permet ce grand meurtre d'un peuple par un czar, l'Europe n'a pas apparemment la prétention de laisser vides ces cent mille lieues carrées des climats les plus favorisés du ciel, des territoires les plus fertiles, du littoral le plus riche en rades et en ports, des archipels les plus commerciaux, des détroits les plus infranchissables à qui n'en a pas la clef, des mers les plus navigables, et de la capitale la plus prédestinée par la géographie pour redevenir ce qu'elle fut, la métropole de l'univers.

La Russie à la place de la Turquie!...

Voilà donc l'option pour la France, pour l'Angleterre, pour l'Europe.

Cela dit, il n'y a pas besoin de dire un mot de plus sur le maintien ou sur l'effacement de l'empire ottoman de la carte politique du globe. Qu'on y réfléchisse une minute seulement! L'option est écrite sur la terre et sur la mer en caractères de vie et de mort pour l'Europe et pour la France. Il faut que l'empire ottoman reste à sa place ou que la France perde la sienne. Ainsi dit la France, ainsi dit l'Angleterre, ainsi disent l'Asie, l'Afrique, l'Espagne, l'Italie; ainsi dira l'Autriche elle-même, victime bientôt, si elle restait immobile, d'une ambition qui la caresse pour l'étouffer à son tour.

IV

Avant et depuis les traités de 1815, l'empire ottoman, consolidé par cet intérêt unanime des puissances, était entré comme partie intégrante dans le système du monde pacifié. Cet empire subissait à l'intérieur les phases de tous les empires qui décroissent après avoir démesurément grandi. Mais, à l'inverse des empires qui se détériorent dans leur décadence, l'empire ottoman se civilisait, s'*européanisait*, se rajeunissait par le contact avec l'Europe, en se réduisant d'étendue. Le père du jeune sultan actuel, l'intrépide Mahmoud, risquait trois fois sa couronne et sa vie pour régénérer sa nation. Après avoir, par le coup d'État le plus héroïque et le plus légal de toute l'histoire moderne, exterminé les janissaires dans le flagrant délit de leur sédition, le sultan Mahmoud poursuivait à l'intérieur ses grandes pensées de tolérance, d'assimilation de l'Orient à l'Occident. Les préjugés et le fanatisme étaient ensevelis avec les cadavres des janissaires. L'empire ottoman allait avoir son Pierre le Grand, après avoir eu ses Strélitz.

L'Europe fit alors la faute du démembrement de la Grèce et de l'incendie de la flotte turque au profit des Russes. 1840, date d'une politique erronée en France, politique que nous combattîmes de tous nos efforts à la tribune, fit la faute, plus impardonnable encore, de prendre fait et cause pour un pacha d'Égypte révolté contre le sultan. Le ministère français menaça l'Europe entière de la guerre, pour démembrer encore l'empire déjà si affaibli et pour lui retrancher l'Égypte, l'Arabie, la Syrie jusqu'au Taurus et les îles. Mieux valait écrire franchement le *hors la loi* de la Turquie et se distribuer les provinces de cet empire. Une confédération européenne aurait du moins gardé la place et solidarisé le monde occidental contre le monopole de la Russie. La victoire d'Ibrahim-Pacha à Nézib, encouragée par la faveur inconsidérée du gouvernement français de 1840, tua Mahmoud et menaça de livrer l'empire ottoman à un aventurier qui l'aurait revendu à la Russie. Un cri d'effroi sortit de toutes les pensées en France. Le ministère, abandonné par l'opinion, fut obligé de rappeler nos flottes, de reconnaître honorablement sa faute et de se retirer. On signa à Londres le raffermissement de l'empire ottoman par le traité du 15 juillet. Un geste de l'Europe et quelques milliers d'Autrichiens débarqués en Syrie suffirent pour changer en déroute l'invasion de cette armée égyptienne d'Ibrahim-Pacha, réputée invincible, et refoulée sur les bords du Nil.

V

Le sultan Mahmoud était mort sous le coup de ses disgrâces et de la fausse politique française de 1840; son fils Abdul-Medjid reçut l'empire au berceau sous de meilleurs auspices. Les réformes étaient en grande partie accomplies, et les haines qu'excite toujours un réformateur étaient mortes avec Mahmoud.

Nul jeune souverain ne parut jamais plus prédestiné par la naissance, par le caractère, par l'extérieur même, à réparer pacifiquement un empire. Voici le portrait vrai que nous traçâmes d'Abdul-Medjid, quelques années plus tard, en sortant d'un long entretien avec lui. Des milliers de témoins attesteraient à l'Europe que ce portrait n'emprunte rien ni à la faveur ni à l'illusion.

Abdul-Medjid nous avait fait assigner notre audience à la campagne, dans un petit pavillon de retraite où il se complaît à se recueillir, loin du bruit et de la pompe de ses palais de Stamboul.

Nous copions dans nos notes de voyageur la description du site et de l'homme.

VI

« Après avoir franchi les collines désertes qui séparent Constantinople de *Flammour*, nous descendîmes de cheval au fond d'un étroit vallon, au bord d'un ruisseau, dans un carrefour boisé, formé par trois ou quatre sentiers tracés sur le sable humide sous des arbustes. On nous conduisit à gauche, par le sentier le plus ténébreux, vers une clairière au fond de laquelle nous apercevions une maisonnette carrée à toit plat, percée d'une seule fenêtre, maison à peu près semblable au presbytère d'un pauvre curé de campagne dans nos villages du midi de la France. Un escalier de trois marches montait du bord du chemin au palier extérieur de la maison. De beaux arbres fruitiers, plantés dans le jardin en face de cette chaumière, y jetaient leur ombre. Cinq ou six vieux tilleuls, qui ont donné leur nom à cette vallée, penchaient leurs branches sur le toit. Devant l'escalier, un imperceptible jet d'eau, qui ne s'élevait pas plus haut que les tiges du jasmin domestique, tintait mélancoliquement en retombant dans un petit bassin cerclé de pierres et servait à arroser les légumes. Un jardin potager d'un quart d'arpent verdoyait au-dessous du bassin. On y descendait par cinq ou six marches. Un jardinier turc et sa famille habitaient, à vingt pas du kiosque du sultan, une cabane rustique.

Le jardinier et ses enfants allaient et venaient, la bêche et l'arrosoir à la main, dans ces allées, comme s'ils avaient été dans leur propre enclos, à mille lieues des yeux de leur *padischa*. Ils ne firent aucune attention à nous. C'était cependant là le kiosque favori du sultan, le palais de loisir ou d'étude de ce maître d'une partie de l'Asie, de l'Afrique, de l'Europe, depuis Babylone jusqu'au Danube et jusqu'à Tunis, et depuis Thèbes jusqu'à Belgrade. Nous étions à sa porte, et nous pouvions nous croire au seuil d'un pauvre solitaire vivant retiré sur un arpent du verger paternel, en face de sa vallée, au bord de sa forêt.

VII

» Abdul-Medjid n'y était pas encore arrivé. Le paysan gardien du verger nous ouvrit une barrière de bois. Il nous fit passer, pour nous conduire au jardin, devant la porte du kiosque. La porte était ouverte pour laisser entrer le vent, la fraîcheur et le murmure de l'eau du bassin. Nous jetâmes, en passant, un regard furtif dans l'intérieur. Ce n'était qu'une salle vide entre quatre murs peints à l'huile d'une teinte grise, un pavé en mosaïque des cailloux du ruisseau, un divan recouvert d'une toile de coton blanche, autour de la salle, une large fenêtre à moitié masquée par l'énorme tronc d'un des tilleuls, un petit bassin murmurant sous les gouttes d'un jet d'eau au milieu du pavé de mosaïque. Point de meubles, point d'ornements; le pavillon était orné de son isolement, meublé de son murmure d'eau et de son ombre. Les musulmans nés dans les montagnes et dans les vallées de l'Asie, fils de pasteurs, ont emporté jusque dans leurs palais la mémoire, les images et la passion de la nature champêtre; ils l'aiment trop pour la farder. Une femme, un cheval, une arme, une source, un arbre, voilà les cinq paradis d'un fils d'Othman. . . . .

. . . .

. . . .

» En entrant dans le kiosque, je cherchai des yeux le sultan. Il était debout, presque effacé dans l'ombre entre la fenêtre et le mur, à l'angle le moins éclairé de la salle. Le sultan Abdul-Medjid est un jeune homme de vingt-six à vingt-sept ans, d'une apparence un peu plus mûre que son âge. Sa taille est élevée, élégante, fine. Il porte sa tête avec cette souplesse gracieuse et noble à la fois que la longueur du cou donne au buste grec d'Alexandre jeune. Ses traits sont réguliers, son front haut, ses yeux bleus, ses sourcils arqués, comme dans les races caucasiennes, son nez droit, ses lèvres modelées et entr'ouvertes; son menton, cette base du caractère dans le visage humain, est ferme et bien attaché; l'ensemble produit une impression plus attrayante qu'imposante; on sent un homme qui aspire à être aimé plus qu'à être craint : il y a de la timidité de modestie dans le coup d'œil, de la mélancolie sur la bouche, de la lassitude précoce dans la pose; on voit que ce jeune homme a pensé et souffert avant le temps. Mais ce qui domine, c'est une sensibilité grave et méditative. On se dit : Cet homme porte quelque chose de lourd et de saint dans sa pensée comme un peuple, et il sent le poids et la sainteté de son fardeau. Point de jeunesse, point de légèreté dans l'expression. C'est la statue d'un jeune pontife plus que d'un jeune souverain. Ce visage inspire un certain attendrissement de cœur. On pense malgré soi : Voilà un homme dévoué au pouvoir suprême qui est jeune, beau, tout-puissant, qui sera grand sans doute, jamais libre, jamais insouciant, jamais heureux. On le plaint et on l'aime, car dans sa grandeur il sent visiblement sa responsabilité. Il est permis à tout homme dans son empire d'être heureux, excepté à lui. Le trône l'a pris au berceau.

» Son costume était simple, uni, presque un deuil : une tunique de drap sombre tombant jusqu'aux genoux, le cou nu, un pantalon en toile à larges plis sur des bottines noires, un sabre sans ornement à la poignée. Son visage seul l'aurait révélé à la foule. Je me sentis ému, attiré, attendri par cette mélancolie dans la majesté. . . . .
. . . .

» Pendant que je lui parlais, il tourna plusieurs fois le pommeau de son sabre, sur lequel il s'appuyait, dans ses mains. Il rougit et regarda la terre comme s'il avait eu la pudeur de sa vertu.

» Nous le suivîmes à l'examen qu'il allait faire lui-même de sa jeunesse militaire. . . . .
. . . .

» — Quelle destinée, peut-être unique dans l'histoire, disais-je en sortant à mes compagnons, que celle de ce jeune homme que nous venons de voir à l'œuvre de la régénération d'un peuple ! Que de prières pour lui dans toutes les langues s'élèvent à la fin des journées qu'il consacre ainsi à ses devoirs !

» Combien n'invoque-t-on pas le maître des rois et des peuples, pour qu'il lui soit donné de réunir l'Europe et l'Orient, le monde musulman et le monde chrétien, dans la tolérance et dans l'unité, comme il les unit évidemment dans son cœur ! Ce n'est pas tout d'être bon et grand, nous disons-nous, il faut être roi; ce n'est pas tout d'être souverain, il faut être jeune, et ce n'est pas tout d'être bon, grand, souverain et jeune, il faut être compris, aimé, secondé par son siècle. Abdul-Medjid est tout cela. Que le ciel bénisse en lui les quarante millions d'hommes, les continents, les mers, les îles, les montagnes, les fleuves qui dépendent de lui. »

Qu'on nous pardonne cette citation; mais au moment où nous allons peindre les premiers sultans qui fondèrent cet empire, il fallait peindre le dernier de ces fils d'Othman, transformé en philosophe dans Abdul-Medjid.

VIII

Voilà le prince innocent, studieux, pacifique, qu l'Asie et l'Europe admiraient à l'œuvre de la civilisation de ses peuples sans acception de race ou de culte, et qui formait autour de lui, par son exemple, des hommes dignes de lui, quand la Russie, par un sentiment que nous laisserons juger à la conscience, lui envoya un proconsul, plus qu'un ambassadeur, pour l'outrager dans son palais, une armée pour appuyer ses outrages, et une flotte pour incendier ses vaisseaux et ses ports.

Or quel était le crime d'Abdul-Medjid? Le voici : En civilisant son peuple, il le fortifiait, il le faisait entrer d'année en année plus avant dans l'alliance et dans les mœurs de l'Occident. Il s'apprêtait à réaliser tous les jours davantage ce sublime progrès exprimé en son nom par les ministres de sa pensée et de son cœur :

« *Rendre les conditions politiques, civiles et religieuses si égales entre les musulmans et les chrétiens de toute communion dans l'empire, qu'il n'y eût plus sous les lois du sultan qu'un seul et même peuple sous des races et des religions diverses; en un mot, nationaliser tous ces fragments de nations qui couvrent le sol de la Turquie par tant d'impartialité, de douceur, d'égalité, de tolérance, que chacune de ces populations trouve son honneur, sa conscience et sa sécurité intéressés à concourir au maintien de l'empire dans une espèce de confédération monarchique sous les auspices du sultan.* » (Paroles d'Abdul-Medjid.)

Le cœur de l'Europe répondait à ces paroles, les faits commençaient partout à y répondre. Visitez Smyrne, Constantinople, la Syrie, le Liban; entrez dans les monastères, dans les hospices, dans les temples, dans les maisons d'éducation des deux sexes dirigés par des hommes et par des femmes de tous les ordres monastiques qui se consacrent au soulagement des infirmités humaines ou à l'enseignement religieux, depuis les sœurs de charité jusqu'aux lazaristes, et demandez à ces innombrables établissements pieux s'il y a jamais manque de faveur et de protection envers eux dans l'empire. Ils vous répondront tous en bénissant l'impartialité bienveillante des Ottomans et le nom du sultan. Il n'existe pas de ville en France où les consciences et leurs œuvres soient plus inviolables et plus favorisées que dans ces capitales, dans ces villes, dans ces campagnes, au sud et au nord du Liban. Ce n'est pas là qu'il faut chercher des martyrs. Toutes les libertés se tiennent. L'Européen sait trop quelle liberté de conscience la Russie apporte à la pointe de ses baïonnettes à l'Orient et à l'Occident.

IX

Le monde entier s'intéressait à l'accomplissement pacifique des desseins d'Abdul-Medjid dans ses États.

Il voyait de plus, dans le raffermissement de l'empire ottoman, dans la discipline et dans l'aguerrissement de son armée, une avant-garde et une digue contre le débordement universel de la Russie. Nous-même, chargé un jour, dans une tempête, de veiller aux intérêts extérieurs de la France, nous donnions à son ambassadeur à Constantinople cette instruction sommaire, mais catégorique, au milieu de la conflagration de l'Europe :

« *Ne provoquez point la guerre entre la Turquie et la Russie : détournez le gouvernement ottoman de toute agression contre les Russes ; mais, si la Russie ose profiter de l'ébranlement général de l'Europe pour attaquer ou menacer l'empire ottoman, dites au sultan que la France est l'alliée obligée de la Turquie et que le sultan peut disposer pour sa défense, non-seulement des flottes, mais des armées de la France, comme de ses propres armées. En cas de guerre intentée par la Russie à l'empire ottoman, l'alliance certaine, parce qu'elle est naturelle, est la triple alliance de la France, de l'Angleterre et de l'empire ottoman.* »

La Russie entendit ces paroles : elle resta immobile; la Turquie n'abusa point de la déclaration de la France, elle ne provoqua point la Russie. Saint-Pétersbourg semblait attendre on ne sait quelle opportunité sourde qui lui donnât prétexte à la guerre. La France commit la faute de réveiller hors de propos la question dite des lieux saints. Puérilité de diplomatie que les négociateurs désœuvrés s'amusent à remuer de temps en temps, quand ils ne savent que faire, à l'instigation de quelques moines italiens ou espagnols en guerre perpétuelle de préséance avec quelques moines byzantins.

Nous ne raconterons pas ces querelles pour des places dans le parvis ou dans le portique, pour des vanités de sacristie, pour des heures et pour des *clefs*. C'est trop infime. Une goutte de sang vaut mieux que ces orgueils de moines et ces jalousies de pèlerins. La vérité, c'est que les Turcs maintiennent seuls la police, l'impartialité, le respect et la paix autour de ces sanctuaires; la vérité, c'est que les combats acharnés des Grecs et des Latins ont failli plusieurs fois incendier, saccager et anéantir les lieux saints qu'on se disputait. Nous ne parlons ici que de ce dont nous avons été le témoin.

En voyant remuer cette question des lieux saints qu'il faut toujours assoupir, nous prévîmes ce qui allait arriver.

Il était indubitable que la Russie, voyant la France agiter cette question à Constantinople, se croirait obligée, pour conserver et accroître sa popularité orthodoxe-grecque en Orient, de tenter elle-même quelque bruyante manifestation de protectorat religieux qui fît dire aux Grecs de l'Asie : « Et nous aussi nous avons un patron dans Moscou! » De là le choc entre l'ambassadeur du czar et le gouvernement du sultan.

X

Cependant, il faut le reconnaître à la décharge du gouvernement français, aussitôt qu'il s'aperçut que sa prétention impolitique au monopole des lieux saints était un mauvais exemple donné à la Russie, et que la guerre pouvait sortir de ce sépulcre d'un Dieu de paix, le gouvernement français se hâta d'étouffer ce prétexte de discorde. Il retira sagement ses exigences exagérées, il modéra ses notes, il les interpréta, il donna pleine satisfaction à la Russie, il rentra dans le droit commun des nations et dans l'égalité des protections assurées par le divan aux établissements et aux pèlerinages des lieux saints. Nous ne pouvons qu'approuver en cela le gouvernement de la France d'avoir ainsi enlevé tout prétexte à la guerre. Une prépotence diplomatique et une tracasserie monastique ne valent pas la paix du monde.

XI

Mais ce n'était pas le jeu de la Russie. Ne trouvant plus dans la question des lieux saints une étincelle sur laquelle elle pût souffler pour allumer l'incendie de l'Orient, la Russie résolut de demander au sultan une énormité si impossible à obtenir, que le refus fût certain, et que ce refus, traduit par elle en injure, lui fournît le prétexte de l'invasion de la Turquie.

Et quelle fut cette énormité? Tout simplement l'abdication de l'indépendance et de la souveraineté du sultan, le partage du règne, et dans ce partage la part du lion ; en un mot, elle demanda qu'Abdul-Medjid reconnût le czar (comme autrefois les Césars avilis le faisaient à Constantinople) pour collègue à l'empire! Elle demanda que les douze millions de sujets grecs vivant sous les lois et sur le sol du sultan fussent placés sous la protection étrangère des empereurs de Russie, en sorte que ces douze millions d'hommes eussent deux maîtres sur le so ottoman, un maître nominal à Constantinople et un grand tribun armé et couronné à Pétersbourg, tribun auquel ils appelleraient en toute occasion des ordres ou du gouvernement de leur souverain nominal! Cette promiscuité de gouvernement demandée ainsi par la Russie, et limitée, en apparence, aux intérêts religieux de ces douze millions de Grecs, était d'autant plus exorbitante, que, le code civil et le code religieux étant, en Turquie, un seul code, toute question civile devient à l'instant question religieuse, au gré des appelants à la protection russo-grecque. C'était un pape russe couronné, à la tête de sept cent mille hommes, promulguant ses bulles souveraines par-dessus la tête du divan.

L'empire, à cette condition, n'était plus l'empire; c'était la pire des servitudes; car le sultan, devenu vassal du czar, n'aurait pas eu même le bénéfice de sa dégradation. Placé à Constantinople entre un collègue impérieux qui lui imposerait ses bulles de Pétersbourg et des sujets émancipés de tous ses décrets dans ses propres États, le sultan aurait été la dérision des souverains ! Mieux valait abdiquer mille fois et regagner, avec ses sujets ottomans, les vallées d'Iconium ou les landes de la Tartarie. Mais non, il y avait quelque chose de mieux à faire : c'était d'en appeler à la justice, à l'indignation de l'Europe; de courir aux armes, de vaincre ou de mourir en défendant l'honneur de sa race, son nom, son peuple, ses droits, l'indépendance et la dignité de tous les trônes dans le sien.

C'est ce qu'il a fait, c'est ce qu'il fait depuis dix mois à l'étonnement et à l'admiration du monde. La Russie a réveillé, sous l'excès de ses prétentions, la nation ottomane. L'indignation a refait un peuple de patriotes et de guerriers d'un peuple qu'on croyait assoupi dans le fatalisme. Ce peuple est fataliste, oui ; mais fataliste à la manière des héros, il fait son destin !

Tout le monde a les yeux fixés sur cette guerre, où une nation sans troupes réglées, sans finances, sans administration, sans flotte, sans habitude de la guerre moderne, presque sans armes et volontairement sans solde, lutte avec désespoir et, jusqu'à présent, avec miracles sur ses Thermopyles du Danube, contre les armées intarissables et irrésistibles des Perses du septentrion. Un empire ainsi défendu ne périt pas. La Russie a cru ensevelir un peuple, elle l'a ressuscité. Et, par un prodige qu'il était réservé à ce temps de contempler, prodige expliqué par la mansuétude tolérante des Turcs et par le prosélytisme persécuteur des czars, la chrétienté catholique elle-même fait des vœux pour les Ottomans, le libéralisme lui-même demande à combattre pour un sultan. Car les Turcs prennent en ce moment l'Europe à revers, selon le mot de Napoléon à Sainte-Hélène ; ils combattent en réalité pour le christianisme, et ils défendent sur le Danube la liberté de l'univers.

XII

La France et l'Angleterre, trop longtemps retenues par d'astucieuses négociations, entendent enfin ce cri de détresse. Ces puissances voguent au secours des opprimés contre les oppresseurs. Il est tard, mais il sera temps, si les secours ne sont pas inégaux à la gravité du danger de l'Europe. Des intrigues grecques dans les cours allemandes ont servi les Russes et entravé l'Angleterre jusque dans le secret de ses conseils. La main du peuple anglais a déchiré ces toiles d'araignée. On ne négociera plus que les armes à la main.

Nous ne blâmons ni l'Angleterre ni la France d'avoir poussé jusqu'à la temporisation la plus regrettable leurs efforts pour conserver la paix du monde. Nous abhorrons la guerre d'iniquité, la guerre d'ambition, la guerre de système, la guerre de caprice, même la guerre de précipitation. Mais ici cette guerre n'est pas, devant Dieu ni devant les hommes, la guerre. Cette guerre n'est pas autre chose que la défense de la paix! Il y a des temps où les plus sains principes, attaqués par la violence, ont besoin de s'armer eux-mêmes et de présenter des baïonnettes pour dernière raison de l'humanité et de la paix.

Le principe sacré pour lequel la France, l'Angleterre, la Turquie, courent aujourd'hui aux armes est celui-ci :

« *Sera-t-il permis à la Russie de faire arbitrairement et impunément la guerre à tout le monde dans un siècle qui veut la paix ?* »

Que celui qui veut qu'on accorde à la Russie ce droit de guerre arbitraire et universel à tout le monde dise oui ! Quant à nous, nous disons non ! Nous disons non, avec toute la partie morale, civilisée et indépendante de l'Europe, et ce non, nous louons l'Angleterre, la France et la Turquie de le soutenir les armes à la main.

Nous plaignons l'Autriche et la Prusse si, tout en disant le non dans leur conscience, elles n'osent pas le dire à haute voix devant leurs amis et devant leurs ennemis. Un mot de ces puissances arrêterait le sang qui va couler. Leur silence et leur immobilité seront des fautes graves devant la Providence, qui juge les neutralités iniques comme des agressions par réticence ! Ces deux puissances sont-elles donc plus amies du czar que de leurs peuples ? Le sang des milliers d'hommes qui périssent et qui vont périr leur appartient-il pour en faire une complaisance à la Russie ? L'amitié véritable consistait à dire à l'agresseur : « Vous faites une iniquité ; nous sommes vos amis, oui ; mais vos complices, non ! » Or laisser accomplir l'iniquité qu'on peut prévenir, n'est-ce pas aussi une complicité ? et, pour être immobile, cette complicité est-elle plus innocente ? Entre une cause juste et une cause injuste, l'impartialité n'est jamais vraie ; car il y a une conscience dans le genre humain. Qu'est-ce donc que cette prétendue neutralité des deux grandes puissances germaniques ? Si c'est déférence pour la Russie, cette déférence est excessive ; si c'est indifférence entre les deux causes, cette indifférence est impossible ; si c'est intimidation devant le czar, cette intimidation serait déjà la conquête de l'Allemagne, car il n'y a pas de pire vaincu que celui qui n'ose pas combattre.

Non, ni l'Autriche ni la Prusse ne peuvent être

indifférentes à la prépondérance de la Russie, limitrophe de leurs Etats, prépondérance bientôt sans contre-poids en Allemagne par la possession morale ou militaire de la Turquie. Le mot sera-t-il donc *résignation ?* La résignation de l'Allemagne?... ce serait la honte et la fin des Allemands. L'Allemagne serait donc plus fataliste que la Turquie ?

XIII

La Russie, qui s'étend depuis la Pologne jusqu'à la Perse et jusqu'à la Chine, pèse déjà infiniment trop sur le globe. Si on ajoute à ce poids le poids de cent mille lieues carrées de l'empire ottoman en Asie et en Europe, c'en est fait de toute balance de forces dans le monde : le plateau russe emporte pour jamais l'univers géographique et politique des peuples. Il faut écrire sur tout un hémisphère et sur la moitié d'un autre le fameux *finis Poloniæ*, appliqué non plus à la Sarmatie, mais à l'Europe tout entière.

Laissons parler à ce sujet un homme qui fut, malheureusement pour la France et pour lui-même, l'allié imprévoyant de la Russie contre les Turcs.

On sait que Napoléon aimait beaucoup la conversation et peu la réplique. Il disait tout, même la vérité, dans ces monologues historiques jetés avec intention à l'écho et que ses familiers appelaient des *causeries*. Le comte de Rambuteau, alors chambellan, depuis préfet de Paris, où il a laissé la trace du premier édile de la France, assistait un soir aux Tuileries à un de ces épanchements de paroles. On retenait ces entretiens, non-seulement à cause de l'importance du parleur, mais aussi à cause du prodigieux courant d'idées et d'images qui entraînait l'esprit dans ces improvisations du grand causeur. C'était dans les premiers jours de janvier 1813, époque où la fortune avait déjà soufflé sur bien des illusions; le maréchal Davoust, le comte de Lobau, écoutaient avec un respectueux intérêt, ainsi que M. de Rambuteau, les funèbres anecdotes de la retraite de Russie : Napoléon s'interrompit tout à coup lui-même dans le récit de ses revers, comme si le fantôme de l'avenir avait pour la première fois surgi devant ses yeux : « Hélas ! dit-il, combien les plans les mieux calculés peuvent être déjoués par les circonstances les plus imprévues ! Placé en 1812 à la tête de l'Europe, disposant de toutes les forces de l'Occident, j'avais cru que le moment était venu d'envahir enfin la Russie; je voulais élever contre elle une barrière qu'elle ne pût jamais franchir; j'espérais, du moins, retarder de cent ans cette puissance, et par le fait, je l'ai avancée d'un siècle ! Si jamais elle s'empare de Constantinople, appuyée sur la Baltique et le Bosphore, elle asservira l'Europe et l'Asie sous le même joug ! Ah ! si j'avais connu plus tôt l'importance du contre-poids turc à Constantinople ! »

XIV

Qu'on se représente, en effet, un czar qui recrute déjà ses armées parmi soixante-cinq millions d'hommes, hommes dont le seul métier est, comme dans les steppes d'Attila, de bien mourir à l'ordre du maître; qu'on ajoute encore, par la pensée, à cette puissance de recrutement formidable les quarante millions de sujets ottomans, turcs, grecs, abases, arméniens, circassiens, kurdes, arabes, druses, maronites, et qu'on y surajoute les vingt-cinq millions de Persans qui tremblent déjà devant les avant-postes de la Russie! Cent trente millions d'hommes dans une seule main despotique, pour en opprimer cent vingt millions d'autres.

Que devient la mer Noire, ce lac de l'Europe et de l'Asie? Elle devient le grand *dock* de la Russie, où ses flottes militaires se construiront et s'exerceront en silence, derrière une chaîne tendue de l'Asie à l'Europe, jusqu'au jour où ces voiles innombrables déboucheront par les Dardanelles dans la Méditerranée, disant au vent comme les barbares : « Soufflé où tu voudras, partout où tu nous porteras, la terre est à nous! »

Que devient le Danube, qui, après avoir coulé libre pendant six cents lieues à travers l'Allemagne, sera enchaîné à son embouchure et trouvera le blocus moscovite à sa jonction avec les mers où il allait chercher le soleil et les richesses de l'Orient?

Que deviendrait l'Adriatique, où l'Autriche commençait à s'exercer à la navigation et au commerce, par Trieste et par Venise, et que la Dalmatie, l'Épire, l'Albanie, désormais russes, fermeront comme une seconde mer Noire au pavillon autrichien?

Que devient Constantinople, cette capitale prédestinée, assise sur deux continents, au bord de trois mers et de deux détroits, portes communes dont les clefs doivent être dans une main neutre, amie ou libre? Constantinople devient une Moscou du Bosphore, dont le Kremlin, bâti à la place des jardins du sérail, fera passer, comme des esclaves, les vaisseaux de l'Europe sous son canon.

Que devient la Méditerranée? Ou un lac russe, ou un champ de bataille d'un siècle entre les flottes russes et les flottes anglaises tenant le commerce de l'Europe entre deux feux.

Que devient la France maritime sur cette mer où elle ne possède ni Malte, ni Gibraltar, ni Corfou? La France maritime devient la vassale subalterne de la puissance navale prépondérante sur ces mers, l'Angleterre; ou bien elle devient le but des insultes de la Russie jusque dans ses ports. Quand la Russie est aux Dardanelles, la frontière russe est à Marseille et à Toulon.

Que devient l'Allemagne? Dominée déjà depuis trente ans par la diplomatie ou par l'intervention russe, qu'elle pouvait contenir encore tant que le czar sentait derrière lui le contre-poids de la Turquie, l'Allemagne devient russe. La confédération du Rhin, rêvée par Bonaparte, devient une vérité après l'anéantissement de Constantinople par le czar ; l'Allemagne, grande et petite, devient une confédération du Danube contre la France.

A ce prix, la Prusse conserve un lambeau de Pologne et les provinces rhénanes ; à ce prix, l'Autriche conserve l'Italie, et, si l'Italie palpite à la voix de la France, un nouveau Souvarow descend de l'Illyrie dans ses plaines avec deux cent mille Russes au secours de deux cent mille Allemands. La France continentale ne peut plus faire un mouvement dans ses frontières sans rencontrer l'Allemagne avant-garde de la Russie, ou sans se heurter à la Russie réserve de l'Allemagne. Les traités de 1815 sont rétrécis contre nous de tout ce qui restait d'indompté en Orient, d'indépendant en Allemagne, de vivant en Italie. Ce n'est plus la coalition accidentelle et passagère de 1815, c'est la coalition à perpétuité dont une seule puissance, la Russie, rédigera les clauses et donnera le mot d'ordre tous les soirs à toute l'Europe.

L'Angleterre seule restera insaisissable et libre, parce qu'on n'enchaîne pas les flots et les vents. Elle subira le *blocus continental* de Bonaparte, augmenté du blocus de l'Orient par la Russie ; elle attendra avec anxiété l'époque où une expédition russe, semblable à celle qui s'accumule aujourd'hui sur le Danube, viendra, comme celle d'Alexandre, donner un nouveau maître aux deux cent millions d'hommes qui travaillent aujourd'hui dans l'Inde sous ses lois.

XV

Voilà, quant aux territoires et aux mers, les conséquences de l'abandon de la Turquie aux Russes. Quant à la civilisation du monde, ces conséquences sont écrites en deux mots : despotisme et superstition ; un czar et un pontife dans un seul homme ; la foi des peuples conquise avec leur liberté ; la servitude de l'esprit rêvée sur la terre avec la servitude des races ; un refoulement immense du génie des peuples modernes en arrière ; des théologiens pour seuls philosophes, et des Kalmouks pour théologiens.

Nous ne voulons pas appeler les Russes des barbares. Ils sont aussi policés, aussi civilisés qu'aucune des nations de l'Occident ; leur nature gréco-slave les prédispose avec une merveilleuse souplesse d'intelligence et de mœurs aux habitudes, aux élégances, aux grâces même de la civilisation. C'est une nation qui sort toute vieille du fond de ses déserts et de ses steppes. C'est une improvisation de la terre, une aurore boréale du ciel du Nord. On dirait que ce grand peuple est le seul qui n'a pas eu besoin du temps.

Seulement la civilisation russe est différente de la nôtre. Ces deux civilisations émanent de deux principes opposés conformes à nos origines diverses. La civilisation russe est l'obéissance, la nôtre est le raisonnement. Ils veulent un maître, nous voulons des lois. Ils ennoblissent la servitude et la divinisent dans le chef qui l'impose, nous adorons la liberté en la subordonnant à la patrie. Leur religion est le prosternement de l'esprit sans réplique; la nôtre est un travail de la raison se dressant de siècle en siècle sur plus d'idées et sur plus de science pour découvrir de plus haut Dieu dans la liberté. La civilisation russe est muette comme l'esclavage; la nôtre parle, écrit, raisonne sans cesse comme le dialogue perpétuel de tous avec tous. Il faut des ukases aux Russes, il nous faut à nous des tribunes. Ils sont les peuples du silence, nous sommes les enfants du bruit. Ils regardent vers le passé, nous regardons vers l'avenir. Nos deux principes, les deux grands principes qui luttent dans le monde et qui se partagent le globe, se détruisent en se rencontrant. La domination universelle de la Russie donnerait la victoire au principe d'obéissance passive sur le principe de l'ordre raisonné. C'en serait fait de cette civilisation de la parole qui a enfanté l'Orient, la Grèce, Rome, l'Allemagne, l'Angleterre, l'Amérique, la France, et les grandes royautés et les grandes républiques, et les grandes choses et les grands hommes, et les grands monuments et les grandes tribunes, et les grandes philosophies et les grandes littératures; l'art, la science, la dignité, la nation, tout périrait avec le principe de l'Europe occidentale, la liberté.

On dit : « Mais vous abdiquez vous-mêmes souvent cette liberté; regardez en ce moment l'état des nations de l'Occident. » Nous répondons : « Des éclipses n'éteignent pas le jour, elles en interceptent seulement pour un temps le rayonnement. L'éclipse passe et la lumière reste. L'état des nations de l'Europe aujourd'hui n'est pas un principe, c'est une circonstance, c'est un accident, c'est une lassitude, c'est une halte entre deux temps. »

Il y a, quoi qu'il en paraisse, deux civilisations bien distinctes sur le globe : une civilisation assise, comme celle de l'Orient; une civilisation debout, comme celle de l'Occident. Elles se ressemblent en apparence en ce moment.

C'est vrai; mais l'Occident se relèvera et reprendra sa route. Si on laisse la Russie garrotter l'Occident pendant qu'il se repose, l'Occident ne se relèvera plus, ou il se relèvera enchaîné; il brisera ses chaînes, nous le savons, mais il les brisera dans une de ces convulsions révolutionnaires qui ne font pas de la guerre, comme aujourd'hui, une campagne militaire, mais un tremblement de terre où périssent les vainqueurs avec les vaincus.

Marchons donc avec confiance au secours de nous-mêmes sur le Danube. La Turquie est l'avant-garde de la liberté de l'Europe. Félicitons-nous d'avoir rencontré dans un peuple que l'on croyait mort un peuple vivant, et écrivons son histoire, ou comme l'augure de sa régénération, ou comme l'épitaphe de notre tombeau.

POST-SCRIPTUM A LA PRÉFACE

Plus une histoire est neuve de mœurs, grandiose d'événements, lointaine de sites, merveilleuse de caractères, plus elle a besoin de justifier la parfaite exactitude de ses récits. Les témoignages et les documents sur lesquels nous avons écrit sont aussi nombreux qu'irrécusables, indépendamment de ceux que nos divers séjours en Turquie, nos voyages dans les provinces, notre étude des lieux célèbres, des villes, des monuments, des champs de bataille, et nos rapports personnels avec les hommes éminents de l'empire, nous ont exceptionnellement fournis. Les sources antiques ou récentes où nous avons puisé, et où le lecteur peut puiser au besoin lui-même, sont celles-ci :

1° Les admirables travaux d'érudition, de critique et de traduction sur l'*Histoire des Arabes*, par M. Caussin de Perceval, véritable dictionnaire raisonné de l'histoire, des dogmes, des langues, des mœurs, de la poésie de l'Arabie, de la Perse, de la Syrie, clef d'un monde historique, religieux et littéraire peu connu.

2° L'*Histoire de l'empire ottoman*, en dix-huit volumes, par M. de Hammer, vaste et savante composition où tous les annalistes de l'empire, arabes, persans, turcs, byzantins, allemands, compulsés avec une infatigable patience, sont analysés, cités, confrontés par un écrivain impartial, capable d'interroger chacun de ces historiens dans sa langue et de les reproduire en les jugeant. Les connaissances géographiques locales les plus minutieuses, l'habitude des mœurs, la longue résidence au sein des capitales et des cours de l'empire ottoman, ont fait de M. de Hammer, malgré quelques contradictions et quelques confusions historiques, la lumière la plus pénétrante et l'autorité la plus justement accréditée en pareille matière. Né à Gratz en Styrie, en 1774, sur les frontières mêmes de cet empire qu'il était prédestiné à décrire, élevé à Vienne à l'Académie des sciences orientales, collaborateur précoce du Dictionnaire arabe, secrétaire intime du ministre d'État chargé du département des affaires d'Orient en 1796, envoyé en 1789 à Constantinople et en Égypte, interprète de Sidney Smith et d'Yousuf-Pacha, pendant les longues guerres entre la Porte et la France, employé dans la légation autrichienne à Constantinople en 1802, consul d'Autriche en Moldavie en 1806, conseiller d'ambassade et interprète de sa cour en 1817, retiré dans ses terres en Styrie en 1847, et président de l'Académie impériale de Vienne, sa longue vie, prolongée jusqu'à nos jours par la passion de l'érudition et de l'art, n'est qu'une étude continue des documents de l'histoire des Ottomans. Chacune de ses années est marquée par un monument de ces études.

Recherches, en deux volumes, *sur la constitution de l'empire ottoman.*

Histoire de l'empire ottoman, en dix-huit volumes.

Histoire de la poésie ottomane, en quatre volumes.

Poésies turques, en un volume.

Histoire de la horde d'or, en un volume.

Histoire des Ilkans, en deux volumes.

Histoire de la poésie persane, en un volume.

Le *Devoir de Hafiz, le poëte persan*, traduit, en un volume.

Traduction des *Poésies sacrées de la Kaaba*, en un volume.

Histoire de la littérature arabe, non encore complète, en quatre volumes.

Enfin un grand recueil scientifique allemand de plusieurs mains, mais où la main de M. de Hammer dirige ses collaborateurs, intitulé *Mines de l'Orient.*

Tels sont les principaux titres du laborieux vieillard à l'autorité et à la reconnaissance sur tous les esprits curieux d'histoire, de mœurs et de littérature orientales.

Nous voudrions lui payer nous-même en tribut et en affection littéraire les heures studieuses que nous lui devons, et les matériaux sans prix que nous lui avons empruntés.

3° La *Chronique* de Saad-Eldin, grand juge de l'armée, dont nous avons raconté le triste sort.

4° La *Chronique* du grand vizir Lufti.

5° L'*Histoire* à fresques *du prince Démétrius Cantimir.*

6° L'*Histoire* parallèle *de la décadence de l'empire romain et grec*, par l'homme éminent qui a su le premier trouver l'intérêt dans l'érudition, Gibbon, aujourd'hui méconnu, demain immortel.

7° L'*Histoire de l'ordre de Malte*, par l'abbé de Vertot.

8° L'*Histoire* trop rapide *de l'empire ottoman*, par M. de Salabéry, mais qui résume légèrement et gracieusement, à l'imitation de Voltaire, non ce que les curieux veulent approfondir, mais ce que le vulgaire lui-même ne veut pas paraître ignorer.

9° L'histoire de la Pologne, sous le titre d'*Histoire de Sobieski*, par M. de Salvandy, pages d'érudition où le labeur des recherches disparaît sous la facilité vigoureuse du style.

10° L'ouvrage inappréciable de *Mouradgea d'Ohsson*, cet écrivain à deux parties, interprète et envoyé de Suède à Constantinople, sur la législation ottomane et sur les mœurs de l'empire ottoman. Cet ouvrage, en huit volumes, est la Turquie en relief dans sa religion, dans sa législation, dans son administration, dans ses mœurs. Il donne seul l'intelligence de son histoire.

11° L'*Histoire de Timour*, par Petis de Lacroix.

12° L'*Histoire de Scanderbeg*, par un jésuite prolixe qui s'est fait le Plutarque minutieux de ce héros de l'Épire moderne.

13° L'*Histoire de Venise*, le plus solide monument de la renommée littéraire de M. Daru.

14° La *Vie du prince Eugène de Savoie*.

15° L'*Histoire de Russie*.

16° Les voyageurs Chardin, Tavernier, Savary, Tournefort, Chateaubriand, nous-même, pour la description des déserts de Mésopotamie et de Palestine.

17° L'*Histoire de Perse*, par l'ambassadeur anglais Malcolm.

18° L'*Histoire de Catherine II, impératrice de Russie*.

19° *Mémoire* du baron de Tott.

20° L'*Histoire de Mahomet*, par Aboulféda.

21° *Voyage militaire dans l'empire ottoman*, par Beaujour.

22° *Histoire des Croisades*, par MM. Michaud et Poujoulat, un des monuments historiques où l'érudition, le talent et le goût ont le mieux enchâssé les débris du moyen âge.

23° *Histoire des Arabes*, par l'abbé de Marigny, et celle de Sédillot.

24° *Voyage en Tartarie et au Thibet*, par le père Huc, missionnaire lazariste, trésor de mœurs, d'explorations, de science et de bonne foi.

25° Tous les historiens ottomans imprimés et connus, et quelques manuscrits ignorés, inédits, dont il nous a été permis de prendre connaissance par nos interprètes dans une des bibliothèques du sérail en 1833.

26° Les *Histoires* de la révolution grecque.

27° Les *Histoires arabes* des cheiks de Syrie, et nos relations personnelles avec l'émir des Maronites et des Druses au château de l'émir Beschir, *le chef de la Montagne.*

28° Les *Chroniques nationales* du treizième au seizième siècle, traduites et commentées de nos jours par M. Buchon.

29° Les *Chroniques grecques* de la conquête de Constantinople, traduites par le même écrivain.

30° Les *Révolutions de Constantinople*, par Juchereau de Saint-Denys.

31° Enfin toutes les notions sur les lieux, les mœurs, la religion, l'histoire, que de longs séjours en Orient et les entretiens avec les personnages principaux de toutes les races et de toutes les conditions de l'empire, depuis les Bédouins des déserts de Palmyre jusqu'aux Bulgares ou Serbiens du Danube, peuvent prêter à un observateur étranger et impartial.

32° L'étude sur les lieux et dans les livres des choses de l'Orient, qui a charmé, sans intention d'écrire alors cette histoire, plus de dix ans de notre vie, et qui, en nous familiarisant avec ces contrées, nous a inspiré à notre insu, non pas la faculté, mais la passion de les reproduire.

Voilà nos titres de créance auprès des lecteurs : en les vérifiant sur les documents originaux, ils ne les trouveront pas suffisants, mais ils les trouveront rigoureusement vrais et authentiques. Dans de si merveilleux récits, ce n'est pas l'historien qui est poétique, c'est le sujet.

HISTOIRE
DE
LA TURQUIE

LIVRE PREMIER

I

Avant de raconter l'histoire de cet empire qui remplaça un moment l'empire romain dans cet Orient, berceau des peuples et théâtre des plus merveilleuses transformations des races humaines, il est nécessaire de raconter la naissance et le progrès de l'islamisme ou de la religion de Mahomet.

La religion, surtout dans l'Orient, terre théocratique par excellence, est le *mobile* des peuples. Leur nationalité est dans leur dogme, leur destinée est dans leur foi; l'esprit de migration et de conquête qui les soulève dans leurs steppes natals et qui les dissémine, un livre dans une main, un sabre dans l'autre, à travers le monde, est surtout l'esprit de prosélytisme. Un prophète, un révélateur, marche avec eux derrière le conquérant. Ce caractère des peuples de l'Orient est fortement imprimé sur la race turque. Venus plus tard à la vie au milieu de nations idolâtres dont les superstitions avaient dégoûté toutes les crédulités humaines, les Tartares-Turcs, déjà innombrables, semblaient attendre dans les tentes où ils campaient derrière l'Oxus que la voix d'un prophète les appelât à détruire l'idolâtrie et à renouveler le culte de Dieu au sein de la barbarie. Sans ce prophète, ils paîtraient peut-être encore leurs troupeaux dans les landes de la Grande Tartarie; sans ce prophète, ils n'auraient eu ni mobile ni occasion pour déborder de leur bassin primitif; sans ce prophète, ils n'auraient trouvé ni la Perse, déjà conquise par les Arabes mahométans, ouverte à leurs pas, ni l'Arabie accueillant en eux des auxiliaires contre les Romains, ni l'Égypte, ni l'Asie Mineure, prêtes à adopter un culte qui les émancipait de la domination de Constantinople; sans ce prophète, enfin, ils n'auraient eu ni cette impulsion irrésistible qui donne la confiance de la victoire, ni ce fanatisme qui fait trouver cette victoire même dans la mort, prix d'une immortelle félicité.

Les Arabes du désert étaient trop peu nombreux et trop barbares pour brandir sur un vaste continent la torche d'une nouvelle civilisation; les peuples de la Perse, de l'Égypte, de l'Asie Mineure, étaient trop vieux pour promener une nouvelle religion sous les fers de leurs chevaux. L'islamisme ne se répandit dans l'Asie Mineure, au delà des sources du Tigre et de l'Euphrate, au nord de la mer Noire, à Constantinople et dans l'Europe orientale, jusqu'au Borysthène des Russes et jusqu'au Danube, qu'après que les Turcs, évoqués par lui du fond de leurs solitudes, lui eurent prêté la jeunesse de leur enthousiasme et l'héroïsme de leurs bras. Les Turcs doivent leur empire tout entier au prophète arabe, et le prophète doit l'affermissement de sa religion aux Turcs.

L'islamisme et la Turquie sont un même fait. On ne comprendrait pas la conquête du monde oriental par les mahométans si on ne remontait pas dans Mahomet à l'origine et au premier ressort de cette puissance qui a remué et qui remue encore les trois continents.

Racontons donc avant tout Mahomet.

II

La première considération qui s'offre à l'esprit pour l'étonner, quand on déplie devant soi une carte du globe pour y faire, s'il est permis de parler ainsi, la géographie des religions, c'est que le petit espace de terre compris entre le fond de la Méditerranée et les rivages de la mer Rouge, espace presque tout entier occupé par le mont Liban, les collines de la Judée, les montagnes d'Arabie et le désert, ait été le site, le berceau de la religion juive, de la religion chrétienne et de la religion de Mahomet qui en dérive. On dirait, en attachant ses regards sur une mappemonde, que cette petite zone de rochers et de sables entre deux mers limpides et sous des étoiles sereines réfléchit à elle seule plus de divinité que le reste du globe.

Pourquoi cela? En écartant, pour le moment, toute action directe de Dieu dans la révélation des dogmes et des cultes qui sont le plus conformes à son essence, et en nous bornant aux simples notions historiques, c'est que ces peuples ont évidemment reçu de la nature en partage, pour faculté dominante, la faculté qui fait voir l'invisible, l'imagination. La raison conclut la divinité; à elle seule, l'imagination la voit, l'entend, lui parle, la fait parler, la décrit, la dévoile, l'adore, et, communiquant par l'énergie de sa perception son enthousiasme aux autres, crée entre la terre et le ciel ces mondes invisibles qui occupent dans l'esprit des hommes plus de place que le monde réel. C'est l'imagination qui spiritualise le genre humain, c'est le spiritualisme qui l'élève à la découverte de Dieu, c'est la vue de Dieu qui moralise et divinise l'homme. Gardons-nous donc de mépriser les peuples à grande imagination. Ils seront toujours les maîtres, comme ils sont les aînés de la race humaine. Ils nous ont découvert les cieux.

Et si l'on me demande pourquoi cette faculté de l'imagination (la seconde des facultés de l'intelligence, puisque la raison est la première) a été donnée aux Arabes en plus grande proportion qu'à nous, comme un droit d'aînesse dans l'héritage du Patriarche éternel à ses fils, nous répondrons que nous n'en savons rien; que Dieu est libre et absolu dispensateur de ses dons divers entre ses enfants; que les uns ont reçu la raison froide qui analyse, qui pose des principes, qui tire des conclusions, qui sape les erreurs; les autres, le don législatif qui fonde et qui régit les sociétés; ceux-ci, le don de la parole qui enchante et qui persuade les hommes; ceux-là, le don du courage qui conquiert la terre ou qui repousse la servitude; tous, une part spéciale et dominante dans ces facultés diverses dont l'harmonie compose l'équilibre et la grandeur de l'humanité.

Quant aux causes purement matérielles qui ont donné à la race patriarcale une imagination plus active, plus féconde et plus religieuse qu'aux races de l'Occident, nous en indiquerons trois seulement : le climat, le loisir et la contemplation.

Le ciel particulièrement tiède et serein qui couvre ce coin du globe y préserve l'espèce humaine de cette multitude de besoins contre lesquels nous luttons par un travail incessant. Ce travail distrait notre intelligence des choses invisibles; il fait de notre vie une alternation sans fin de fatigues et de sommeil. Le corps usurpe ainsi sur l'esprit. Nous souffrons ou nous jouissons, nous n'avons pas le temps de méditer. Ces peuples, au contraire, n'ont presque point de besoins matériels que la nature ne satisfasse d'avance autour d'eux. Les troupeaux promènent d'eux-mêmes sur leurs pas leur nourriture; la source roule leur breuvage; le dattier sans culture mûrit leur pain; le chameau les transporte; un pan de laine jeté sur trois piquets de bois les abrite; ils consomment les jours dans la solitude et dans les longs silences, cette végétation sourde des idées.

Cette vie patriarcale leur donne ce qui manque aux populations agricoles, guerrières ou industrielles de l'Occident, le loisir. L'imagination est fille du loisir. Le loisir est contemplatif; la contemplation n'aboutit jamais qu'à l'infini : l'infini, c'est Dieu. Il est donc naturel que cette race, qui jouit du climat de la pensée plus qu'aucune autre, soit douée d'une imagination plus puissante pour scruter les lois métaphysiques du monde supérieur, comme la limpidité de son firmament et la transparence profonde de ses nuits dans le désert lui ont fait scruter, la première, les lois célestes de l'astronomie. La méditation intérieure n'est-elle pas, en effet, l'astronomie de l'âme?

Bien loin d'affecter sur cette race mystique et pieuse la supériorité que les hommes de ce temps attribuent aux peuples exclusivement calculateurs et sceptiques de l'Occident, nous croyons que Dieu a donné en cela aux peuples pasteurs de l'Arabie la meilleure part, selon l'expression de l'Évangile. Nous croyons que le plus noble emploi des facultés de tout être créé est de découvrir, pour l'adorer et le servir, son Créateur; que Dieu est le seul but de la création; que la race véritablement dominante dans les différentes familles de l'humanité est celle qui contient en elle le plus de ce sentiment de présence et d'adoration de Dieu; que, parmi ces races, les plus grands hommes, aux yeux de l'appréciateur suprême de toute grandeur, ne sont ni les plus grands possesseurs d'espace sur la terre, ni les plus grands tueurs d'hommes, ni les plus grands fondateurs d'empires, mais que les plus grands hommes sont les plus saints. Ce n'est pas, en effet, par l'apparence extérieure et fugitive des choses qu'il faut juger de leur valeur intrinsèque, c'est par ces choses elles-mêmes. Les Arabes ont sur cela une parabole qui incarne, comme ils le font toujours, le Verbe dans un récit.

Le roi Nemrod, disent-ils, fit comparaître devant lui, un jour, ses trois fils. Il fit apporter devant eux, par ses esclaves, trois urnes scellées. L'une de ces urnes était d'or, l'autre d'ambre, la dernière d'argile. Le roi dit à l'aîné de ses fils de choisir parmi ces urnes celle qui lui paraîtrait contenir le trésor du plus grand prix. L'aîné choisit le vase d'or, sur lequel était écrit *Empire*; il l'ouvrit et le trouva plein de sang. Le second prit le vase d'ambre, sur lequel était écrit *Gloire*; il l'ouvrit et le trouva plein de la cendre des hommes qui avaient fait du bruit dans le monde. Le troisième prit le seul vase qui restait, celui d'argile; il l'ouvrit, et il le trouva vide; mais, au fond, le potier avait écrit un des noms de Dieu. « Lequel de ces vases pèse le plus? » demanda le roi à sa cour. Les ambitieux répondirent que c'était le vase d'or; les poëtes et les conquérants, que c'était le vase d'ambre; les sages, que c'était le vase vide, parce qu'une seule lettre du nom de Dieu pesait plus que le globe de la terre.

Nous sommes de l'avis des sages : nous croyons que les plus grandes choses ne sont grandes qu'à la proportion de divinité qu'elles contiennent, et que quand le rétributeur suprême jugera les poussières de nos actes, de nos vanités et de nos gloires, il ne glorifiera que son nom.

III

L'Arabie confinait, d'un côté, avec les Romains, maîtres alors de la Syrie, avec les Persans, dont elle était séparée par l'Euphrate vers Babylone, avec l'Abyssinie, contre laquelle elle était couverte par la mer Rouge, enfin avec les Indes orientales, dans un éloignement presque infranchissable comblé par l'océan Indien et le golfe Persique. Ses limites dans le désert étaient aussi vagues que l'horizon et aussi mobiles que le sable, s'étendant quelquefois jusqu'à l'Égypte d'un côté, par le désert de Pharan, de l'autre jusqu'à *Damas*, *Palmyre*, *Balbeck*, par les solitudes de la Mésopotamie.

Les principales divisions de ce vaste territoire étaient le *Hedjaz*, partie aride et montagneuse qui s'étend parallèlement à la mer Rouge, et s'inclinant vers l'*Yémen*. La Mecque et Médine en étaient les capitales.

L'*Yémen*, extrémité méridionale la plus rapprochée des Indes, baignée sur ses bords par l'Océan d'un côté, par la mer Rouge de l'autre; Saba, dont la reine vint apporter ses parfums à Salomon, en était une des villes principales.

Le *Nedjd*, noyau central, plateau élevé qui domine, en s'inclinant mollement sur deux faces, d'un côté la Syrie, de l'autre la mer.

Enfin le désert proprement dit, autre océan de steppes et de sables entrecoupés d'oasis, confinant ici avec la Perse, là avec la Palestine, aussi impossible à délimiter que les vagues, où les tribus et les caravanes avancent et reculent comme des navires sur les flots.

IV

Les généalogies de chacune des races, tribus ou familles, qui composent la grande race commune arabe, sont aussi nombreuses que ces tribus et aussi merveilleuses que leur imagination. Des poëtes, des historiens innombrables, les ont enregistrées pour la prééminence de leur race dans leurs chants ou dans leurs annales. Chacune de ces littératures et de ces traditions locales contient des origines et des récits comparables, en intérêt, en naïveté, en héroïsme, à ceux d'Homère ou de la Bible, traduits, commentés, éclaircis, datés, avec une érudition aussi consommée que poétique, par un grand nombre d'écrivains modernes, et surtout par M. de Sacy et par M. Caussin de Perceval; ceux qui veulent puiser à longs traits dans ces sources obscures, que leur patience a su rendre limpides, n'ont qu'à consulter ces rares écrivains souverainement attachants.

V

Abraham, quelle que soit son origine à lui-même, fut le père commun des Arabes. Les uns, fils avoués de ce roi du désert par sa femme *Sara*, furent les Hébreux; les autres, enfants chéris, mais désavoués, de son esclave *Agar*, furent les Ismaélites, tous également Arabes, mais condamnés par la Providence, ou plutôt par leur caractère, cette providence des races, à des fortunes différentes. La Bible est l'histoire des premiers; l'Évangile en sortit par Jésus-Christ. Les annales que nous compulsons sont l'histoire des seconds.

Les Arabes d'Ismaël, ceux dont nous parlons ici, appellent dans leurs livres Abraham, leur père, *El Khalil-Allah*, c'est-à-dire l'ami de Dieu.

Son père *Azer*, disent-ils, était un des grands vassaux de *Nimbrod*, sorte de Jupiter fabuleux de l'Olympe babylonien. Nimbrod, intimidé par une prophétie qui annonçait la naissance d'un enfant supérieur aux autres hommes et à lui-même, défendit tout commerce entre les sexes dans ses Etats. Abraham naquit d'une transgression de l'amour conjugal à cet ordre. Son père et sa mère, pour éviter la colère de Nimbrod, dissimulèrent sa naissance. Ils le cachèrent, pour le nourrir, dans une caverne hors de la ville. Cette aventure et plusieurs autres du même genre dans les historiens arabes rappellent les précautions jalouses d'Hérode en Judée, et le massacre des enfants pour tromper les prophéties sur le prochain avénement du Christ.

Abraham, nourri par les anges, grandit en force et en raison dans sa caverne. La première fois qu'il en sortit, c'était la nuit. Le ciel de la Chaldée, rempli d'êtres lumineux qui flottaient dans l'éther, lui révéla Dieu. Seulement rien ne lui avait encore appris à le distinguer de ses œuvres. Une étoile plus resplendissante que les autres éblouit d'abord ses yeux : « Voilà mon Dieu ! » se dit-il à lui-même. Bientôt elle s'inclina et disparut sous l'horizon. « Non, dit-il, ce n'est point là le Dieu que j'adorerai ! » Ainsi de plusieurs autres constellations. La lune se leva ensuite : « Voilà mon Dieu ! » s'écria-t-il. Et elle se coucha. « Non, ce n'est pas mon Dieu ! » Enfin le soleil apparut dans sa pompe à l'Orient, à l'extrémité du désert : « Celui-ci est véritablement mon Dieu, dit-il, il est plus grand et plus éblouissant que tous les autres ! » Le soleil accomplit sa carrière et descendit sous l'horizon, laissant la nuit sur le monde. « Ce n'est pas encore là le Dieu que je cherche pour l'adorer ! » dit tristement l'enfant prédestiné à l'adoration de la divinité invisible, immuable et éternelle. Il rentra dans sa caverne pour chercher son Dieu dans son âme !

VI

Sorti enfin de sa retraite et présenté à Nimbrod comme un jeune homme né longtemps avant l'interdiction des mariages dans Babylone, Abraham commença à révéler aux Babyloniens le Dieu immatériel, à les convier au culte en esprit et en vérité, et à renverser les idoles dans les temples. Qu'on remarque cette circonstance qui fut l'occasion et le germe de la prédication de Mahomet, dont l'unique pensée, dit-il lui-même, fut de détruire l'idolâtrie et de restaurer la religion d'Abraham.

VII

Les prêtres de Babylone conduisirent l'impie aux idoles, devant le roi Nimbrod, pour le faire châtier. « Quel est donc ton Dieu? dit le roi au jeune prophète. — Mon Dieu, dit Abraham, est celui qui donne la vie et la mort. — Celui qui donne la vie et la mort, repartit Nimbrod, c'est moi! » Pour le prouver il fit amener en sa présence, des prisons de Babylone, deux criminels condamnés à mort et qui attendaient leur exécution. Il trancha la tête à l'un, il fit grâce à l'autre, et crut son interlocuteur confondu. Mais Abraham, d'abord embarrassé de nier ce sophisme en action, reprit ses sens, et portant au roi un défi de toute-puissance dans le ciel même: « Eh bien, dit-il, mon Dieu est celui

qui fait lever le soleil à l'orient ; fais-le lever à l'occident ! »
Nimbrod répondit comme répondent les tyrans sans réponse,
par le feu. Il fit jeter le jeune prophète dans un bûcher ;
mais le feu devint froid, dit l'histoire. Abraham s'enfonça
dans le désert de Mésopotamie avec sa famille ses esclaves
et ses troupeaux.

Là commencent les Hébreux, Arabes de la Bible et de
Jérusalem, fils d'Isaac. Voyons ceux du désert et de la
Mecque, fils d'Ismaël.

Ce fut sur l'emplacement futur de cette ville, site alors
sans habitants et sans source, qu'Abraham, pour complaire
à la jalousie de sa femme Sara, abandonna son esclave
Agar et l'enfant qu'il avait eu d'elle, Ismaël.

A peine l'infortunée Agar eut-elle épuisé les provisions
de dattes et d'eau qu'Abraham lui avait laissées pour elle
et pour son fils, qu'elle éprouva les tourments de la soif,
et qu'elle parcourut, désespérée, les vallées et les ravines
desséchées de *Safa*, leur demandant en vain une goutte
d'eau ou un suintement de rocher pour les lèvres de son
enfant. Pendant cette absence de sa mère, Ismaël pleura
d'impatience et de soif, et, frappant dans sa colère le sable
de son talon, il en fit jaillir une source fraîche et pure. Agar
accourut aux vagissements de son fils. Elle aperçut l'eau,
et, craignant qu'elle ne s'évaporât au soleil et ne se perdît
dans le sable, elle pétrit la terre humide dans ses mains,
et en forma un bassin pour la retenir. Cette eau miraculeuse, selon les Arabes, qui coule encore aujourd'hui, est
la source du fameux puits de *Zemzem* de la Mecque, qui
bénit ceux qui la boivent.

VIII

Les pasteurs d'une tribu errante paissaient leurs chameaux sur les flancs du mont *Arafat*, dans le voisinage. Ils virent des aigles s'abattre sur le site où le prodige venait de s'opérer. Ils soupçonnèrent que les oiseaux avaient flairé l'humidité de quelques flaques d'eau, ils y coururent. Ils trouvèrent la source, la jeune mère et l'enfant. « Qui es-tu et quel est cet enfant? dirent-ils à Agar; d'où vient cette eau? Nous n'en avons jamais vu ici depuis tant d'années que nous parcourons nos solitudes. » Agar leur raconta son délaissement; ils s'attendrirent sur elle. L'enfant pour lequel la terre s'était ouverte comme une mamelle leur parut une créature prédestinée aux bénédictions célestes. Ils annoncèrent ce prodige à leur tribu, qui vint s'établir en ce lieu. Ismaël grandit au milieu de ce peuple; il épousa une de leurs filles, nommée Amara.

Abraham le visita deux fois avec la permission de Sara. Sara, toujours jalouse, avait exigé pour condition qu'Abraham ne descendrait pas de son cheval dans la demeure du fils d'Agar.

La première fois qu'Abraham visita la Mecque, il s'arrêta à la porte d'Ismaël et l'appela par son nom. Amara, femme d'Ismaël, vint sur la porte. « Où est Ismaël? dit le patriarche sans descendre. — Il est à la chasse, répondit Amara. — N'as-tu rien à me donner à manger? car je ne puis descendre de cheval. — Je n'ai rien, dit Amara, ce pays est un désert. — Eh bien, reprit Abraham, dis à ton mari que tu as vu un étranger, dépeins-lui ma figure et dis-lui que je lui recommande de changer le seuil de sa porte ! »

Amara, au retour d'Ismaël, s'acquitta du message. Son mari, offensé de ce qu'elle avait refusé l'hospitalité à son père, la répudia et épousa une fille d'une autre tribu, nommée Sayda.

Abraham revint quelque temps après visiter son fils. Il était absent. Une femme jeune, svelte, gracieuse, s'avança sur le seuil de la porte pour répondre à l'étranger. « As-tu quelque nourriture à me donner? dit Abraham à sa belle-fille, sans se faire connaître et sans poser le pied à terre. — Oui, » dit-elle à l'instant. Et, rentrant dans sa demeure, elle en ressortit bientôt après en présentant au voyageur du chevreau cuit, du lait et des dattes. Abraham goûta ces aliments, puis les bénit en disant : « Que Dieu multiplie dans cette contrée ces trois espèces de nourriture ! »

Après le repas, Sayda dit au vieillard : « Descends de cheval, afin que je lave ta tête et ta barbe ! — Je ne le puis, répondit le patriarche, j'ai fait serment de ne pas quitter la selle de ma monture. » Et, posant seulement un de ses pieds sur une grosse pierre qui était à côté de la porte de la maison, tandis que son autre jambe était toujours étendue sur la selle de son cheval, il abaissa ainsi sa tête au niveau des mains de la jeune femme, qui lava la poussière dont ses yeux et sa barbe étaient souillés.

« Quand ton mari reviendra, dit le patriarche en repartant, dépeins-lui ma figure, et dis-lui de ma part que le seuil de sa porte est également brillant et solide, et qu'il se garde bien de le changer. »

Ismaël, en entendant ce récit et ces paroles, dit à

Sayda : « Celui que tu as vu est mon père, et il m'ordonne ainsi de te garder à jamais. » Tous les enfants dont les générations multiplièrent la race d'Ismaël furent conçus par Sayda.

Dans une troisième visite à son fils, Abraham construisit avec lui, à la Mecque, un temple ou maison de Dieu appelée la *Kaaba*. Ce temple, qui est encore aujourd'hui le temple de la Mecque, était un petit et informe édifice sans fenêtre, sans porte et sans toit, construit en quartiers de roche mal équarris. Abraham bâtissait, et son fils Ismaël taillait les pierres. Ils incrustèrent dans un des pans de la muraille la fameuse *pierre noire* qu'un ange était censé leur avoir lui-même apportée du ciel pour sanctifier la maison de Dieu. Ils instituèrent les pèlerinages, les rites et les processions autour de cet édifice, qui firent plus tard de la Mecque la capitale religieuse de l'Arabie, et que Mahomet fut obligé de conserver en en changeant l'esprit après sa réforme.

Quoi qu'il en soit de ces traditions mythologiques, la Mecque devint, à cause de la possession de la Kaaba, le but des pèlerinages et le centre des superstitions de tous les Arabes qui n'adorèrent pas Jéhovah. Une idolâtrie confuse, comme les rêves d'un peuple, enfant charnel et ignorant, remplaça parmi eux le culte pur d'Abraham et peupla la Kaaba d'idoles. Cette théogonie inconnue résista aux Persans, aux Parthes, aux Phéniciens, aux Juifs, aux Romains, et continua, jusqu'à Mahomet, à pervertir la morale et à dépraver l'intelligence des Arabes. Les habitudes presque nomades de leur vie et la nature de leur nationalité, qui n'avait d'autres liens d'unité que l'origine, le site, la langue et les mœurs, rendaient toute modification dans leurs croyances et dans leur civilisation presque impossible. Ils ressemblaient au sable de leur désert, glissant dans les mains qui veulent le contenir.

Jetons un coup d'œil rapide sur leur histoire et sur leur civilisation pour bien comprendre les difficultés de la mission que se donna leur prophète.

IX

Les Arabes n'étaient point un peuple, c'était une collection de peuplades, de tribus, de familles, de hordes plus ou moins nombreuses, les unes sédentaires, le plus grand nombre constamment nomades, couvrant de quelques bourgades et d'une nuée de tentes et de troupeaux cette côte de la mer Rouge comprise entre l'Égypte et l'océan Indien. L'énumération de ces tribus et de ces hordes indépendantes les unes des autres, quelquefois alliées, quelquefois ennemies, sans autorité supérieure qui leur imposât la loi et la paix, ou qui leur garantît l'indépendance, serait inutile et fastidieuse ici. Ce serait l'histoire de chaque groupe de tentes du désert. Des tribus principales, plus nombreuses, plus riches en sol ou en troupeaux, plus renommées pour la guerre, groupaient, protégeaient, dominaient de temps en temps quelques tribus inférieures et formaient de grandes dissensions qui ravageaient l'Arabie. Ces supériorités accidentelles n'avaient rien de stable ni de légal; acquises dans un combat, elles se perdaient dans un autre. La constitution de l'Arabie était la guerre civile permanente entre tous les membres de cette république fédérale de tribus. Aucun sacerdoce, aucune dictature, aucune autorité monarchique, nationale, aucun conseil fixe et souverain, n'imposait ses lois à cet arbitraire anarchique des différents membres de la confédération. République sans représentation et sans centre commun, composée d'une foule de petites monarchies héréditaires des chefs de tribus dont la généalogie faisait le titre du gouvernement, l'État n'existait pas; la famille, multipliée par la tribu, existait seule.

Là, le pouvoir qui manquait au centre se retrouvait fortement constitué par les mœurs dans la famille. Mais, quoique absolu dans le chef de tribu, ce pouvoir participait dans l'application de la douceur et du libre consentement habituel au pouvoir domestique, dans le gouvernement paternel. Les frères, les fils, les parents du chef, les vieillards, les sages, les riches, les guerriers renommés par leurs exploits, les poëtes illustrés par leurs chants, tenaient un conseil perpétuel devant la tente où dans la maison du roi de la tribu, où tout se délibérait et se décidait en plein peuple. Il n'y avait ni livre, ni charte, ni lois écrites. Mais les traditions sacrées et les mœurs inviolables exerçaient un empire d'autant plus absolu qu'il était écrit dans la mémoire, dans le consentement et dans le respect de tous. Toute violation en était sacrilége. Chaque tribu avait pour nom le nom de son premier ancêtre.

X

Leur religion était aussi diverse que leur politique. Les uns adoraient les anges ou esprits célestes, intermédiaires qu'ils supposaient être des femmes, et qu'ils appelaient les filles de Dieu; les autres, la lune et les étoiles; ceux-là croyaient que l'homme commençait à sa naissance et finissait à son dernier soupir; ceux-ci pensaient que la vie humaine n'était qu'une des périodes infinies de l'existence renouvelée ailleurs sous d'autres formes. Quand l'Arabe était mort, ils attachaient sa plus belle chamelle à un piquet à côté de sa tombe, et la laissaient expirer de faim sur le corps de son maître, pour qu'il retrouvât sa monture habituelle dans le monde où la mort l'avait introduit. Une espèce de chouette du désert qui voltige autour des sépulcres en poussant des cris plaintifs était censée l'âme du mort demandant à boire aux survivants. Ils représentaient en pierre et en bois les images des êtres supérieurs, et rendaient un culte à ces divinités sourdes.

Leur religion primitive était mêlée des superstitions juives, romaines, grecques, persanes, selon ceux de ces peuples avec lesquels ils avaient le plus de rapprochements. L'usage de la circoncision, empruntée des Hébreux, existait chez toutes les tribus. On consultait l'oracle en écrivant un mot sur le bois de trois flèches sans pointe et en tirant à tâtons, d'un sac où elles avaient été mêlées, l'une de ces flèches. Le mot qu'elle portait inscrit sur sa hampe était réputé l'arrêt du destin. Ils pratiquaient l'esclavage. Chacun pouvait avoir autant d'épouses que ses facultés lui permettaient d'en entretenir. L'héritier recevait les veuves, comme les troupeaux, dans le patrimoine du défunt. L'inceste entre le beau-fils et la belle-mère était donc licite en certains cas. Chaque chef de tente avait le droit absolu de vie et de mort sur sa famille et sur ses esclaves. Un usage barbare autorisait le père et la mère pauvres à enterrer vivantes leurs filles au moment de leur naissance, afin de prévenir ou le sort funeste que la société réservait aux femmes, ou les outrages et les déshonneurs qu'une fille attirerait peut-être un jour sur leur nom. Leur unique occupation était le soin des troupeaux et la guerre.

La guerre était pour ainsi dire individuelle parmi eux. Une violence amenait un meurtre, le meurtre voulait être racheté ou par une compensation en têtes de chameaux qui satisfît l'offensé, ou par un autre meurtre. Le sang pour le sang était toute la justice. La vengeance était ainsi un devoir sacré. Une femme enlevée, un esclave, un coursier, un chameau dérobé, une satisfaction du sang refusée par une tribu à une autre, entraînaient des guerres de dix et de cinquante ans entre les Arabes.

Cette législation, féroce sous tant d'aspects, ne manquait pas, sous d'autres rapports, d'humanité ni de vertu, ni de sagesse, ni même de raffinement. Les Arabes poussaient jusqu'à la superstition le respect de l'hospitalité. Leur ennemi le plus irréconciliable trouvait asile, sûreté et même protection, dès qu'il parvenait à toucher la corde de leurs tentes ou le bas de la robe de leurs femmes. Ils étaient braves, généreux, héroïques. Toutes les vertus et même toutes les délicatesses de la chevalerie, que l'Europe n'a connues que plus tard, étaient immémorialement passées dans leurs mœurs. Sensibles à l'éloquence, à la poésie, à la musique, ils honoraient comme des demi-dieux les hommes doués de ces dons, qui leur semblaient surnaturels. Bien que leur littérature ne fût éternisée dans aucun livre, elle l'était dans leur mémoire. Les tribus avaient entre elles des espèces de jeux olympiques dans lesquels elles luttaient de supériorité entre leurs orateurs et leurs poëtes. Le poëme qui emportait le prix de l'aveu du plus grand nombre des auditeurs était écrit alors et suspendu à perpétuité aux murs de la Kaaba à la Mecque. Les pèlerins qui arrivaient en foule tous les ans en admiraient le génie et transportaient, à leur retour, l'œuvre, la renommée, le génie du poëte, dans toute l'Arabie. Ces poésies ainsi couronnées et adoptées par la nation s'appelaient des *Moàllacà*. Elles avaient des règles de composition conformes au génie du peuple guerrier, amoureux, pasteur, règles dont il était défendu de s'écarter. Elles devaient commencer par une sorte d'élégie lyrique sur la douleur d'un amant affligé qui revoit, en passant dans le désert, les ruines de l'habitation ou de la tente où il fut heureux jadis avec sa maîtresse ; image apparemment la plus pathétique au cœur de l'Arabe. Elle devait contenir ensuite la description des perfections de la chamelle et du coursier, ces deux compagnons de voyage, de guerre et de paix du nomade. Elle devait se terminer par un splendide paysage comme une décoration à la fin d'un drame. Ce peuple, qui vivait en perpétuelle société avec la terre, voulait la voir reproduite sans cesse à son imagination dans les vers de ses poëtes. L'histoire des poëtes, ces prophètes profanes des Arabes, se trouve sans cesse mêlée à l'histoire de la tribu et de ses héros, héros et poëtes, en général, eux-mêmes.

Imroulcays, un des plus aventureux, des plus héroïques et des plus grandioses de ces bardes, touchait presque à l'époque de la naissance de Mahomet. La Grèce, Rome et les littérateurs modernes n'ont rien de plus parfait que les vers de ce barbare nomade errant, combattant, aimant et chantant à la fois ses amours, ses exploits et ses malheurs. Voici quelques strophes de sa *Moàllacà*, de son poëme sus-

suspendu, au temps de Mahomet, dans le temple de la Mecque.

« Arrêtons-nous ici, ô mes compagnons ! au souvenir de ma bien-aimée, et aux traces de cette demeure chérie, autrefois assise entre ces deux collines sablonneuses, à l'endroit où le vent du nord et le vent du midi qui s'y rencontrent et qui y élèvent leurs tourbillons de poussière n'ont pu cependant en effacer encore les derniers vestiges !

» Mes compagnons, attendris par ma douleur, arrêtent leurs coursiers. — Rappelle ton courage, me disent-ils avec compassion.

» Ah ! le seul remède à mes peines est de verser ici mes larmes ! ou plutôt à quoi me serviraient mes larmes mêmes, puisqu'elles ne peuvent repeupler cette solitude et ranimer ces débris ?

» C'est ici que j'ai perdu les deux jeunes filles que j'aimais jadis. Lorsqu'elles approchaient, l'air embaumé m'annonçait leur présence, comme le vent du matin apporte à mon haleine le parfum de l'œillet. Séparé d'elles, mes pleurs ont coulé sur mon sein et mouillé le ceinturon de mon sabre.

» Mais quoi ! n'ai-je pas passé des jours heureux auprès d'elles ? surtout ce jour où j'égorgeai ma propre chamelle pour offrir un repas aux jeunes filles ! quelle idée enfantine elles eurent alors dans leurs jeux, de se partager entre elles la charge et les ornements de ma chamelle !...

» Un jour, sur la colline de sable, celle que j'aimais me repoussa avec dureté et s'engagea par un serment irrévocable à ne plus m'écouter.

» O Fathmé ! ne m'anéantis pas sous tant de rigueur ; si

quelque chose t'a déplu en moi, délie doucement mon cœur du tien et rends-lui la liberté. »

Vient ensuite une description de la beauté de son amante, que le Cantique des cantiques dans Salomon ne surpasse ni en grâce ni en élévation; puis il peint la force de sa passion :

« Souvent, pour éprouver ma constance, une nuit plus orageuse que les flots soulevés de la mer m'a enveloppé de ses ténèbres et de ses terreurs. Je lui ai dit : « O nuit si lente dans ta marche, » fais enfin place à l'aurore ! » Quelle nuit lente ! les étoiles immobiles semblaient attachées à des rochers par d'invisibles clous !... »

Le poëte amène de là avec une naturelle transition le portrait obligé du cheval de guerre :

« Dès le point du jour, dit-il, lorsque l'oiseau est encore dans son nid, je pars sur un cheval d'une taille élevée, dont la vitesse répond à l'impatience de mes pensées qui le devancent ! Il a la force d'un bloc de rocher, que son poids précipite, en s'augmentant, de la crête d'une montagne ! L'or semble se jouer en lames sur son poil fin. La selle peut à peine se fixer sur son dos semblable à la pierre polie par une onde qui la lave sans cesse en courant avec vitesse au soleil... Il est maigre, son feu le consume ; quand il court de toute son impétuosité, il fait entendre dans sa course un bruit semblable à celui de l'eau qui bouillonne dans une chaudière !... Il a le flanc court de la gazelle, le jarret sec et nerveux de l'autruche ; son corps est large ; sa queue épaisse remplit tout l'intervalle entre ses jambes. Le sang des animaux féroces ou des guerriers ennemis qu'il m'aide à atteindre sèche sur son encolure, ressemble à la teinture rose du *henné* qui déguise la blancheur de la barbe du vieillard.

» Il passe la nuit, sellé et bridé, toujours près de moi, sans tourner ses naseaux vers les pâturages. »

Après cette description du cheval, que nous abrégeons, et dont les traits rappellent le cheval de Job, le poëte arabe raconte un des phénomènes naturels les plus agréables à des pasteurs, une pluie d'orage dans le désert :

« L'orage, dit-il dans ses trois dernières strophes, en déchargeant ses nuées sur les pentes de Châbir, y a fait renaître enfin la verdure et éclore les fleurs; tel le marchand ambulant de l'Yémen, lorsqu'il s'arrête auprès des tentes, ouvre ses ballots enveloppés d'une toile sombre et déploie sur le sable mille étoffes aux couleurs variées.

» Les oiseaux de la vallée gazouillent de joie comme s'ils s'étaient enivrés, dès l'aurore, des gouttes d'un vin gai et délicieux.

» Les lions des hauts lieux que les courants des ravines ont surpris, emportés et noyés dans la nuit, gisent étendus au loin ainsi que les faibles et viles plantes déracinées et éparses sur le sol ! »

Telle était la littérature de ce peuple, comparable en force et en relief à celle de la Grèce et de Rome, supérieure en naïveté et en naturel, balbutiement sauvage et gracieux d'une humanité primitive.

XI

Ces hommes inspirés, tour à tour pasteurs, poëtes, héros, avaient des vies aussi poétiques que leurs poëmes. Nous n'en citerons qu'un exemple pour achever ce tableau de mœurs dans la vie de l'un d'eux, le jeune Mourakkich, qui mourut au commencement de la mission de Mahomet.

Mourakkich était fils d'un chef de tribu nommé Amr. Il aimait une de ses cousines de la même tribu, nommée Esma, fille d'Auf. Il la demanda pour épouse à son oncle. Auf lui répondit : « Tu es trop jeune, trop obscur et trop pauvre encore ; mais je te promets ma fille quand tu te seras fait un nom et une fortune. » Mourrakkich partit pour mériter sa cousine. Il parcourut les tribus, s'illustra par le courage et par le génie ; et, s'étant attaché à un roi arabe, puissant feudataire de la Perse, il acquit à sa cour des troupeaux, des tentes, des étoffes, des joyaux, dignes d'être offerts à son oncle pour prix de la main d'Esma.

Mais, pendant son absence, la famine ayant désolé la tribu d'Auf, celui-ci, oubliant ses promesses à son neveu, avait donné sa fille en mariage à un riche Arabe de l'Yémen, au prix de cent chameaux chargés de grains. Le mari d'Esma l'avait emmenée à Nadjran, sa patrie.

Au retour de Mourakkich dans sa tribu, on lui dit, pour épargner sa douleur, que sa cousine était morte. Le désespoir le consuma lui-même jusqu'à la langueur. Le hasard lui fit cependant découvrir la supercherie d'Auf, le mariage et le lieu de la résidence d'Esma. Quoique mourant, il partit pour revoir au moins son amante. Ses forces ne lui permettaient plus de se tenir en selle ; il voyageait couché sur son coursier et soutenu par deux esclaves. La fatigue aggrava son mal non loin de Nadjran ; ses deux esclaves, le voyant évanoui et le croyant mort, le déposèrent à l'ombre dans une caverne des montagnes.

Mourakkich, abandonné ainsi et revenu à lui, fut découvert dans la caverne par un berger qui gardait les troupeaux du mari d'Esma. « Approches-tu quelquefois librement de la femme de ton maître, lui dit Mourakkich, et pourrais-tu lui transmettre un message secret? — Non, répondit le berger, mais je vois chaque soir une de ses esclaves qui vient traire le lait de mes chèvres pour le porter à sa maîtresse. — Eh bien, dit Mourakkich, je réclame de toi un service dont tu seras largement récompensé. Prends cet anneau et jette-le dans le lait que l'esclave porte à Esma. »

Le soir, à l'heure où l'esclave apportait la coupe dans laquelle buvait sa maîtresse, le berger, en y versant le lait, y laissa glisser l'anneau. Esma, en buvant, ayant senti l'anneau qui tintait contre ses dents, le prit dans sa main, le considéra à la lueur du feu, et le reconnut à certains signes qu'elle y avait gravés en le donnant autrefois à son cousin. Elle demanda des éclaircissements à son esclave, aussi étonnée qu'elle-même. Alors elle appela son mari et lui dit : « Envoie chercher le berger de tes chèvres, et apprends de lui d'où vient cette bague. »

Le berger répondit à son maître : « J'ai reçu cet anneau d'un homme que j'ai rencontré dans la caverne de Djébban. Il m'a prié de jeter la bague dans le lait destiné à Esma. J'ai fait ce qu'il m'a ordonné. Du reste, j'ignore son nom et sa tribu, et quand je l'ai laissé dans la caverne, son dernier soupir était près de ses lèvres.

» —Mais, dit le mari à sa femme, à qui donc appartient cet anneau? — C'est l'anneau de Mourakkich, répondit Esma ; il est mourant, hâtons-nous d'aller le recueillir. »

Le mari fit aussitôt préparer son cheval et en fit seller un second pour sa femme, afin que la vue de celle qu'il avait aimée pût rendre la force et la joie au malade. Ils partirent accompagnés d'esclaves chargés de provisions et d'une litière suspendue aux flancs d'un chameau. Avant la nuit ils arrivèrent à la caverne. Mourakkich expirant fut recueilli et transporté par eux à Nadjran. Ils le traitèrent en frère. Leur tendresse et leur compassion ne purent guérir la blessure que l'oubli des promesses de son oncle et la déception de son retour lui avaient faite dans le cœur. Mais il goûta, du moins, la consolation suprême de mourir dans la maison et sous les yeux d'Esma.

XII

Telles étaient les mœurs des Arabes à l'époque de Mahomet. Quoique occupant un territoire assez vaste, ils n'étaient pas très-nombreux. Le désert, l'éloignement des sources, les rochers, le sable, la vie pastorale qui dévore le sol, l'existence nomade qui ne fertilise rien où elle passe, l'absence de culture, qui n'était pratiquée que dans les environs des villes, petites et rares, enfin la polygamie qui tarit l'homme dans sa source, l'esclavage qui décime la famille, la guerre qui fauche les générations, ne permettaient pas à ces peuplades de se multiplier comme des peuples cultivateurs policés et sédentaires. On ne porte guère approximativement qu'à deux ou trois millions d'hommes le nombre de cette nation qui allait conquérir à sa foi un tiers du globe. Le christianisme qui se répandait de proche en proche, et qui était devenu la religion de l'empire romain, touchait au sixième siècle de son existence (vers l'an 500). L'Arabie nomade, de même que l'Arabie syrienne, était pleine de fausses prophéties, contre-coup des prophéties hébraïques. Des pressentiments vagues parlaient aux tribus errantes d'un Messie dont la naissance devait transformer l'Arabie. On annonçait même qu'il naîtrait des Coraïtes ou Coréischites, maîtres de la Mecque et gardiens du temple d'Abraham, la *Kaaba*.

XIII

La tribu des Arabes coraïtes, sédentaire et nomade à la fois, nombreuse et puissante, commandait à la Mecque et à quelques petites places voisines. Elle se gouvernait, comme la généralité des autres tribus, par une espèce d'aristocratie républicaine, où l'hérédité, la généalogie, l'habitude, la richesse, donnaient et partageaient l'empire entre certaines familles. Ces familles principales avaient de plus à la Mecque, pour signe de leur autorité, une sorte de pontificat national qui s'exerçait à l'époque du pèlerinage dans le temple de la Kaaba, au puits Zemzem et sur les autres sites réputés sacrés et visités par les pèlerins. Ce sacerdoce était pour eux et pour les habitants de la Mecque une source de richesse et un titre à la vénération des autres tribus.

L'année 500 de Jésus-Christ, Abdelmotaleb, aïeul de Mahomet, exerçait la plus élevée de ces fonctions, celle de distributeur des vivres et d'hôte des pèlerins de la Mecque. Noble, guerrier, riche et puissant, rien ne manquait à sa félicité et à la perpétuité de son ascendant dans la Mecque, que des enfants, cette bénédiction des patriarches. Il fit vœu que si le ciel lui accordait jamais dix enfants mâles pour soutenir sa dignité et ses droits traditionnels sur les puits sacrés dans la Mecque, il sacrifierait de sa main, comme Abraham, un de ses fils devant la Kaaba, à l'idole de la maison sacrée. Douze fils et six filles lui naquirent après ce vœu. Il sentit avec douleur qu'il était temps de tenir sa promesse. Il rassembla ses dix fils les plus âgés, et leur avoua le serment qu'il avait fait. Les fils se résignèrent à la volonté de l'idole et au choix de leur père. Mais le père trouva trop cruel de choisir lui-même une victime entre des fils si obéissants. On consulta le ciel par l'oracle des flèches, qui portaient chacune le nom d'un des fils. La mort échut à Abdallah, le bien-aimé de son père. Les Coraïtes, qui chérissaient également le jeune Abdallah, s'opposèrent au sacrifice. On consulta une sibylle ou pythonisse, et l'obligation d'immoler Abdallah fut convertie dans l'obligation de sacrifier cent chameaux à l'idole.

XIV

Abdelmotaleb, après avoir échangé ainsi le sang de son enfant contre le sang de cent chameaux égorgés par lui-même devant le temple de la Mecque, rentra dans sa maison, tenant par la main son fils Abdallah, le plus beau et le plus aimé du peuple, parmi tous ceux de sa race. Le peuple, en voyant Abdallah ainsi miraculeusement préservé et rendu à son père, ne douta pas qu'il ne fût prédestiné par le ciel à quelque grande chose future. Le bruit se répandit que le prophète des Arabes sortirait de lui. Une jeune femme noble et belle, de la famille de Harrith, fut frappée du rayonnement presque divin qui illuminait en ce moment le visage du jeune homme. Elle s'approcha d'Abdallah pendant qu'il donnait la main à son père, et, se penchant à son oreille, elle lui dit : « Je te donnerai autant de chameaux qu'on vient d'en immoler pour toi, si tu consens à me choisir, cette nuit, pour épouse ! » Elle aspirait à être la mère du grand homme ou du demi-dieu que l'Arabie attendait. Mais Abdallah lui répondit : « Je dois, en ce moment, suivre mon père. »

Abdelmotaleb conduisit directement son fils chez Wahb, un des chefs les plus considérés de la Mecque. Il lui demanda sa fille Aminà, pour épouse d'Abdallah. L'union consacrée par les fêtes de ce jour d'heureux augure fut accomplie dans la même nuit.

Le lendemain, Abdallah, étant sorti de la maison de Wahb, rencontra, sur la place du temple, la femme qui avait désiré, la veille, être son épouse. Mais elle parut le voir avec indifférence. Abdallah l'aborda et lui dit : « Désires-tu encore aujourd'hui ce que tu demandais hier ? — Non, dit la jeune Coraïte, je ne veux plus rien de toi ; la lumière qui brillait hier sur ton visage a disparu. »

Mahomet avait été conçu dans le sein d'Aminà. La splendeur avait passé du visage de son époux sur le sien.
(*Légendes.*)

XV

Abdallah, envoyé peu de mois après son mariage par son père à Yathreb, ville éloignée, pour y chercher une provision de dattes, mourut dans ce voyage à l'âge de vingt-cinq ans, et fut enseveli dans le pays de Nadjir, sous les palmiers d'un de ses oncles.

Sa veuve Aminà portait Mahomet dans ses flancs. Elle rêva qu'un fleuve de lumière sortait de son sein, et se répandait comme une aurore sur la face de la terre. Elle l'enfanta le 1ᵉʳ septembre de l'année 570 après le Christ. La coutume des Arabes sédentaires puissants, vivant dans les villes, était ce qu'elle est encore aujourd'hui. Ils faisaient élever leurs fils dans les familles des Arabes nomades vivant sous la tente. L'objet de cette espèce d'adoption était double : premièrement, l'enfant contractait ainsi dans la vie rurale et pastorale un corps plus sain et des habitudes plus mâles. Secondement, l'affection qui naissait entre l'enfant et la famille nomade dans laquelle il avait sucé le lait et commencé la vie donnait à la famille puissante à laquelle il devait le sang une clientèle indissoluble dans la famille rurale qui l'avait vu grandir.

Son grand-père Abdelmotaleb donna, le lendemain de la naissance de son petit-fils, aux principaux habitants de la Mecque un festin pour lequel on immola plusieurs chameaux. « Quel sera le nom de l'enfant en l'honneur duquel tu nous convies? demandèrent à la fin du repas les Arabes.

— Mohammed! » répondit l'aïeul. Ce nom inusité à la

Mecque étonna les convives. « Ce nom, dit le vieillard, signifie le *glorifié*. Je le donne, parce que j'espère que l'enfant qui vient de naître pour perpétuer ma race sera glorifié par Dieu dans le ciel, et par les hommes sur notre terre ! »

XVI

Les nourrices du désert, qui venaient ordinairement se disputer les nouveau-nés aux portes des familles puissantes, ne se présentèrent pas à la porte d'Aminà, parce qu'elle était veuve, et que les veuves, généralement pauvres, ne récompensaient pas aussi largement que les pères les nourrices de leurs enfants. Enfin Halimà, une de ces femmes du désert qui vendaient leur sein, n'ayant pas pu trouver d'autre nourrisson dans la ville, revint chez Aminà à la fin du jour et emporta l'enfant. La crédulité des Arabes remarqua que, du jour où cet enfant fut entré dans la tente d'Halimà, les prospérités et les fécondités de la vie nomade y entrèrent avec lui. Sa nourrice refusait de le rendre à sa mère, dans la crainte de perdre avec lui la bénédiction de sa tente. Peu d'années après qu'il eut été sevré, quelques symptômes de l'exaltation mentale qui caractérisa plus tard l'enfant confirmèrent cette superstition domestique qui s'attachait à son berceau, et qui devait s'attacher avec tant d'éclat à sa tombe. Le fils de la nourrice, gardant un jour les troupeaux avec son frère de lait, à quelque distance de la tente, accourut seul et en pleurs vers sa mère. « Qu'y a-t-il ? demanda Halimà. — Mon petit frère de la Mecque, répondit l'enfant, est couché à terre et ne peut se relever ; il a vu deux hommes vêtus de blanc, qui l'ont terrassé et qui lui ont ouvert les côtes. » Halimà et son mari coururent à l'endroit où était resté Mahomet. Ils le trouvèrent relevé, mais pâle et tremblant. Il leur raconta que deux esprits célestes l'avaient endormi, et, prenant son cœur dans sa poitrine, l'avaient lavé de toutes les souillures de la terre. Ces ablutions corporelles, symbole de la pureté de l'âme, dont le prophète fit plus tard des prescriptions, furent sans doute un souvenir de ce premier songe de l'enfant. La nourrice y vit le présage de quelques obsessions maladives de son nourrisson, et, ne voulant pas qu'il déshonorât ses soins en mourant sous sa tente, le ramena promptement à sa mère. « Tu crains qu'il ne soit possédé du mauvais esprit, dit Aminà à la nourrice, qui lui avouait ses inquiétudes, rassure-toi, le mauvais esprit n'a aucun pouvoir sur lui, une destinée immense attend cet enfant. » Il resta six ans à la Mecque. Sa mère Aminà mourut, en 576, au même lieu où était mort son père, en allant comme lui visiter ses parents à Yathreb. Elle laissa pour tout héritage à l'orphelin vingt chameaux et une seule esclave âgée nommée Oùmm-Ayman. Les soins de cette esclave, envers laquelle Mahomet conserva les sentiments d'un fils, même après sa grandeur, remplacèrent ceux de sa mère Aminà. Son grand-père Abdelmotaleb, qui vivait encore, le recueillit dans sa maison. Ce vieillard avait l'habitude, comme les Arabes de haute naissance de la Mecque, de passer une partie du jour assis sur un tapis à l'ombre des murs de la Kaaba. Les petits enfants qui lui étaient nés dans sa vieillesse jouaient autour de lui avec l'enfant d'Aminà. Celui-ci, objet de la prédilection de son grand-père, occupait toujours la place la plus rapprochée du vieillard sur le tapis. Quand les spectateurs s'en étonnaient et voulaient, par respect, écarter l'enfant : « Laissez, disait Abdelmotaleb, il a le pressentiment de sa grandeur future ! »

XVII

Abdelmotaleb mourut à quatre-vingts ans, en 579. Mahomet en avait neuf. Un des fils, Aboutaleb, oncle de Mahomet, recueillit l'enfant et l'éleva comme son propre fils. Aboutaleb avait hérité d'une partie des charges et de l'autorité de son père à la Mecque. C'était un homme d'un cœur sûr et d'une haute raison. Il siégeait au premier rang dans les conseils de la ville, et entretenait ses richesses par le commerce avec les villes de Syrie. Les voyages qu'il faisait de temps en temps, lui-même, à la tête de ses propres caravanes chargées des produits de l'Inde et de l'Arabie, pour les échanger contre les armes et les étoffes de l'Occident, devinrent la première occasion de la mission religieuse de son neveu. Un jour qu'il allait partir pour Damas et pour Alep, avec une suite nombreuse de ses serviteurs et de ses chameaux, Mahomet, qui n'avait alors que treize ans, mais dont la force et la raison devançaient l'âge, se jeta en larmes aux pieds de son oncle, et le conjura de l'emmener avec lui. Aboutaleb, vaincu par ses prières et par la tendresse qu'il portait à ce fils adoptif, consentit aux désirs de l'enfant. La caravane traversa heureusement le désert et les frontières de la Mésopotamie. Elle campa un jour sous les murs d'un monastère chrétien dont le supérieur était un moine arabe nommé Bahirà, converti à la foi du Christ par les Arabes, et appelé Djerdjis (Georges) par les chrétiens. La Syrie était alors peuplée de ces monastères, sortes d'*oasis* au milieu de l'idolâtrie, et de *citadelles* au milieu des barbares.

XVIII

Le moine Djerdjis, contemplant du haut des terrasses de son monastère le campement de la caravane dans la vallée sous ses murs, remarqua la beauté d'un enfant assis à terre et que de légers nuages flottants, comme des parasols dans un ciel de feu, semblaient ombrager d'eux-mêmes contre l'ardeur du soleil. Soit attrait naturel pour cette belle enfance, soit désir de s'entretenir de la patrie avec des compatriotes, le moine envoya offrir, en son nom, l'hospitalité aux chefs de la caravane. Ils montèrent au couvent, mais ils n'osèrent pas, à cause de son âge, amener Mahomet avec eux. Quand ils furent assis devant le repas qu'on leur avait servi, le moine Djerdjis s'aperçut de l'absence de l'enfant, et demanda qu'on le fît monter. Comme Aboutaleb s'excusait sur sa jeunesse : « Oui, oui, s'écria un des Arabes de sa suite en se levant pour aller chercher l'orphelin, le petit-fils d'Abdelmotaleb est digne, quel que soit son âge, de participer à l'honneur que tu nous fais! »

Le moine Djerdjis l'accueillit avec tendresse. Sa foi chrétienne n'avait pas entièrement effacé en lui les crédulités nationales de sa race. Il aperçut un *signe* au-dessous du cou, entre les deux épaules de Mahomet, signe que les

Arabes considèrent comme l'augure des hautes destinées. Il adressa un grand nombre de questions à l'enfant, et s'étonna de la justesse et de la force des réponses. La caravane fit une longue halte sous les murs de ce couvent hospitalier. Le moine profita sans doute de ces entretiens avec le fils d'une race illustre pour semer dans cette tendre et fertile intelligence les germes d'une foi plus intellectuelle et plus pure que les grossières superstitions de la Mecque. Il se fia au temps et à l'intelligence précoce de l'enfant pour les mûrir. Quand Aboutaleb se remit en route, Djerdjis lui dit d'un ton à la fois prophétique et paternel : « Va! ramène après ton voyage ton neveu dans sa patrie; veille avec sollicitude sur lui, et surtout préserve-le des Juifs! S'ils venaient à découvrir en lui certains indices que j'ai moi-même découverts, ils ne manqueraient pas de former quelques complots contre sa vie; apprends seulement que l'avenir réserve de grandes choses au fils de ton frère! ».

Tous les historiens arabes s'accordent dans le récit de cette première entrevue et d'autres entrevues renouvelées plus tard, entre le jeune Arabe et le moine chrétien du couvent de Syrie. C'est le point de départ des pensées comme de la mission future du prophète de l'Arabie. Le Coran fut évidemment dans son esprit la végétation de cette semence de l'Évangile jetée en passant par le vent du désert dans son âme.

XIX

Aboutaleb conçut de cet entretien avec le moine un secret respect pour son neveu. Il le ramena à la Mecque. Le jeune homme ne s'y fit pas moins admirer par la maturité précoce de son esprit, par la probité de son âme, par le recueillement de sa vie, que par la grâce et la majesté de son visage. Il recherchait l'entretien des vieillards et des sages; il fuyait les légèretés, les débauches, les ivresses des jeunes Coraïtes. Il méditait, seul sur les collines et dans les vallées pierreuses des environs de la Mecque, ces pensées qu'on ne recueille que dans la solitude, et qui font trouver amer ce que la foule appelle doux. Il est vraisemblable que ces pensées alors sans confidents du neveu d'Aboutaleb tendaient toutes à une réforme de la religion brutale et idolâtre de ses compatriotes. La révolution qu'il devait opérer n'était pas, comme on l'a cru, sans pressentiment et même sans prédisposition parmi les Arabes. Les superstitions honteuses du vieux culte commençaient à soulever l'esprit des Coraïtes réfléchis. Les habitudes subsistaient; les convictions chancelaient dans les âmes. Autrement, quel qu'eût été le génie de Mahomet, il eût échoué contre une religion. Un homme destiné à réussir n'est jamais que le résumé vivant d'une inspiration commune dans l'esprit de son temps. Il le devance un peu, et c'est pourquoi on le persécute; mais il l'exprime, et c'est pourquoi on le suit. Voilà aussi pourquoi la gloire d'un homme est si justement la gloire de son temps. On aperçoit les traces de cette aspiration à une religion plus rationnelle et plus épurée dans les histoires locales des Coraïtes dès les premières années de leur futur réformateur, Les sacriléges d'esprit contre leurs dieux usés devenaient communs.

XX

Un jour, quatre des principaux sages de la Mecque, Waraca, Othman, Obaydallah et Zayd, voyant avec mépris le peuple célébrer les fêtes d'une de ses idoles, se retirèrent un peu à l'écart et se dirent entre eux : « Les Coraïtes marchent dans une mauvaise route, ils se sont éloignés de la pure religion d'Abraham; qu'est-ce que cette prétendue divinité à laquelle ils sacrifient et autour de laquelle ils font ces processions solennelles? un bloc de pierre inerte, sourd et muet, incapable de leur faire ni bien ni mal. Tout ceci n'est que mensonge; cherchons la pure religion d'Abraham notre père, et, pour la retrouver, abandonnons, s'il le faut, notre patrie et parcourons les pays étrangers! »

Waraca, déjà avancé en âge, passait pour la lumière de la Mecque. Il était l'oracle des Coraïtes, le plus savant et le plus lettré des Arabes, il avait eu des rapports avec les Juifs, il avait lu leurs livres sacrés, il avait emprunté d'eux l'idée et le pressentiment d'un Messie révélateur, prédestiné à régénérer l'esprit de l'homme; il connaissait également l'Évangile, il parlait avec respect du christianisme, et plus tard il mourut lui-même chrétien.

Othman son cousin, était de son cénacle de philosophes. Il se sentait attiré vers le Dieu d'esprit et de vérité que le

Christ avait prêché non loin de l'Arabie. Il alla s'instruire à Byzance et il y reçut le baptême.

Obaydallah, travaillé des mêmes doutes, agonie des religions qui meurent en nous, devait flotter longtemps dans ces incertitudes, adopter quelques jours la réforme de Mahomet, puis la renier pour se donner enfin au christianisme.

Quant à Zayd, plus impatient de vérité que ses trois amis, il rompit avec éclat tout pacte avec la religion de son pays, il blasphéma héroïquement les dieux des Coraïtes, il voulut partir pour visiter les pays lointains et pour y consulter les sages. Sa famille le fit retenir par force à la Mecque, surveillé par sa femme Saphyà. Il gémissait de la contrainte qu'il subissait. On l'entendait quelquefois, le dos appuyé contre le mur du temple, dire avec amertume au Dieu inconnu qui agitait sa conscience : « Seigneur ! si je savais de quelle manière tu veux être servi et adoré, j'obéirais à ta volonté : mais je l'ignore !... » Il se prosternait ensuite la face contre terre et mouillait la place de ses larmes. Il proclamait néanmoins l'unité du Créateur. On le confina dans une tente sur une colline inhabitée des environs de la ville. Il s'échappa, s'enfuit vers le Tigre, parvint en Syrie, vit le moine qui avait prophétisé la destinée d'un Messie prochain des Arabes dans le neveu d'Aboutaleb, repartit pour la Mecque afin d'embrasser sa cause, et périt en route, tué par les Arabes idolâtres.

XXI

Dans le même temps vivait à la Mecque, dans une échoppe de la colline Marwà, quartier des artisans en métaux, un orfévre nommé Djaber, Grec d'origine et chrétien de religion; Mahomet fréquentait la boutique de cet artisan. Il avait avec lui de fréquents et longs entretiens, dont l'objet mystérieux ne pouvait être que les dogmes et la morale du christianisme, culte vers lequel le jeune philosophe penchait, comme ses quatre amis. Bien que l'entretien fût pénible entre l'artisan grec, qui ne savait qu'imparfaitement l'arabe, et le Coraïte, qui ne savait pas le grec, Mahomet ne se rebutait pas de cet obstacle, et passait des heures et des jours dans la société de ce chrétien.

Cette fréquentation, remarquée plus tard quand il promulgua sa doctrine, le fit accuser de n'avoir rien conçu de lui-même, et d'avoir fait écrire les préceptes du Coran par la main de l'orfévre de Marwà. Il répond indirectement à cette supposition plus ou moins probable par ce verset de son livre :

« Ils disent qu'un homme étranger endoctrine Mohammed, sans réfléchir que cet étranger ne parle qu'un langage barbare, et que le Coran est écrit dans la langue arabe la plus correcte et la plus pure. »

Mais pendant que le jeune homme puisait dans une source étrangère la philosophie religieuse des chrétiens en Syrie et en Abyssinie, il se livrait avec les poëtes et les hommes lettrés de son pays aux études nécessaires pour donner un jour à ses pensées la propriété, la force et la pureté du verbe national. Il savait que la vérité, pour devenir vulgaire, doit se réfléchir dans un miroir qui la reproduise à la fois claire, éclatante et pénétrante comme le rayon dans l'eau. La langue arabe, d'autant plus pure dans le désert qu'elle y était moins altérée par le contact des idiomes étrangers, offrait en ce moment au révélateur un admirable instrument d'intelligence et de propagation. Le Coran en est encore le type le plus accompli. Elle n'a rien acquis, rien perdu depuis; elle semble s'être pétrifiée ou métallisée sous la plume de roseau de Mahomet.

XXII

Il ne paraît pas avoir cultivé en ce temps-là son âme avec moins de sollicitude que son intelligence. Sa beauté, sa modestie, sa séquestration des plaisirs profanes de la jeunesse coraïte, son assiduité à la prière dans le temple, son respect pour les vieillards, son attention à recueillir les paroles des sages, son affection filiale pour son père adoptif Aboutaleb, sa déférence pour les fils de cet oncle, dont il était l'hôte sans affecter d'en être l'égal, son goût pour la solitude, ses rêveries, nuages sous lesquels il semblait voiler la hauteur et l'éclat de son esprit, enfin une éloquence sobre qui ne parlait que quand on l'interrogeait, mais qui coulait de l'âme plus que des lèvres, et qui avait le don de persuader les autres parce qu'elle était déjà persuasion en lui, toutes ces qualités de naissance, de corps, d'esprit, de caractère, estimées partout, même chez les barbares, attiraient l'estime, le cœur, les yeux de la Mecque sur l'orphelin d'Aminà. Elles attirèrent surtout le cœur d'une femme opulente et considérée de la Mecque, nommée Kadidjé ou Khadidjah.

XXIII

Kadidjé, fille de Khouwalid, chef d'une des plus nobles maisons parmi les Coraïtes, était veuve. Son père et son premier mari lui avaient laissé des richesses qu'elle faisait valoir à leur exemple dans le commerce avec la Syrie. Ses caravanes traversaient le désert. Elle cherchait un intendant capable et fidèle pour lui confier la direction de ses affaires et la conduite de ses caravanes. Elle voulait s'assurer de son zèle en l'intéressant au succès de ses trafics par une part dans les bénéfices. Elle entendait louer partout le neveu d'Aboutaleb; elle lui proposa ce poste de confiance dans sa maison. Peut-être la naissance illustre, la jeunesse et les grâces extérieures du fils d'Aminà, autant que ses vertus, firent-elles concevoir dès lors à Kadidjé le vague espoir de s'attacher un jour ce jeune homme par des liens plus étroits. Vertueuse, belle et jeune encore elle-même, elle pouvait, après avoir éprouvé le caractère de Mahomet, songer à en faire un second époux.

XXIV

Quoi qu'il en soit, en 595, Mahomet, brûlant de visiter les pays inconnus d'où les doctrines hébraïques et chrétiennes transpiraient avec tant d'attraits pour son âme jusque dans le désert, accepta avec reconnaissance l'offre de Kadidjé. Elle le plaça au commencement sous la surveillance et sous les conseils d'un de ses serviteurs plus rempli d'années et d'expérience, nommé Mayçara. Ils partirent ensemble, ils conduisirent heureusement les caravanes de Kadidjé à Damas, à Alep, à Antioche, à Jérusalem, à Béryte, à Palmyre, à Balbeck et dans toutes les villes opulentes de la Syrie arabe ou romaine. Ils y vendirent à hauts prix les tissus et les perles de l'Inde dont Kadidjé avait chargé ses chameaux. Ils les chargèrent au retour des objets les plus recherchés par les Arabes qui venaient à l'époque du pèlerinage approvisionner leurs tentes à la Mecque. Cet échange produisit de nouveaux trésors à Kadidjé. Mayçara, son domestique affidé, qu'elle interrogea sur la conduite de Mahomet, lui parla de son jeune compagnon comme d'un être béni de Dieu, que les anges protégeaient en route de leurs ailes contre les ardeurs du soleil. Il raconta à sa maîtresse que Mahomet s'était arrêté au pied d'un monastère chrétien dont le supérieur, ami déjà du jeune homme, avait été, comme lui, témoin de cette protection divine qui lui donnait *l'ombre à volonté*. Ce moine, ajoutait Mayçara, présageait de grandes destinées à ce jeune homme. Il serait, disait le moine, l'apôtre de l'Arabie.

Ces paroles du moine chrétien au serviteur de Kadidjé attestent assez que Djerdjis et Mahomet s'étaient entretenus de nouveau des choses saintes, et que le moine, charmé des dispositions de son prosélyte, avait cru voir et avait annoncé en lui à ses compatriotes le propagateur du christianisme dans le désert.

Quant à Mahomet lui-même, il était plus occupé des vérités religieuses qu'il avait recueillies dans ses voyages que de la part des trésors qu'il rapportait à sa maîtresse. Kadidjé, cependant, ne trouvait plus cette part suffisante à sa reconnaissance. Les mérites, les services, les vertus précoces de son jeune serviteur, avaient changé son estime pour Mahomet en inclination et en admiration. Les prophéties du moine chrétien ajoutaient à son amour ce prestige qui est le pressentiment de la gloire. Devenir l'épouse de celui en qui le ciel annonçait on ne sait quoi de divin paraissait à la jeune veuve une association à la divinité d'un être surnaturel. L'amour aidait au prodige et le prodige à l'amour.

XXV

Elle n'osa, selon l'usage arabe, lui parler elle-même de ses sentiments. Elle lui fit parler par un vieillard de sa maison. Voici les paroles qu'elle lui fit porter :

« Mon cousin ! la parenté qui existe entre nos deux familles, la précoce considération qui t'environne, ta sagesse et ta fidélité dans la conduite de mes caravanes, me font désirer de t'appartenir ! »

Mahomet, flatté d'une si haute félicité, n'osa néanmoins rien répondre sans l'aveu de son oncle Aboutaleb et de ses cousins. Aboutaleb vit dans cette union la gloire de sa maison et la fortune de son neveu. Il alla demander au père de Kadidjé la main de sa fille. Il se chargea de payer lui-même le prix du douaire de la veuve. Il rassembla dans un festin les chefs des quarante maisons les plus puissantes de la Mecque et leur annonça que le festin avait lieu à l'occasion du mariage de son fils adoptif Mohammed avec la riche fille de son cousin.

« Mohammed, le fils de mon frère, leur dit-il en se levant de son tapis, est dépourvu des biens de la fortune, de ces biens qui sont une ombre passagère, un dépôt qu'il faut rendre tôt ou tard à la terre ; mais vous connaissez tous ses vertus et la noblesse de sa naissance, vous savez que nul ne peut être comparé en sagesse à lui ! »

Le jeune homme dont on parlait ainsi sans objection, dans le conseil de ses compatriotes, était-il, comme on l'a écrit sans cesse par ignorance, le fils obscur d'un chamelier ? Tous les Arabes, à ce titre, les plus petits comme les plus grands, étaient chameliers, car tous avaient le chameau pour signe de richesse et de puissance relative. C'est comme si l'on appelait le fils d'une maison noble de Normandie ou de la Grande-Bretagne fils de bouvier, parce que la fortune de ses pères consiste en troupeaux et en pâturages.

XXVI

Mahomet et Kadidjé, unis de cœur, mais toujours séparés de biens, selon l'usage des secondes noces dans le désert, vécurent dans une fidélité exemplaire. Mahomet continua à avoir pour sa femme, plus âgée que lui, le respect et les déférences d'un fils avec la tendresse d'un époux. On trouve dans l'historien arabe Aboulfeda un témoignage naïf et touchant des scrupules du mari pour l'autorité de sa femme. Sa nourrice Halimà, ayant entendu parler de son mariage et de ses richesses, vint lui faire le tableau de sa propre misère, et solliciter sa bienfaisance pour celle qui lui avait donné sa mamelle. Mahomet, attendri, n'osa pas secourir sa propre nourrice avec l'or de sa femme. Il sollicita humblement lui-même Kadidjé pour en obtenir l'assistance demandée, et ce ne fut qu'avec la permission de Kadidjé qu'il donna à la pauvre Halimà un troupeau de quarante brebis.

Kadidjé ne tarda pas à enfanter un fils, premier né, nommé par elle Cacim, puis deux autres fils nommés Tayeb et Tayr, quatre filles ensuite, nommées Rocayà, Zaynab, Oùmmcolthoùm et Fâtima. Les fils moururent au berceau. Les filles vécurent jusqu'à la prédication de leur père, elles furent élevées dans sa foi. Othmàn, le calife, en épousa deux successivement; la troisième, Zaynab, fut mariée à Aboul-As; Fâtima, la plus jeune, épousa Ali, le plus jeune aussi des fils d'Aboutaleb et des cousins de Mahomet. C'est de Fâtima que descendent tous les musulmans à turban vert, qui s'appellent aujourd'hui chérifs, et qui prétendent avoir dans leurs veines une goutte du sang du prophète des croyants.

XXVII

Pendant les dix années qui suivirent son mariage, aucune lueur éclatante ne signala la vie de Mahomet. Il vécut dans l'obscurité, dans la méditation et dans le silence. Il avait trente-cinq ans (en 605) lorsque les habitants de la Mecque délibérèrent de reconstruire enfin la Kaaba ou le temple, qui s'écroulait de vétusté et dont les pèlerins déploraient la décadence. La piété les poussait, le respect les retenait. Un navire romain ayant fait naufrage précisément dans ces temps-là sur les écueils de la mer Rouge, non loin de la Mecque, jeta sur la côte du bois, du fer et un charpentier échappé au naufrage. On vit un augure dans ce secours céleste de matériaux et d'un artisan pour les mettre en œuvre. Mais au moment de lever la main sur les murs croulants pour les réparer, nul n'osa porter le premier coup. Enfin Walid, plus pieux ou plus hardi que ses compatriotes, prit une pioche et s'écria en la levant pour abattre un pan de mur : « Ne t'irrite point contre nous, ô Dieu d'Abraham ; ce que nous faisons, nous ne le faisons que par piété ! » Le mur croula et Walid ne fut point frappé de mort. Cependant les Coraïtes voulurent laisser passer la nuit avant de continuer, pour bien s'assurer qu'aucune vengeance divine ne punirait le sacrilége matériel de Walid. Il sortit le matin de sa maison sain et sauf. Les Coraïtes, à son aspect, se rassurèrent et achevèrent la démolition. Mais, quand il fallut replacer la pierre noire d'Abraham dans un pan de la nouvelle muraille, les principales familles de la Mecque se disputèrent l'honneur de la replacer. On prit les armes pour juger la contestation par la guerre. Au moment de combattre, des sages s'interposent, et Mahomet, regardé comme le plus juste de tous, est choisi pour arbitre. Il étend à terre son manteau, il fait poser la pierre sacrée sur l'étoffe, il place les quatre coins du manteau entre les mains des quatre chefs des factions dont la rivalité allait ensanglanter le temple, et il fait élever simultanément par eux la pierre, dont le poids est ainsi partagé, jusqu'à la hauteur qu'elle doit occuper dans le mur. Les Arabes admirèrent cette politique, cette équité et cette sagesse en parabole. Sa renommée s'en accrut; le roi de Perse, Cosroès, à qui l'on raconta le subterfuge des Mecquois, demanda : « De quel aliment se nourrissent-ils donc? — De pain de froment, lui répondit-on. — A la bonne heure, reprit le roi, car le lait et les dattes ne pourraient donner cet esprit-là! »

XXVIII

Ce fut à cette époque que Mahomet, par une reconnaissance qui lui valut plus tard le premier et le plus cher de ses disciples, soulagea son oncle Aboutaleb du fardeau d'une trop nombreuse famille disproportionnée à sa fortune. Mahomet rassembla les parents d'Aboutaleb et leur dit : « Notre oncle est devenu pauvre, prenons chacun un de ses quatre fils. » Il prit chez lui le plus jeune, nommé Ali, et l'adopta pour remplacer les trois enfants mâles que la mort lui avait ravis. Il demanda en même temps à Kadidjé un enfant esclave nommé Sayd ou Zéyd, dont on avait fait présent à sa femme, et qui promettait du courage et de l'intelligence.

Mahomet l'adopta avec la permission de Kadidjé. L'enfant s'attacha tendrement à Mahomet. Son père, à qui on l'avait dérobé en Syrie, vint à la Mecque pour le racheter. Mahomet ne refusa pas de le rendre. Il fit venir Sayd et dit à l'enfant : « Suis celui des deux que tu voudras! » Sayd, préférant son père adoptif à son propre père, suivit Mahomet, préférant la paternité du bienfait à la paternité de la nature.

XXIX

Cependant Mahomet touchait à sa quarante et unième année (en 611). Rien en lui jusque-là n'indiquait à ses compatriotes l'homme investi d'une mission. Mais on remarquait en lui ce que les Hébreux avaient remarqué dans leur législateur Moïse, l'entretien muet avec son propre esprit dans la solitude. Il semblait fuir la foule et le bruit pour écouter mieux les voix de son propre cœur. Il se retirait pendant les chaleurs de l'été avec sa femme et sa famille dans une fraîche caverne du mont Hira, près de la Mecque. Il s'en échappait souvent la nuit, et s'égarait sur les collines et dans les vallons voisins, pour contempler, prier et suivre des pensées qui conduisaient ses pas au hasard.

Ses absences se prolongeaient de jour en jour davantage. Une obsession maladive semblait peser sur lui. Le temps fuyait, il n'avait pas commencé son œuvre; il éprouvait ces reproches intérieurs des hommes qui se croient une mission pénible à accomplir, et que leur conscience gourmande de leurs hésitations et de leurs ajournements. Il croyait entendre, par la force d'une conviction qui égarait ses sens, des voix d'êtres invisibles répandus sur la montagne, sortant du rocher, et disant quand il passait : « Salut, envoyé de Dieu! » Il racontait à Kadidjé ces voix extatiques. Kadidjé, convaincue de la vertu et de la supériorité de son mari, prenait, comme lui, ces voix de l'extase pour des voix réelles. Sa foi, égale à sa tendresse pour son mari, écartait le doute. Elle trouvait le fils d'Aminà assez vertueux et assez supérieur aux autres hommes pour mériter ces célestes communications. Elle le confirmait par sa pieuse crédulité dans ses illusions. L'opinion de la divinité de sa mission commençait par le cœur de sa femme.

Cependant Kadidjé paraît avoir redouté quelquefois que ces visions de l'enthousiasme ne fussent dans son mari les atteintes d'une maladie ou les vertiges d'un mauvais esprit. On voit les traces de cette inquiétude dans la suite d'une des plus longues visions qui décidèrent la prédication publique de Mahomet.

XXX

Une nuit qu'elle reposait dans la grotte du mont Hira, elle se réveille, et s'étonne de ne pas trouver son mari à côté d'elle. Alarmée de sa longue absence dans les ténèbres, elle envoya ses serviteurs, ses enfants et ses esclaves le chercher dans les gorges de la montagne. Ils allèrent en parcourant les moindres ravines et en l'appelant à grands cris sans le rencontrer jusqu'à la Mecque. Pendant leur absence, Mahomet était enfin revenu à l'aube du jour. Kadidjé l'interrogea avec larmes.

« Je dormais d'un sommeil profond, lui dit son mari, lorsqu'un ange m'est apparu en songe. Il portait une large pièce d'étoffe de soie couverte de caractères d'écriture : « Lis, me dit-il. — Que lirai-je? » lui dis-je dans mon ignorance. Alors l'ange m'enveloppa avec colère dans cette pièce d'écriture enroulée autour de moi jusqu'à m'étouffer, et me répéta d'un ton plus impérieux : « Lis! — Que lirai-

» je? lui dis-je de nouveau. — Lis, au nom de Dieu, pour-
» suivit l'ange; c'est lui qui a révélé aux hommes l'écriture
» et qui apprend aux ignorants ce qu'ils ne savent pas. » Je
répétai ces paroles après l'ange. Il s'éloigna; je sortis, je
marchai longtemps pour calmer mes esprits, loin sur la
montagne. Là, j'entendis au-dessus de ma tête une voix qui
me dit : « O Mahomet, tu es l'envoyé de Dieu, et je suis
» son ange Namous (ou Gabriel), confident de Dieu. » Je
levai les yeux, je vis l'ange, et je restai longtemps éperdu
à la place où je l'avais vu disparaître. »

Il est impossible de ne pas voir dans ce songe et dans la
vision imaginaire qui en fut la suite l'obsession maladive
d'une idée fixe de Mahomet, ne sachant encore à cette
époque ni lire ni écrire, et convaincu cependant, par son
génie intérieur, qu'un LIVRE était l'instrument nécessaire
de la transformation religieuse de ses idolâtres compatriotes.

« Courage, et réjouis-toi, lui dit sa femme consolée, par
Celui qui tient dans ses mains l'âme de Kadidjé, j'espère
que tu seras le prophète de notre nation. »

XXXI

Cependant, de peur d'être elle-même le jouet de l'imagination de son mari et de la sienne, dès que le jour fut
levé, elle se rendit seule à la Mecque, et alla consulter le
plus âgé et le plus renommé des sages de la nation, l'illustre Waraca, dont nous avons déjà parlé. Elle lui raconta
tout ce que son mari avait cru voir et entendre. « Dieu

saint ! s'écria le vieillard, déjà détaché, comme on l'a vu, des idolâtries populaires, qui lisait la Bible et qui entrevoyait le christianisme à l'horizon de l'Arabie, Dieu saint ! si tout cela est vrai, c'est Namous (Gabriel), celui qui portait jadis à Moïse les messages ; c'est lui qui est apparu à ton mari, et Mohammed sera l'apôtre des Arabes ! » Waraca, qui touchait à ses derniers jours, et dont les yeux avaient perdu la lumière des cieux, fut abordé le lendemain par Mahomet lui-même dans le parvis du temple. « Mon fils, lui dit le vieillard, tu seras le messager de Dieu pour apporter un jour plus pur à nos enfants ; attends-toi, à ce titre, à être persécuté par tes compatriotes. »

XXXII

Ce ne fut qu'à partir de ce jour que Mahomet, renversé sur la montagne par de fréquents éblouissements, crut définitivement en lui-même, et accepta avec résolution les peines et les périls de la mission surnaturelle dont il se crut chargé. Ses entretiens en songe, en extase ou en évanouissement avec ce confident du ciel, Gabriel ou Namous, se multiplièrent ou extatiquement ou artificiellement, au gré des besoins de son esprit et du plan qu'il avait conçu, pour convertir au Dieu unique sa tribu, comme ceux de Numa et d'Égérie dans la vallée de Rome. Les premières révélations qu'il rapporta aux siens de ces extases furent l'unité de Dieu, la conformité méritoire faite de la volonté de l'homme à la volonté sainte du Créateur, la prière cinq fois par jour, précédée d'ablutions corporelles, symbole de la purification de l'âme, et la foi en lui-même comme prophète inspiré de Dieu et organe de ses mystères.

La foi tendre et complète de Kadidjé au caractère prophétique de son mari doubla la sienne, écarta ses doutes, consola ses peines, raffermit les ébranlements de son courage. Il eut, à l'inverse des grands hommes, son cénacle domestique dans sa maison. L'islamisme commença comme une famille. On le pratiqua longtemps dans la demeure de Mahomet, avant qu'il fût répandu et pratiqué dans aucune autre réunion de Coraïtes. Ses premiers fidèles furent lui-même, sa femme, son neveu, ses filles, ses serviteurs. Il parut longtemps se contenter de cette conversion intime de lui et des siens, à la foi pure d'Abraham, espérant que Dieu se contenterait de ce culte restreint, et ne lui demanderait pas une propagation plus onéreuse de sa vérité.

XXXIII

Le jeune Ali, son cousin, élevé par lui comme son fils, et âgé seulement de douze ans, fut, après Kadidjé, le premier et le plus résolu de ses croyants. L'enfant, accoutumé à croire Mahomet sur parole, n'hésita pas à voir, dans ce second père, l'oracle de son esprit, comme il était celui de son cœur. Avec un courage supérieur à ses années, il crut marcher à Dieu lui-même en marchant sur les traces de son cousin. Lorsque Mahomet allait faire ses prières sur les collines des environs de la ville, Ali, rebelle aux suggestions, aux incrédulités de ses plus proches parents et même d'Aboutaleb, son père, accompagnait de loin Mahomet dans un recueillement qui bravait la raillerie des autres enfants de son âge. On le voyait, disent les chroniques, agenouillé ou couché la face contre terre derrière Mahomet, imiter tous les gestes, toutes les attitudes, toutes les élévations de cœur et toutes les paroles de son cousin. Un jour, son père Aboutaleb, les ayant suivis et surpris dans ces prières : « Que faites-vous là et quelle religion nouvelle pratiquez-vous donc? leur dit-il. — La religion du vrai Dieu, du Dieu unique, répondit Mahomet, celle de notre père Abraham. Dieu m'a suscité pour la faire connaître aux hommes et les inviter à l'adopter. O mon oncle! nul n'est plus digne que toi d'entendre cet appel, d'embrasser la vraie croyance, et de m'aider à la répandre!

» — Fils de mon frère, répliqua Aboutaleb, je ne puis abjurer la religion de mes pères; mais, si on t'attaque pour la tienne, je te défendrai! » Puis, se tournant vers son fils Ali, qu'il avait livré à Mahomet pour l'élever à la place des siens : « Ton cousin Mohammed ne saurait rien t'enseigner de mal, lui dit-il, sois donc toujours docile à ses inspirations! »

Après Kadidjé et Ali, le troisième fidèle qui embrassa de confiance l'*islamisme*, ou la *religion de l'entier abandon à la volonté de Dieu*, fut Sayd, l'esclave de Kadidjé, que Mahomet avait affranchi, et qu'il avait adopté pour fils. Un Arabe noble et d'une beauté célèbre parmi les tribus, nommé pour cette distinction du visage El-Atik, fut le quatrième. Il changea de nom en changeant de Dieu et s'appela Aboubekre, ou le *père de la Vierge*, parce qu'il était père d'Aïché, ou Ayescha, jeune fille d'une merveilleuse beauté, qui fut depuis l'épouse de prédilection du prophète.

XXXIV

La profession de foi ouverte d'Aboubekre aux doctrines de Mahomet préserva l'islamisme naissant de ce vernis de démence et de ridicule, premier sarcasme que le préjugé populaire ne manque jamais de jeter sur ce qui choque ses habitudes. Aboubekre était un de ces hommes dont l'adhésion entraîne du côté où ils penchent, sinon la conviction, du moins le respect de la multitude. En avouant Mahomet pour son maître, il le couvrait contre le dédain ; il entraîna bientôt avec lui les principaux Coraïtes parmi la jeunesse élégante et guerrière de la Mecque : Othman, de l'illustre maison des Ommïades, Abderrahman fils d'Auf, Sad fils d'Abou-Waccas, Zobeïr neveu de Kadidjé, Talha fils d'Obaydallah.

Ces disciples confessèrent hardiment l'unité de Dieu, la liberté de l'homme dans ses actions, le mérite de la vertu, le châtiment des vices, le devoir de la conformité des volontés résignées de l'homme à la volonté suprême et parfaite de Dieu, l'immortalité des âmes, la récompense ou le châtiment après la mort selon la vie, l'aumône, la prière obligatoire, double sacrifice, l'un du corps, l'autre de l'esprit, offerts au Père commun en échange des sacrifices de sang, les rites promulgués par Mahomet pour attester et nourrir cette foi, sorte de discipline de son culte à laquelle se reconnaîtraient les vrais croyants, enfin le caractère surnaturel du nouveau philosophe, dont les paroles, les écrits, les actes, impliquaient l'obéissance, puisqu'ils les croyaient émanés de secrètes communications de son esprit avec des confidents de la Divinité. Telle fut alors pour les Arabes toute la religion de l'islamisme.

XXXV

Mahomet, à qui ses extases sincères, affectées ou maladives, n'enlevaient rien de la lucidité politique, habile à ne pas devancer les heures, laissa couver encore trois ans sa doctrine dans ce demi-mystère d'un cénacle de ses premiers disciples, demi-jour qui excita la curiosité sans faire éclater le scandale. Vers 614 il attendait encore que sa secte eût assez de force pour résister au cri public et à la persécution qu'elle ne manquerait pas de soulever quand elle se poserait face à face avec le culte idolâtre et avec les soutiens intéressés des antiques superstitions. Attaquer les idoles de la Kaaba, c'était attaquer la Mecque, centre des pèlerinages de toute l'Arabie; c'était attaquer les Coraïtes, ses compatriotes, qui étaient le peuple élu entre toutes les tribus pour posséder, ouvrir ou fermer le temple commun; c'était attaquer le commerce, le monopole et la fortune publique, alimentés exclusivement par le concours annuel de toute l'Arabie à ce temple; c'était surtout attaquer dans leurs priviléges les grandes familles de la Mecque, qui se partageaient entre elles les sacerdoces, les pontificats, les hospitalités honorifiques ou lucratives des pèlerinages.

Le soulèvement contre une telle expropriation de préjugés, de superstitions, d'honneurs, de bénéfices, d'intérêts, devait donc être général. Il fallait se prémunir lentement contre cette indignation de toutes les classes en détachant d'abord un à un de chacune de ces familles quelques-uns des soutiens naturels de cette coalition du mensonge, et en les engageant dans la secte qui devait faire prévaloir la foi nouvelle. Tel fut évidemment le motif de cette temporisation de trois ans par Mahomet. Peut-être aussi employa-t-il ces trois années de prudence, de méditation et de conférences avec ses premiers élus, à préparer en secret le code de doctrines et de législation qu'il devait substituer aux fables de l'idolâtrie et aux immoralités des mœurs civiles du peuple; peut-être le courage lui manqua-t-il au dernier moment pour faire écrouler sur sa tête tout ce vieil édifice d'idolâtrie, de traditions et de vices organisés qui devait l'écraser lui et les siens; peut-être enfin espéra-t-il que le Dieu dont il se croyait inspiré se contenterait qu'il fût philosophe, sans exiger qu'il fût martyr.

La vie de Mahomet indique visiblement ces motifs divers dans ses élans et dans ses hésitations tour à tour. Nous en retrouverons bientôt une autre preuve dans ce récit.

XXXVI

Il eut l'habile politique de désintéresser d'abord le peuple et les grandes familles des Coraïtes des priviléges, des bénéfices et de la dignité qui s'attachaient à la possession du temple et au concours des pèlerins. Peu importait à la cause de l'unité de Dieu que l'on respectât dans le culte nouveau la tradition qui attribuait la fondation de la Kaaba à Abraham, que l'on conservât de la vénération pour ce souvenir et que l'habitude des pèlerinages fût conservée en Arabie, pourvu que les fausses divinités en fussent bannies. Mahomet, qui croyait fermement lui-même à la tradition d'Abraham et à la religion pure de ce patriarche, maintint la vénération de la Kaaba, le pèlerinage, les cérémonies, le concours des caravanes de la Mecque pendant le mois sacré. Il lui suffisait de changer l'idole en Dieu. Il savait, comme tous les réformateurs, qu'il ne faut pas déraciner inutilement, mais greffer, autant qu'on le peut, la séve nouvelle sur le vieil arbre, dont les racines portent ainsi plus vite et plus sûrement des fruits de la nouvelle greffe.

Après ces précautions commandées par la sagesse humaine à toutes les révolutions de dogmes, de sociétés ou d'empires, il se sentit enfin pressé par ses voix intimes de laisser éclater sa mission. Elle n'était déjà plus un secret, elle était seulement une confidence presque générale dans la Mecque. Le zèle de ses disciples en formait une rumeur sourde mais croissante, que le mystère ne pouvait plus contenir. Il réunit ses parents, au nombre de quarante, à un festin dans la cour de sa maison, selon la coutume des grands conseils qui précédaient les grandes résolutions parmi les Arabes. C'étaient tous les fils et descendants de son oncle et de son père adoptif Aboutaleb. Le festin, sobre comme la vie du désert, ne se composait que d'un quartier de mouton et de riz. Mahomet y suppléa par la nourriture de l'âme; il entretint ses convives avec tant d'inspiration et de persuasion, qu'ils se sentirent rassasiés par ses paroles. Ces esprits simples, étonnés de se sentir satisfaits devant la médiocrité d'un tel festin, attribuèrent même à la magie des esprits infernaux ce charme et ce rassasiement qui n'était en eux que la magie de la parole. Ils se retirèrent inquiets en s'interrogeant les uns les autres et en se promettant de ne pas revenir s'exposer à ces enchantements suspects.

XXXVII

Mahomet les invita cependant pour le lendemain en plus grand nombre. Ils revinrent malgré leur répugnance. Mahomet s'efforça de ramener à lui toute cette partie de sa famille qui ne professait pas encore sa croyance.

« Que craignez-vous? leur dit-il à la fin du repas. Jamais aucun Arabe offrit-il à sa nation des avantages comparables à ce que je vous apporte? Je vous offre le bonheur de cette courte vie et la félicité éternelle dans la vie future. Dieu m'a ordonné d'appeler les hommes à lui. Voyons, qui de vous veut me seconder dans cette œuvre? qui de vous veut devenir mon second, mon frère, mon remplaçant sur la terre? »

L'étonnement, l'effroi, le respect humain, l'incrédulité, les retinrent tous. Aucun ne se leva; tous gardèrent un silence embarrassé; Mahomet allait se trouver seul; mais le plus jeune des convives, Ali, presque encore enfant, venant au secours de son second père, se leva avec la naïve générosité de son âge et s'écria : « Moi, prophète de Dieu! ce sera moi à défaut des autres! »

Mahomet, touché jusqu'aux larmes, et voyant dans cet élan de l'adolescent, le dernier de tous les convives, une désignation du doigt de Dieu qui marque où les hommes ne regardaient pas, serra l'enfant contre son cœur : « Eh bien, dit-il en ne rougissant pas plus de ce disciple que le disciple n'avait rougi de lui, voici Ali, mon fils, mon frère, mon second, mon autre moi-même, *obéissez-lui!* » Cette élection d'un enfant par l'INSPIRÉ scandalisa, jusqu'à la risée, les assistants. Un homme qui ne trouvait pour l'avouer que le plus jeune et le plus timide de la famille leur parut dépourvu de l'intelligence vulgaire. Ils se levèrent en raillant, et ils dirent en s'en allant à Aboutaleb, le père du pauvre *Ali* : « Ce sera donc à toi désormais d'obéir à la sagesse et à la volonté du dernier de tes fils! » Aboutaleb lui-même, tout en aimant Mahomet et en le protégeant contre les insultes, ne pouvait s'empêcher de le plaindre comme un parent plein de vertu et de génie, mais que sa vertu et son génie même transportaient au delà du sens réel des choses humaines.

XXXVIII

Ces premières prédications de Mahomet passèrent dans la Mecque pour les visions d'un homme de bien dont l'âme, exaltée par la méditation, était partagée par une grande sagesse et par un peu de démence. Tant qu'il se contenta de professer dans les places publiques, dans les assemblées et dans le temple, le dogme majestueux de l'unité et de la perfection de Dieu, et les devoirs de la prière, morale suprême dans les rapports d'adoration de la créature au Créateur, le peuple l'écouta sans fanatisme, mais sans répugnance. C'étaient là des idées assez généralement admises et tellement hautes, qu'elles passaient par-dessus les têtes sans briser les idoles en crédit. Mais, aussitôt que, tirant les conséquences religieuses de ce dogme spiritualiste, il en vint à proscrire les idoles qui souillaient le temple et qui usurpaient la place, la foi et le respect du Dieu unique, un cri général d'indignation s'éleva contre le blasphémateur. La piété des adorateurs des idoles se changea en colère et en imprécation contre lui. Le peuple demanda aux grands protection et vengeance pour les dieux du pays.

Les grands s'assemblèrent; ils n'osèrent sévir contre Mahomet, protégé par sa parenté avec la puissante famille d'Aboutaleb. Ils envoyèrent une nombreuse députation, choisie parmi les plus sages et les plus conciliants d'entre eux, pour demander à Aboutaleb lui-même, ou de réprimer l'audace blasphématoire de son neveu, ou de permettre qu'ils la réprimassent eux-mêmes en gardant une patriotique neutralité.

« Le fils de ton frère, lui dirent-ils textuellement, Mohammed, outrage notre religion; il accuse nos sages de folie, nos ancêtres d'impiété ou d'erreur; empêche-le de nous provoquer ou reste neutre entre nous et lui; et, puisque toi-même, tu n'as pas adopté ses chimères, laisse-nous punir son audace à attaquer un culte qui est aussi le tien. »

Aboutaleb, soit par dédain pour la religion populaire, soit par inclination secrète pour la doctrine professée par Mahomet, soit par susceptibilité d'orgueil de famille, soit enfin par cette tendresse reconnaissante qu'il paraît avoir toujours nourrie dans le fond de son cœur pour un neveu qui avait été son fils adoptif, et qui, à son tour, servait de père à son fils Ali, éluda ce discours des grands de la Mecque. Il refusa de promettre une neutralité qui, chez les

Arabes, aurait paru un lâche abandon des droits du sang. Mahomet, fort de cet appui, continua ses prédications dans les lieux publics.

XXXIX

L'indignation s'accrut ; les grands s'assemblèrent de nouveau à la voix du peuple. Ils sommèrent encore avec respect, mais avec plus de force, Aboutaleb de retirer sa protection à son neveu : « Nous respectons ton âge, ta noblesse, ton rang, lui dirent les orateurs ; mais ce respect a des bornes ; nous t'avons prié de fermer la bouche au fils de ton frère, tu ne l'as pas fait ; nous ne pouvons souffrir impunément les blasphèmes qu'il profère publiquement contre nos dieux ; contrains-le donc à se taire, ou nous lèverons la main contre lui et contre toi-même ; nous nous combattrons jusqu'à l'extermination de l'un ou de l'autre parti ! »

Aboutaleb, redoutant les malheurs qui allaient affliger le peuple par la guerre religieuse que l'obstination de son neveu allait provoquer, pria les députés d'attendre, et envoya appeler Mahomet : « Évite donc, lui dit-il devant eux, d'un ton de reproche et de douleur paternel, d'attirer sur toi et sur les tiens les calamités qui nous menacent !

» — O mon oncle ! répondit avec une triste fermeté Mahomet, je voudrais pouvoir t'obéir sans crime ; mais, quand on ferait descendre le soleil à ma droite et la lune à ma gauche pour me forcer au silence, et que d'un autre côté on me présenterait la mort face à face pour m'intimider, je ne renoncerais pas à l'œuvre qu'il m'est ordonné de tenter. »

En disant ces mots il pleura de regret de ne pouvoir complaire à son oncle et d'être inévitablement rejeté par lui. Il fit quelques pas pour sortir de l'assemblée, mais Aboutaleb, attendri par sa physionomie et édifié par sa conviction : « Reviens, lui dit-il, fils de mon frère ! » Mahomet se rapprocha. « Eh bien, lui dit son oncle, prophétise ce que tu voudras, jamais, je le jure ici devant toi comme devant tes accusateurs, je ne te livrerai à tes ennemis ! »

Enfin les grands, espérant désintéresser le vieillard Aboutaleb en lui donnant un autre fils d'adoption en échange de Mahomet, lui amenèrent le plus beau et le plus accompli des adolescents de la Mecque, Omarà, fils de Walid, et lui dirent : « Prends-le pour ton fils, et livre-nous Mahomet. » Aboutaleb repoussa avec indignation ce commerce de son cœur. « Non, non, jamais, leur dit-il, je ne vous laisserai tuer le fils de mon frère. »

Les proches et les clients d'Aboutaleb, convoqués par lui, s'assemblèrent à leur tour ; et, quoique étrangers pour la plupart à la nouvelle religion, ils jurèrent par la religion du sang qu'ils ne permettraient pas au parti dominant de frapper Mahomet, qui était leur parent et leur protégé naturel. Ce refus d'Aboutaleb et cette protection déclarée de sa puissante maison réduisirent pour un temps les ennemis de Mahomet à l'inaction et à la ruse.

XL

C'était l'époque où le pèlerinage attirait à la Mecque des Arabes de toutes les parties du désert. Ils convinrent de s'aposter sur les routes pour prémunir les pèlerins contre les nouveautés qu'un prétendu prophète, neveu d'Aboutaleb, semait comme un schisme dans la Kaaba. « Convenons aussi, délibérèrent-ils avant de sortir de la ville, de ce que nous dirons séparément aux pèlerins, afin que nos paroles concertées ne se démentent pas les unes les autres.

» Dirons-nous que c'est un devin? Non, car il n'a ni l'accent convulsif et incohérent, ni le langage plein de consonnances affectées de nos devins.

» Dirons-nous que c'est un insensé? Mais toute sa personne respire la dignité et la réflexion.

» Dirons-nous que c'est un poëte? Mais il ne s'exprime pas en vers.

» Dirons-nous enfin que c'est un magicien? Mais il n'opère point de miracles; il ne pratique aucun des mystères de la magie; sa seule magie est dans l'habileté et la persuasion de ses lèvres.

» Disons donc que c'est un ennemi public qui sème par ses artifices la désunion dans les familles, qui envenime les cœurs, qui fait que le frère se sépare du frère, le fils du père, la femme du mari. »

XLI

Ils firent ce qu'ils avaient dit; mais, ainsi qu'il arrive toujours des doctrines nouvelles quand elles contiennent quelques portions de vérité destinée à éclore dans l'esprit humain malgré les hommes, les précautions intéressées qu'on prend contre elles tournent à leur succès et à leur gloire. Le cri qu'on élève pour les confondre sert à les propager; la publicité de scandale à laquelle on les livre leur donne la lumière et le retentissement sans lesquels elles auraient été étouffées dans les âmes. C'est ce qui arriva de Mahomet. Tous les pèlerins à qui les Coraïtes, ses ennemis, avaient appris son nom et ses blasphèmes, voulurent voir et entendre l'homme de scandale qui faisait un si grand bruit dans la Mecque. Ils emportèrent tous son nom pour le semer sur leur route dans les parties de l'Arabie où il ne serait jamais parvenu sans la vaine prudence de ses ennemis, et un certain nombre emporta aussi ses doctrines.

XLII

Cependant Aboutaleb et ses parents, indignés des calomnies que les adversaires de Mahomet avaient répandues contre lui et contre leur famille, s'aigrirent davantage, par des motifs tout humains, contre les autres familles de la Mecque. Ils publièrent un défi en vers arabes contre ceux qui les insultaient dans la personne de leur parent, et ils jurèrent de mourir pour empêcher qu'un cheveu tombât de sa tête. Ces dissensions chargées de sang se répandirent jusqu'à Yathreb (Médine), ville rivale de la Mecque. Un grand poëte d'Yathreb, nommé Aboucays, écrivit une épître en vers aux Coraïtes pour les engager à déposer leurs haines :

« Gardez-vous de la discorde, leur disait-il, éloignez-vous de cette citerne dont l'eau est amère et empoisonnée.

» Un homme supérieur parmi vous professe certaines croyances religieuses; que vous importe? c'est au seul Maître des cieux à lire dans les consciences !

» Les yeux de l'Arabie sont fixés en ce moment sur vous; on se guide dans le désert en regardant les sommets ! »

XLIII

Ce défi des Aboutaleb et cette adjuration du poëte illustre d'Yathreb à la concorde et à la tolérance assoupirent les hostilités armées contre Mahomet. Les Coraïtes se vengèrent sur ses obscurs néophytes de la rage qu'ils n'osaient assouvir sur le prophète. Mais la dérision, le dédain, la raillerie, l'assaillirent impunément toutes les fois qu'il sortait pour prier, et même dans sa demeure. Ses voisins, qui dominaient du haut de leurs toits en terrasse la cour intérieure de sa maison, lui jetaient des immondices sur la tête, quand il s'y recueillait pour faire ses ablutions ou ses prières. Les femmes, toujours plus acharnées à la haine et plus souples aux insinuations calomnieuses, se signalaient, parce qu'elles étaient plus sûres aussi de l'impunité, par leurs ignobles persécutions contre le blasphémateur de leurs idoles.

L'une d'entre elles, dont l'histoire a gardé le nom, véritable mégère de la Mecque, était Oumm-Djemil, femme d'Abou-Lahab, le plus proche voisin de Mahomet. Cette femme allait tous les jours cueillir dans la campagne les plantes épineuses dont le dard ensanglante la bouche du chameau; elle en semait toutes les nuits le seuil de la porte de Kadidjé, afin que la terre elle-même déchirât les pieds nus de Mahomet quand il sortait de sa maison.

Des hordes apostées de femmes et d'enfants se relayaient pour le poursuivre de leurs malédictions et de leurs huées dans les rues et jusque dans l'enceinte du temple. Les grands, plus contenus dans leur haine, se contentaient de s'écarter de lui comme d'un lépreux quand il traversait le parvis extérieur de la Kaaba, lieu ordinaire de leur réunion.

Un jour qu'il avait entendu gronder leurs murmures plus haut qu'à l'ordinaire, pendant qu'il faisait sept fois le tour du temple, selon les rites, il s'approcha d'eux après avoir prié, et, leur présentant humblement sa tête : « Je vous apporte, leur dit-il avec résignation, une victime à immoler. » Quelques-uns d'eux furent touchés de cette résignation, désarmés de leurs haines. « Retire-toi, père de Cacim, lui dit généreusement un d'entre eux; nous savons t'estimer et te respecter. »

D'autres, moins tolérants, s'élancèrent sur lui, le lendemain, à sa sortie du temple, avec des visages implacables et les mains levées. « C'est donc toi, misérable, lui dirent-ils, qui accuses nos pères d'erreurs et nos divinités d'impuissance? — Oui, c'est moi qui dis cela! » répondit intrépidement Mahomet.

A ces mots ils le saisirent au cou, comme pour étouffer le blasphème dans la gorge du blasphémateur. Il allait périr sous leurs mains, quand Aboubekré, son disciple, se jeta courageusement entre lui et ses bourreaux et l'arracha déchiré et sanglant à la mort.

XLIV

Mais les Arabes savaient par combien de meurtres un meurtre se rachetait sur les meurtriers. C'est cette loi du sang pour le sang qui paraît seule avoir préservé si longtemps Mahomet d'une mort sans cesse suspendue sur sa tête. Mais cette loi ne le protégeait pas contre les autres sévices. Ils faisaient de l'existence du prophète dans sa patrie un long martyre que n'adoucissait aucune consolation de ses compatriotes.

Il raconte lui-même que son cœur défaillait en lui sous la pression d'une animadversion si universelle. Un soir qu'il avait passé toute la journée dans la ville, occupé à prêcher à des sourds les convictions dont il était plein et qu'il croyait de son devoir de répandre à tout prix, même sur le rocher, il rentra dans sa maison, sans avoir rencontré, dit-il, un seul être, homme ou femme, libre ou esclave, qui ne l'eût traité d'imposteur ou qui eût consenti seulement à prêter l'oreille à ses prédications.

Cette incrédulité générale de ses doctrines le fit presque douter de lui-même. Il paraît avoir éprouvé ce jour-là cette agonie intérieure des idées prêtes à mourir en nous, faute de trouver dans les autres cet écho, même solitaire, qui leur confirme au moins leur identité, comme le retentissement du cachot confirme au prisonnier le bruit de ses pas dans le vide.

Il rentra silencieux, consterné, découragé, s'enveloppa la tête de son manteau, se coucha sur sa natte et s'endormit. L'inspiration, plus obstinée que la surdité du peuple, le visita pendant son sommeil. Il entendit une voix qui lui criait dans le cœur : « *O toi qui t'enveloppes d'un manteau pour dormir, lève-toi et prêche!* » Il se leva avec le jour et sortit pour prêcher comme s'il eût fait la veille une moisson d'âmes.

XLV

L'excès des outrages dont il fut assailli lui valut un retour momentané de respect. Insulté sur la colline de Safâ, où il était allé faire sa prière, une femme, témoin à distance de l'insulte, désigna l'insulteur à un de ses oncles, nommé Hamza. Hamza revenait de la chasse et tenait son arc à la main. Il se rendit tout armé à l'assemblée des grands ennemis de son neveu, et, y ayant rencontré celui qui avait lancé des pierres à son neveu pendant son oraison, il lui reprocha sa lâcheté, et lui donna un léger coup du bois de son arc sur la tête.

L'indignation avait retourné l'âme d'Hamza, et lui fit professer, par défi, les doctrines qu'une si odieuse persécution rendit tout à coup intéressantes à ses yeux. Comme les hommes généreux, il adopta la foi nouvelle, non parce qu'elle était vraie, mais parce qu'elle était faible. « Lâche ! dit Hamza à l'insulteur de Mahomet, tu oses lapider Mahomet, parce qu'il annonce une religion que je professe moi-même ! Attaque-toi donc à moi, si tu l'oses ! » Le coupable, repentant, confessa sa faute. Ses amis voulant le défendre contre Hamza : « Non, dit-il, ne le touchez pas; j'ai eu le tort d'insulter violemment le fils de son frère. » La conversion d'Hamza consola et fortifia Mahomet.

Les vieillards coraïtes, adoucis, entrèrent en négociation amicale avec lui, pour neutraliser l'effet de ses prédications sur la jeunesse. Ils le convièrent à une assemblée, dans le parvis de la Kaaba; et l'un d'eux lui dit, au nom de tous : « Fils d'Abdallah, qui fut mon ami, tu es un homme éminent par ta naissance et par les dons de Dieu. Bien que tu introduises le trouble dans ta patrie et la dissension dans les familles, que tu blasphèmes nos divinités, et que tu accuses d'erreur nos ancêtres et nos sages, nous voulons en agir envers toi avec les égards que méritent ton nom et tes vertus; écoute les propositions que nous avons à te faire, et réfléchis s'il ne te convient pas d'accepter l'une de ces mesures de paix. — Parle, dit Mahomet attentif, je t'écoute ! — Fils de mon ami, reprit le négociateur, si l'objet de ta prédication est d'acquérir des richesses, nous nous cotiserons tous pour te faire une fortune supérieure à ce que posséda jamais le plus opulent des Coraïtes. Si tu tends à la domination, nous allons te nommer notre sayd, notre régulateur suprême, et nous ne prendrons pas une seule résolution contre ta volonté. Si l'esprit qui t'apparaît t'obsède et te subjugue malgré toi tellement que tu ne peux te soustraire à son influence, nous allons appeler à la Mecque les médecins les plus consommés de la Syrie, et nous leur prodiguerons l'or sans le compter, pour qu'ils te guérissent.

» — Est-ce tout? demanda Mahomet.

» — Oui, dit le vieillard.

» — Eh bien, écoute à ton tour, dit Mahomet avec le ton de l'inspiration fatidique :

» Au nom de Dieu clément et miséricordieux,

» Voici ce qu'il a révélé :

» Il a révélé un *Coran* (une écriture), un livre dont les versets distincts, réunis ensuite, forment un livre arabe pour les hommes qui en ont l'intelligence.

» Ce livre contient des promesses et des menaces; mais la plupart refusent de l'entendre.

» Nos cœurs, disent les Arabes, sont fermés, nos oreilles
» sourdes à tes paroles. Laisse-nous croire et prier selon la
» coutume de nos ancêtres, et crois et prie toi-même comme
» tu voudras.

» Mais le Dieu clément et miséricordieux me parle :
« Dis-leur : Je ne suis qu'un homme comme vous, mais
» un homme à qui il a été révélé que le Dieu, votre
» maître, est un Dieu *unique!* Malheur à ceux qui lui asso-
» cient des idoles! Malheur à ceux qui repoussent le pré-
» cepte de l'aumône et qui nient la vie future! Il a appelé le
» ciel et la terre, et ils ont répondu : Nous voilà pour obéir!
» La rétribution des ennemis de Dieu, c'est le feu! Des
» anges portent à l'adorateur du Dieu unique, au juste
» mourant, des promesses consolantes; ils lui annoncent
» le jardin de délices! »

Après cette profession de l'unité de Dieu et des rémunérations futures, selon les œuvres, Mahomet se prosterna comme devant les paroles divines que l'esprit aurait fait proférer à ses lèvres. « Tu as entendu, dit-il au vieillard chargé de négocier avec lui, prends maintenant toi-même le parti qui te conviendra ! »

Le vieillard, nommé Otba, se retourna avec le visage ravi d'étonnement vers ses amis. « Qu'y a-t-il? lui demandèrent-ils. — Par nos dieux, leur dit-il, il vient de proférer des paroles telles que je n'en entendis jamais ! Ce n'est ni de la poésie, ni un langage cabalistique, mais c'est quelque chose qui tombe de haut sur l'esprit et qui remue le cœur en le pénétrant. Croyez-moi, laissons-le librement convaincre les Arabes de sa mission. Quelque fidèle d'une tribu étrangère vous en délivrera peut-être, si sa destinée est de périr ; si Mahomet, au contraire, réussit dans son apostolat, sa puissance deviendra la vôtre et fera à jamais la gloire de notre tribu.

» — Il t'a ébloui toi-même, lui dirent-ils avec incrédulité.

» — Je vous dis franchement ce que je pense, » répliqua Otba.

XLVI.

La négociation, rompue ce jour-là, fut reprise le lendemain entre Mahomet et les mêmes hommes politiques de la tribu. On enchérit encore sur les offres qu'on lui avait faites pour acheter au moins son silence.

« Écoutez ! dit Mahomet, je ne suis pas ce que vous croyez : je ne suis ni un homme avide des biens terrestres, ni un ambitieux altéré de pouvoir, ni un malade possédé d'un esprit convulsif, je suis un organe de Dieu, *Allah* (c'était déjà, en Arabie, le nom du Dieu de l'infini, le Dieu sans images), qui m'a inspiré un *Coran*, une écriture, un livre, et qui m'a ordonné de vous enseigner ses récompenses ou les peines qui suivent les actes bons ou mauvais des hommes. Je vous transmets les paroles que Dieu me fait entendre; je vous avertis, je vous préviens; si vous recevez ce que je vous apporte, ce sera votre félicité dans ce monde et dans la vie future; si vous rejetez mes enseignements, je prendrai patience, j'attendrai que Dieu prononce entre vous et moi! »

Ces paroles les émurent et cette confiance les ébranla. « Eh bien, Mahomet, lui dirent-ils à demi convaincus, mais voulant, comme des hommes charnels, des témoignages charnels des vérités de l'esprit, donne-nous, si tu dis vrai, des preuves de ta mission : notre vallée de la Mecque est étroite et aride, élargis-la en écartant ces montagnes qui l'enserrent, fais-y couler un fleuve pareil aux eaux courantes de l'Irak ou de la Syrie, ou, tout au moins, fais sortir de ces sépulcres quelqu'un de nos ancêtres endormis dans la terre, par exemple notre aïeul Cossay, fils de Kilab, cet homme dont la parole avait l'autorité des lois, qu'il se lève, qu'il nous parle, qu'il nous dise de te reconnaître pour notre prophète, et nous te reconnaîtrons à sa voix!

» — Dieu, leur répondit Mahomet, ne m'a pas délégué pour de telles œuvres; il m'a suscité simplement pour vous annoncer les vérités du salut !

» — Au moins, dirent-ils, que Dieu nous fasse apparaître un de ses anges pour nous commander de croire en toi! ou qu'il te dispense de venir, comme le moindre d'entre nous, acheter au marché le riz et les dattes nécessaires à ta subsistance du jour et dont tu te nourris comme nous !

» — Non, dit Mahomet, je me garderai bien de demander à mon Dieu de tels priviléges. Mon unique mission est de vous convertir à lui !

» — Eh bien! que ton Dieu fasse donc écrouler sur nous son firmament, comme tu dis qu'il est en sa puissance de le faire, car nous ne croirons pas en toi! Tout ce que tu annonces ne vient pas même de toi; ces choses t'ont été apprises par un certain Erramàn, natif du Iemanà! Apprends que nous défendrons jusqu'à la mort notre religion; il faudra que les armes décident entre ton parti et le nôtre! »

Cet Erramàn, à qui les Arabes attribuaient les doctrines de Mahomet, était un des noms sous lesquels Dieu était désigné dans le Coran; on supposait aussi que Mahomet recevait des leçons de cet orfévre de la Mecque qui passait pour l'inspirateur caché d'une religion semblable au christianisme, et qui ordonnait déjà de vénérer le Christ comme le plus divin des révélateurs, le Prophète des prophètes, le Verbe de Dieu.

XLVII

Il y avait tant de similitude, dans le commencement de la mission de Mahomet, entre la profession de foi du Coran et la profession de foi du chrétien, que les premiers sectateurs de Mahomet à la Mecque, s'étant réfugiés, pour fuir la persécution, en Abyssinie, les Abyssiniens, déjà convertis au christianisme, reçurent les mahométans comme des demi-chrétiens (vers l'an 615).

« Qu'est-ce que cette religion nouvelle pour laquelle vous fuyez votre patrie? demanda aux réfugiés coraïtes le roi d'Abyssinie, en présence de ses évêques. — Nous étions plongés dans les ténèbres, répondirent les Arabes. Un homme illustre et vertueux de notre race est venu; il nous a enseigné l'unité de Dieu, le mépris des idoles, l'horreur des superstitions de nos pères; il nous a commandé de fuir les vices, d'être sincères dans nos paroles, fidèles à nos promesses, bienfaisants à nos frères; il nous a interdit d'attenter à la pudeur des femmes, de dépouiller les veuves et les orphelins; il a prescrit la prière, l'abstinence, le jeune, l'aumône. — C'est comme nous, dit le roi. Pourriez-vous nous répéter de mémoire quelques-unes des paroles mêmes de cet apôtre qui vous a enseigné sa religion? — Oui, » dit le Coraïte. Et il récita un chapitre du Coran où le miracle de la naissance de Jean, fils de Zacharie, est raconté dans le style même des Écritures.

Le roi et les évêques, ravis d'étonnement et d'édification, mouillaient leurs barbes de larmes d'émotion. « Voilà, dirent-ils, des paroles qui semblent couler de la même source que celles de l'Évangile! » Ils demandèrent aux réfugiés coraïtes : « Que pensez-vous de Jésus? »

Djafar, fils d'Aboutaleb et cousin de Mahomet, répondit par ce passage du Coran : « Jésus est le serviteur de Dieu, l'envoyé du Très-Haut, son Esprit, son VERBE, qu'il a fait descendre dans le sein de la vierge Marie!

» — Miracle! s'écrièrent le roi et les évêques; entre ce que tu viens de dire du Christ et ce qu'en dit notre religion, il n'y a pas l'épaisseur de ce brin d'herbe de différence! Allez, et vivez ici en paix. »

Il semble, en effet, que l'islamisme n'était dans la première pensée de Mahomet qu'un commentaire arabe de l'Évangile, et qu'il hésita longtemps s'il ne se bornerait pas à se déclarer apôtre du Christ, et à prêcher la religion du moine Djerdjis et de l'orfévre de Marwà à sa nation. Mais Mahomet ne possédait pas son esprit, il en était possédé; soit tension continue de son imagination vers les choses invisibles, soit hallucination extatique presque habituelle qui s'était manifestée en lui depuis son enfance, mais surtout depuis son évanouissement nocturne dans la caverne de Safà, soit épilepsie ou catalepsie intermittente, dont il paraît avoir été affecté comme César et d'autres grands hommes qui avaient faussé leurs organes à force de penser, il paraît évident que Mahomet était visité par des visions et surtout par des *songes*. Ces songes et ces visions se rapportaient naturellement aux préoccupations de l'enthousiaste éveillé, il les prenait pour des révélations d'*Allah* à son âme. Il les recueillait à son réveil, les revêtait du style figuré de sa nation, des imitations bibliques et évangéliques dont son esprit était éclairé par ses études et par ses fréquentations avec les juifs et avec les chrétiens dans ses voyages; il les proférait ensuite à ses disciples comme des lois directes du ciel transmises aux hommes par l'écho fidèle de ses lèvres. On ne peut voir quelque trace d'artifice pieux que dans la rédaction évidemment soignée, littéraire, éloquente, poétique, de ces pages du Coran ou de ces prédications écrites sur les feuilles du palmier et distribuées aux Arabes comme l'expression même des esprits révélateurs qui les lui inspiraient.

Cette rédaction réfléchie de son code religieux, moral et civil, était évidemment une œuvre de sa volonté, de sa politique, de sa méditation. L'écrivain aidait au prophète. Mais ce travail même de l'écrivain au repos, après l'instant de la vision ou après le réveil du songe, ne prouve pas que le poëte fût sciemment un imposteur. Cela prouve seulement que pendant l'accès il avait cru voir, il avait cru entendre, il avait cru à la divinité des songes, et qu'il employait ensuite tout son génie de législateur et de prédicateur à présenter ses révélations aux hommes dans la forme et dans le style les plus propres à les relever dans leur esprit.

Les railleries, les persécutions, le mépris public et la mort qu'il encourait tous les jours de sa vie, pour ces visions et pour ces extases, dont quelquefois on le voit près de douter lui-même, attestent sa propre illusion dans l'illusion qu'il communiquait aux Arabes.

Les historiens ne sauraient trop se défier de ces incriminations d'imposture que l'esprit de secte et l'ignorance déversent de loin sur les hommes qui ont renouvelé la face de l'esprit humain dans tous les siècles. L'hypocrisie n'est pas une force dans l'homme, c'est une faiblesse. Le masque éclate toujours par quelque côté. Les grands hypocrites sont de grands comédiens, mais ne sont pas de grands hommes. L'enthousiasme de bonne foi est le seul levier assez fort pour soulever la terre ; mais, pour que ce levier ait toute sa puissance, il faut qu'il ait d'abord pour point d'appui la foi d'un esprit enthousiaste, intrépide et convaincu.

Tel nous apparaît, de plus en plus, le prophète des Arabes dans les vicissitudes de sa prédication religieuse : un extatique convaincu, un visionnaire de bonne foi, un enthousiaste politique, mais à qui son enthousiasme laissait toute la lucidité de son génie.

Reprenons sa vie.

XLVIII

Ses ennemis, pour arracher le peuple à la magie de sa parole, lui suscitèrent un rival qui groupait autour de lui des auditeurs charmés de son éloquence. Cet homme était un Arabe voyageur, poëte, philosophe, orateur d'une grande renommée dans l'Arabie. Il se nommait Nadher. Quand Mahomet avait fini de prêcher sur la place publique, Nadher souriait de dédain, et, s'adressant au cercle qui allait se dissoudre :

« Écoutez maintenant, criait-il à l'auditoire, des choses qui valent un peu mieux que celles dont Mahomet vient de vous obséder. » Alors il édifiait et charmait ses auditeurs par les récits fabuleux ou héroïques des dieux et des héros de leurs ancêtres. Il illustrait les vieux mensonges, si chers à l'imagination puérile du peuple, de tous les prestiges et de toutes les saintetés de la tradition. « Eh bien ! leur disait-il ensuite, après les avoir enivrés d'admiration et de piété pour les objets du culte de leurs pères, les histoires de Mahomet sont-elles plus belles que les miennes? Il vous débite d'anciennes fables renouvelées du livre des sages plus savants que lui, et qu'il a pris soin d'écrire comme j'ai fait moi-même, en m'enrichissant dans mes voyages de ce que j'ai appris des autres peuples et de ce que j'ai écrit pour vous le réciter. »

Nadher l'emportait auprès de la foule, dont il caressait les vieux souvenirs nationaux. Les novateurs préféraient Mahomet. On voulut faire parler contre lui les oracles, action puissante sur l'opinion en ce temps-là. Une députation des prêtres de la Mecque se rendit à Yathreb (Médine), ville rapprochée et sainte, habitée par des rabbins juifs qui avaient une renommée de science occulte et infaillible.

Les députés racontèrent aux rabbins la dissension qui s'élevait dans leur peuple à cause d'un novateur, nommé Mahomet.

« Vous qui lisez dans les livres qui savent tout, que pensez-vous de cet homme? » leur dirent-ils. Les rabbins répondirent : « Posez-lui trois questions, et demandez-lui, entre autres, ce que c'est que l'âme. »

Mahomet, à ces questions, demanda trois jours pour se recueillir. Il y répondit ensuite au gré des rabbins; quant à la définition de l'âme, qui ne tombe pas sous les sens, et qui ne peut se définir par des mots empruntés tous à la matière : « L'âme, dit-il, est un mystère dont Dieu s'est réservé à lui seul la connaissance. L'homme ne sait que ce que Dieu lui daigne enseigner. »

XLIX

Ces réponses, si sages et si conformes à ce que les oracles avaient confié secrètement aux députés, accréditèrent la science du prophète. Les chefs coraïtes virent que le seul moyen d'étouffer sa voix était de la laisser perdre dans le vide. Ils se retirèrent de lui, et ordonnèrent au peuple de se retirer quand il ouvrirait la bouche. Cette excommunication des grands, des prêtres et du peuple isola le prophète dans sa patrie. Il n'eut d'autre moyen de continuer sa prédication que le chuchotement qu'on ne pouvait surprendre sur ses lèvres. Quand il se rendait au temple pour prier, il priait à demi-voix, afin que les jeunes gens qui étaient les plus rapprochés de lui sur le parvis entendissent et retinssent ses prières.

C'est ainsi qu'il leur enseignait comment il fallait adorer et servir le Dieu unique. Ce mystère ajouta le sel de la confidence dérobée à sa doctrine. Ses persécuteurs eux-mêmes ne résistèrent pas toujours à la curiosité.

Trois des plus acharnés contre le prophète se rencontrèrent une nuit, sans s'être concertés, sur une terrasse voisine de la maison de Mahomet, d'où l'on pouvait l'entendre murmurer ses prières dans la cour. Ils se reconnurent et se reprochèrent mutuellement leur infraction à l'excommunication du mépris qu'ils avaient portée contre le prédicateur. Ils se séparèrent se jurant de ne jamais retomber dans cette faiblesse.

Mais, la nuit suivante, chacun des trois, croyant tromper les autres, y revint en secret et s'accusa honteusement de parjure. Il en fut de même la troisième nuit. « Qu'as-tu ressenti en toi, en écoutant furtivement ses prières et ses professions de foi? demandèrent-ils au plus sage d'entre eux. — J'ai compris et admiré certaines paroles, répondit l'ennemi du prophète, les autres ont passé au-dessus de mon esprit. — C'est une honte pour nous, dirent-ils en s'en allant, de permettre qu'il sorte de la famille d'Aboutaleb un révélateur dont la gloire enorgueillira cette famille et la placera au-dessus de nous tous. »

Un des disciples, pressé par le zèle du martyre, jura d'enfreindre seul les défenses de professer l'islamisme. Il s'avança hardiment sur la place et récita les premiers versets du Coran :

« Dieu a créé l'homme.

» Le soleil et la lune suivent la ligne tracée par son doigt.

» Les plantes et les arbres l'adorent... »

On l'interrompit par des vociférations et par des huées ; on se précipita sur lui, on lacéra ses habits, on le frappa sur la bouche. Il revint déchiré et sanglant au groupe des fidèles. « J'ai été frappé, dit-il, mais je les ai forcés d'entendre quelques lettres du livre inspiré. »

La persécution suivit cette témérité du disciple. On étendait les néophytes du prophète sur le dos, le visage tourné vers le soleil brûlant du désert, avec un bloc de pierre sur la poitrine pour leur disputer la respiration. « Vous resterez ainsi, leur disait-on, jusqu'à ce que vous reniiez l'imposteur qui vous persuade un autre Dieu que les dieux de nos pères. — Il n'y a qu'un Dieu, » répondaient les victimes. Beaucoup moururent de cette torture sur la colline de Ramdhà.

Mahomet, que sa haute naissance et la terreur du ressentiment de sa famille protégeaient seul contre ces supplices, passait auprès des suppliciés, leur adressait des encouragements et des consolations : « Courage ! leur criait-il, le paradis vous attend ! »

L

Cependant le spectacle des sévices et des supplices subis sous ses yeux pour sa cause, par ses sectateurs, moins protégés que lui par la puissance de leur famille, consternait et humiliait le philosophe. Il les engagea lui-même à fuir la fureur de leurs concitoyens, et à chercher une terre où l'on pût adorer sans crime le Dieu d'Abraham. Une première émigration sortit de la Mecque. Les émigrés prirent la route, les uns vers Yathreb ou Médine, ville où l'on tolérait les juifs; les autres vers l'Abyssinie, où le peuple était chrétien. Mahomet resta pour surveiller et accroître la moisson des âmes qui mûrissaient une à une sous la chaleur de ses prédications.

Ce fut l'époque de la conversion d'Omar, qui devait être un jour calife et maître de la Syrie et de l'Égypte. Omar, fils d'une des plus puissantes maisons de la Mecque, avait une sœur mariée à Zayd, disciple secret de Mahomet. Le fougueux Omar se leva un jour de son tapis sur le parvis de la Kaaba, disant qu'il fallait en finir avec un homme qui infectait l'esprit et le cœur des familles, et qu'il allait tuer Mahomet. « Que vas-tu faire? lui dit un de ses parents, qui penchait en secret lui-même pour la foi nouvelle, et qui voulait préserver la vie du maître; si tu veux châtier les infidèles, commence donc par tes proches; ne sais-tu pas que ton beau-frère Zayd et ta sœur Fatima pratiquent à l'ombre de leur maison la nouvelle foi? »

LI

Omar, pressé de s'assurer de l'infidélité de Fatima et de Zayd, court à leur demeure. Il les surprend dans la compagnie d'un néophyte qui leur lisait et leur interprétait le Coran. Au bruit de ses pas, le néophyte se dérobe comme un criminel, Fatima cache sous le tapis les feuillets du livre; mais Omar, qui avait entendu du seuil le bourdonnement d'une lecture à demi-voix : « Que lisiez-vous là? leur demande-t-il. — Rien, répond Fatima. — Vous mentez, réplique Omar, vous lisiez le livre proscrit. » Et, se précipitant sur Zayd, il le terrasse aux pieds de sa sœur. « Eh bien, oui, s'écrie Fatima indignée et se jetant entre son mari et son frère, oui, nous sommes adorateurs du Dieu unique, nous croyons à Dieu et à son prophète; massacre-nous si tu veux! » L'intrépide Fatima, involontairement blessée dans la lutte par Omar, arrose de son sang les mains de son frère. A la vue de ce sang, Omar se trouble et s'attendrit, il s'excuse : « Montre-moi seulement, dit-il à sa sœur, le livre que vous lisiez. — Je crains, lui dit-elle, que tu ne le déchires! » Omar fait serment de le respecter. Fatima lui présente le feuillet qui définissait l'unité, la grandeur, la sainteté, la miséricorde d'Allah. « Que cela est beau, que cela est sublime! » s'écrie Omar en lisant les versets du texte. Le néophyte, caché dans la chambre voisine, reconnaissant à ces exclamations que Dieu a retourné le cœur du jeune homme, sort de sa retraite, se montre à Omar et lui dit : « Hier, j'entendais prier le maître; Sei-

gneur, disait-il, permets que l'islamisme soit fortifié par la conversion d'Omar, qui vaudrait à lui seul une armée à ta cause! Le Seigneur l'a exaucé, le ciel sans doute te réserve pour être un des héros de sa foi; cède à l'admiration involontaire que tu éprouves, et embrasse avec nous la vérité!
— Je cède, dit Omar, indique-moi où est le prophète. Je cours confesser mon erreur et me donner à celui que j'étais venu combattre! »

En ce moment, Mahomet, enfermé avec quarante de ses sectateurs dans une maison isolée de la colline de Safâ, leur commentait sa doctrine. Un d'eux, aposté en sentinelle, pour avertir le cénacle de l'approche des infidèles, regarde par une fente de la porte. « Voilà Omar, armé de son sabre nu, s'écrie-t-il, il frappe à la porte. — Ouvre-lui, » répond Mahomet. Les disciples tremblent; Mahomet s'avance vers Omar, l'amène au milieu du cercle par le pan de son habit: « Que viens-tu faire? lui dit-il d'une voix de reproche; voudras-tu donc persévérer dans ton impiété, jusqu'à ce que la colère du ciel éclate sur toi? — Je viens, répond humblement le féroce Omar, confesser Dieu et son prophète! » La terreur des croyants se changea en joie et en bénédictions.

Omar, pressé de laisser transpirer sa conversion parmi les Coraïtes, sans l'avouer lui-même, se rend, en sortant du cénacle, chez un Coraïte fameux par son empressement à donner le premier des nouvelles, par la légèreté de sa langue et par son impuissance à garder un secret. « Écoute, lui dit-il, mais ne me trahis pas, je viens de faire ma profession de foi secrète à l'islamisme! » Le semeur de nouvelles court aussitôt au parvis de la Kaaba, cercle habituel des oisifs de la Mecque, en criant à haute voix qu'Omar vient d'apostasier les idoles, et qu'il est perverti comme les autres! « Tu mens, lui dit Omar survenant derrière le nouvelliste, je ne suis pas perverti, je suis converti, je suis musulman, je confesse qu'il n'y a pas d'autres dieux que le Dieu unique, et que Mahomet est le révélateur de Dieu! »

A cette impiété, les Coraïtes, scandalisés, se précipitent sur Omar. Il tire son sabre et se défend seul contre tous. Les vieillards s'interposent et rétablissent la paix.

Jusqu'à ce jour, Mahomet seul osait venir faire ses prières dans le temple d'Abraham en face des idolâtres. Il avait l'habitude de se placer pour ses adorations entre l'angle du temple et la pierre noire incrustée dans le mur. Le lendemain Omar osa y venir prier avec lui. La terreur de son sabre intimida les idolâtres. Bientôt les croyants y vinrent derrière lui. Deux religions se disputèrent ainsi le même sanctuaire, le schisme du Dieu unique affronta ouvertement les faux dieux.

LII

Bientôt les conservateurs des vieilles idolâtries, indignés, signèrent une *ligue* offensive et défensive contre les familles infectées de la nouvelle foi, et surtout contre la famille d'Aboutaleb, qui était celle du prophète, ligue semblable de nom et d'esprit à celle des Guise, en France, contre les hérétiques et qui fut scellée par le sang de la Saint-Barthélemy.

C'était là septième année depuis que Mahomet prêchait sa doctrine en Arabie. Les familles menacées ou proscrites pour sa foi se retirèrent avec Mahomet au milieu d'elles dans une vallée à quelque distance de la ville. Elles y campèrent trois ans sous leurs tentes avec leurs troupeaux. Aboutaleb, l'oncle vénéré de Mahomet, bien qu'il n'eût pas fait profession de l'islamisme, était à leur tête. L'esprit de famille se substituait déjà à l'esprit de secte. La dissension, d'abord religieuse, devenait civile. Les tribus nomades du désert et quelques-uns de leurs alliés secrets dans la ville leur apportaient des vivres.

Le fanatisme des sectateurs de Mahomet renouvelait cependant de temps en temps les contestations dans la Kaaba. Othman y écoutait un jour le poëte Lebid, qui y lisait des poésies sacrées en l'honneur des dieux de l'Arabie.

« Toute chose est néant, excepté la divinité, lisait Lebid.

» — Cela est vrai! » interrompit à haute voix Othman.

Lebid poursuivit et récita un autre vers qui disait : « *Et toutes les félicités sont passagères!*

» — Cela est faux! interrompit de nouveau Othman : *la félicité du ciel est éternelle.* »

Le poëte se troubla de l'apostrophe. « N'y prends pas garde, lui dit un des auditeurs, cet homme est un idiot qui, à l'exemple d'autres idiots, a quitté la religion de ses pères! » Othman s'emporta contre l'insulteur. Une lutte éclata dans le temple. Un coup de poing creva un œil d'Othman. Un Coraïte, plus humain que les autres, offrit à Othman de le prendre sous sa protection contre les outrages de ses agresseurs. « Je te remercie, lui répondit Othman, je ne veux de protecteur que dans le ciel, et puissé-je, pour la cause du Dieu unique, recevoir un coup semblable sur l'œil qui me reste! »

LIII

Cependant ces dissensions affaiblissaient les Coraïtes devant les autres tribus. On négociait entre les deux partis pour la rentrée des exilés dans la ville. Un hasard favorisa la négociation. La feuille de palmier sur laquelle les ligueurs avaient écrit l'acte de la ligue était affichée depuis trois ans contre le mur de la Kaaba. Les vers en avaient rongé le texte et les signatures, en ne respectant que l'invocation du nom d'Allah qui était au sommet de la feuille. Ce miracle parut dégager les signataires de leur serment. Le vieux Aboutaleb, respecté de tous, vint traiter lui-même les conditions de son retour et du retour de sa famille dans la ville. Mahomet rentra avec les siens. Mais, peu de temps après, Aboutaleb, son oncle et son protecteur, mourut de vieillesse sans avoir ni condamné ni embrassé la foi de son neveu. Mahomet le pleura comme un fils.

Mais bientôt la mort de la compagne de sa foi, de son bonheur et de ses tribulations, lui coûta des larmes plus amères. Son épouse unique et chérie, Kadidjé, mourut dans sa foi et dans son amour pour le prophète. La tristesse et le découragement s'emparèrent, une seconde fois, de Mahomet. Son appui terrestre dans Aboutaleb, et son appui moral dans Kadidjé, lui manquaient à la fois. Il sortit seul de sa maison et s'en alla à Taïef, capitale d'une peuplade voisine, espérant y trouver des cœurs mieux préparés à ses doctrines. Les grands de la ville s'assemblèrent pour l'entendre. Mais à peine avait-il ouvert les lèvres pour leur expliquer sa religion, que les rires et les sarcasmes éclatèrent contre l'*inspiré* de la Mecque : « Dieu n'avait-il pas d'autre apôtre que toi à nous députer? » lui dirent-ils avec mépris.

Un des auditeurs, plus lettré que ses compatriotes, le confondit par un dilemme qui rendit le prophète muet.

« Je ne veux pas discuter avec toi, lui dit cet homme à la langue adroite : si tu es un inspiré, comme tu l'affirmes, tu es trop saint et trop grand pour que j'ose te répondre; si tu n'es qu'un imposteur, tu es trop vil pour que je m'abaisse à te parler. »

Cette réponse parut victorieuse à la populace de Taïef. Elle chassa Mahomet à coups de pierres, hors de la ville. Les esclaves et les enfants le poursuivirent ainsi jusque dans la campagne. Il était obligé, quand la fatigue l'arrêtait, de s'accroupir et d'envelopper sa tête et ses jambes de son manteau pour amortir le coup des pierres qui pleuvaient sur lui. A la fin, une famille compatissante lui ouvrit un enclos pour s'abriter derrière des vignes, et lui permit de manger des raisins pour se désaltérer jusqu'à l'heure des ténèbres, où il reprit sa route vers la Mecque.

Il n'osa pas non plus y rentrer avant d'avoir imploré un protecteur pour sa vie. Il attendit longtemps sur le mont Hira la réponse refusée par tous. On ne peut mesurer le poids de douleurs que coûte à celui qui la porte, pour ainsi dire malgré lui, toute idée vraie à transmettre aux hommes! Des gouttes de sueur, des gouttes de larmes et des gouttes de sang marquent la trace du missionnaire de l'unité de Dieu au milieu des idolâtres sur ce sable de l'Arabie. Dieu ne veut évidemment pas que sa vérité soit un don gratuit, il veut que ce soit aussi une conquête, et c'est là la gloire de la vérité et le mérite de l'homme !

LIV

Il faiblit une troisième fois et fut tenté de remettre à Dieu le mandat qu'il croyait en avoir reçu, lui disant de faire lui-même son propre ouvrage, trop rude pour un simple mortel. Il se retira dans sa maison, il cessa de blasphémer les idoles accréditées de la foule, faisant pour ainsi dire un pacte de silence entre l'erreur et la vérité. Il parut avoir renoncé à convaincre ses compatriotes. Il s'attacha à convertir furtivement les Arabes bédouins qui campaient sur les collines extérieures de la ville, et les pèlerins éloignés que le culte de la Kaaba amenait tous les ans à la Mecque. Quelquefois le vent qui enlève la semence du sillon où on la sème l'enlève des mains du laboureur pour la faire tomber et germer plus loin. Mais les Bédouins et les pèlerins étaient prévenus contre sa prédication par les membres mêmes de sa famille encore infidèles.

Un de ses oncles, Abou-Lahab, zélé pour le temple des idoles, s'attachait à ses pas quand il sortait de la ville, comme un surveillant à ceux d'un insensé. Abou-Lahab criait aux étrangers abordés par Mahomet : « Ne l'écoutez pas ! éloignez-vous de lui ! c'est un imposteur qui voudrait vous faire renier les dieux de l'Arabie pour les rêves qu'il vous apporte !

LV

Les étrangers, prévenus par l'incrédulité des Coraïtes, lui prêtaient peu l'oreille. Ils le confondaient par ce mot de bon sens vulgaire qui se présente naturellement aux esprits irréfléchis : « Tes compatriotes et tes proches sont mieux placés que nous pour te juger ; si tu veux nous persuader, commence donc par les convaincre ! »

Les habitants d'Yathreb, ville jalouse de la Mecque, l'écoutaient seuls avec quelque faveur. Cette ville, peuplée en grande partie de réfugiés juifs imbus de l'antique croyance d'un Messie qui devait affranchir leur race, fomentait la même pensée parmi les Arabes d'Yathreb. « C'est peut-être lui, disaient-ils entre eux ; eh bien, qu'il vienne, qu'il se déclare et qu'il nous délivre de la domination des ennemis de Jéhovah ! »

Des députés d'Yathreb, Juifs ou Arabes, vinrent plusieurs fois lui proposer un asile et une libre prédication dans leur ville. Bien qu'il eût perdu sa parole et ses peines depuis dix ans qu'avait déjà duré sa prédication dans sa patrie, et qu'il entrât dans la cinquantième année de sa vie, il répugnait à quitter la Mecque, parce que c'était le centre le plus fréquenté et le plus retentissant de l'Arabie.

LVI

Son veuvage, la sévérité relative de ses mœurs dans un pays où la promiscuité des femmes existait sous la forme d'un concubinage illimité ; sa longue union avec une seule femme plus âgée que lui et respectée par lui à l'égale d'une tutrice de sa vie et d'une confidente de sa mission, lui avaient conservé jusqu'alors la sensibilité de cœur et la séve ardente de la jeunesse. Mais ce foyer d'imagination qui allumait en lui l'extase allumait l'amour. Cette double puissance, venant de la même source, confondait en lui la foi et la volupté. Ce penchant pour les voluptés sensuelles, auquel les mœurs débordées des Arabes, le climat, l'exemple, la tradition des patriarches dans le désert, la tolérance de Moïse même et sa propre nature ne lui donnèrent pas la pensée de résister, fut la faiblesse dominante de son caractère et devint le vice et la ruine de sa législation.

Les Arabes épousaient et répudiaient autant de femmes que le caprice, l'inconstance ou le dégoût les autorisaient à en flétrir. Mahomet crut faire assez pour la réhabilitation de cette moitié du genre humain en consacrant l'union des sexes par un lien religieux et presque indissoluble ; mais il ne crut pas faire trop pour rendre sa loi compatible avec la licence des Arabes en les autorisant à épouser jusqu'à quatre femmes légitimes, quand leur fortune leur permettrait d'assurer convenablement leur vie et leur rang d'épouses.

La chaste et sévère unité du mariage chrétien, la plus

antisensuelle, mais la plus morale et la plus civile des conséquences du christianisme qu'il avait sous les yeux en Syrie, fut écartée par Mahomet de sa législation comme trop incompatible avec les habitudes du peuple, ou plutôt comme trop austère pour sa propre sensualité. Il oublia que, dans une législation religieuse, tout ce qui veut paraître divin doit être de nécessité surhumain, et qu'il n'est pas permis à un législateur inspiré de faire à la faiblesse humaine la concession d'une vertu.

L'égalité réciproque de droits et de devoirs dans les rapports des deux sexes entre eux n'étant que la première de toutes les vertus, la justice, Mahomet violait la justice, maintenait l'inégalité des devoirs, continuait la dégradation de la moitié de l'espèce humaine, privait de femmes légitimes les deux tiers des hommes pauvres, favorisait le débordement des riches, privait d'époux, pour leur donner des maîtres, les deux tiers des femmes, et jetait la confusion dans les sentiments et dans les hérédités des familles, en proclamant la tolérance de la polygamie chez les croyants. Cette licence démentait sa mission aux yeux de tout homme réfléchi, même à son époque. Ce qui dégradait la moitié de ses créatures ne pouvait être inspiré de Dieu.

Il est vrai que le législateur religieux de l'Arabie imposait à la sensualité de son peuple les deux plus pénibles privations des sens qu'on puisse imposer aux hommes pour prévenir en eux les tentations et les occasions de crimes ou de vices, la séquestration des femmes de la société des hommes, et l'abstinence du vin et de toute boisson fermentée. De ces deux préceptes du Coran, l'un préservait l'innocence en sevrant les yeux de la vue de la beauté, l'autre préservait la raison en sevrant les lèvres de l'ivresse, ce délire de l'âme.

Il est vrai encore qu'il leur prescrivait des prières assidues et renouvelées à tous les pas du soleil dans les cieux; des jeûnes dont le plus important était celui du mois de ramadhan, des proscriptions d'aliments charnels rigoureuses, des ablutions d'eau ou de sable incessantes, des silences, des recueillements, des abnégations de volonté ascétiques empruntées à la règle des monastères de l'Inde ou des couvents chrétiens; il est vrai, enfin, qu'il commençait hardiment l'émancipation et la dignité morale de la femme en lui reconnaissant l'égalité d'âme et de destinée immortelle avec les hommes, en les admettant parmi ses disciples, en interdisant de les immoler à leur naissance selon le meurtre usuel du désert, en enseignant aux Arabes de respecter en elles leurs mères, leurs filles, leurs épouses, les plus belles et les plus saintes créatures d'Allah. Mais il n'osa pas ou il ne voulut pas couper le vice à sa racine dans le précepte divin de l'unité conjugale. Il ne fit ainsi que rétrécir le désordre et murer la licence dans l'intérieur de la maison, au lieu de l'anéantir dans le cœur même des Arabes. Ce fut le scandale de son Coran, le cri du genre humain contre l'autorité de son livre, la supériorité du christianisme sur sa législation, la condamnation future de sa doctrine sociale. Cette complaisance pour les sens lui coûta l'esprit de l'univers.

LVII

Le mariage avec plusieurs femmes parmi les tribus arabes était aussi, il faut le reconnaître, autre chose qu'une brutale sensualité. C'était un lien de parenté, un gage d'alliance politique entre les familles principales d'une même ville ou d'une même tribu pour s'assurer par cette consanguinité l'amitié, la fraternité, l'appui des tentes ou des maisons où l'on prenait une femme. Les épouses étaient des otages que les familles se livraient réciproquement. Elles assuraient la paix, elles confirmaient la puissance des maisons où elles entraient. Dans un pays où il n'y avait aucune autorité centrale supérieure pour établir la fixité du pouvoir, ce pouvoir ou cette prédominance flottant sans cesse d'une maison à l'autre, et n'ayant d'autre titre que la possession, on ne pouvait le fonder ou le conserver que par l'adhésion dans les conseils du plus grand nombre de chefs de famille influents dans la ville ou dans la tribu. Ces mariages illimités étaient les moyens de s'acquérir ces adhésions et ces alliances. C'était ainsi qu'on élargissait la famille dominante ou qu'on cherchait à balancer son ascendant, en multipliant contre elle les relations de sang avec les maisons rivales. Une femme était un traité.

C'est ce qui paraît avoir décidé Mahomet, autant peut-être que la volupté, dans le choix des épouses qu'il se donna après la perte de Kadidjé. C'était le moment où, pour soutenir sa doctrine proscrite, il avait besoin de se soutenir lui-même dans la Mecque par des alliances avec les familles de ses ennemis indécis, ou de ses disciples les plus affiliés. Cette conjecture se trouve vérifiée par l'âge des deux femmes qu'il épousa à la fin de cette année de veuvage. La première, Sauda, fille des Aboucays, maison illustrée par les poëtes de ce nom, touchait à peine à l'âge nubile ; la seconde, Aïché, fille d'Aboubekre, son disciple, si célèbre par sa beauté mâle et par son élégance martiale, n'était pas encore sortie de l'enfance.

Aïché n'avait que huit ans. Ce fut plus tard l'épouse favorite du prophète, déjà avancé en âge, mais toujours amoureux de son élève. Aïché, plutôt sa fille adoptive que sa femme, n'entra dans son cœur d'époux que plusieurs années après. Mahomet paraît l'avoir aimée par-dessus toutes les femmes autant pour l'élévation de son esprit et pour sa fidélité que pour ses charmes, célébrés par toutes les traditions de l'Arabie.

LVIII

Ses sens, exaltés par l'extase des voluptés, le transportèrent à cette époque de sa vie, par un évanouissement ou par un songe de son imagination, comme celui de la caverne, dans le ciel, où il s'entretint avec les patriarches pères de sa foi.

Il rêva que sa jument, célèbre dans le désert par la rapidité de sa course, l'emportait sur la poussière des soleils, dans les jardins (paradis du firmament). Il raconta en poëte ce qu'il avait vu en extatique. Son paradis, rêve d'un cœur sensuel, rassembla tout ce qui, dans le monde futur, ré-

pondait le mieux aux félicités d'un peuple guerrier, médi-
tatif, pasteur et voluptueux dans le monde présent : une
oasis, un jardin où l'ombre, les eaux, les fleurs, les fruits,
les oiseaux chantants, berçaient l'éternelle oisiveté d'une
existence sans travail, et des vierges ou épouses célestes
d'une beauté divine prodiguaient aux élus l'ivresse renais-
sante de l'amour.

Cette extase, racontée naïvement à la suite de son voyage
imaginaire dans le ciel, réjouit ses ennemis. Ils trouvèrent
ou la simplicité trop puérile, ou l'artifice trop grossier. Le
rire éclata dans la Mecque à cette prédication. Ses disciples
mêmes s'en scandalisèrent. Ils supplièrent le prophète de
n'en plus parler. « Non, dit-il, je trahirais celui qui m'a
ouvert les cieux, si je renfermais dans un lâche silence les
merveilles qu'il m'a permis de voir et d'entendre ! »
Quelques-uns de ses néophytes sentirent les bornes de leur
foi et se retirèrent de sa secte.

Ali persista malgré les railleries de ses amis. « Mahomet,
dit-il, ne saurait mentir ; puisqu'il le dit, je l'atteste ! »
Cette fidélité à l'absurde lui mérita le surnom de croyant
sur parole !

LIX

La fortune sembla vouloir compenser, pour Mahomet, la
désertion de ses disciples que lui avait coûtée son intempes-
tive révélation. Douze vieillards, chefs des Arabes de la
ville d'Yathreb, députés par leurs concitoyens auprès de
lui, vinrent à la Mecque sous prétexte du pèlerinage. Ils

demandèrent au prophète une conférence nocturne dans un ravin de la colline Acaba. Cette conférence fut terminée par une alliance tacite et par un serment que les douze envoyés prêtèrent à Mahomet, au nom de leurs tribus. Il leur donna un de ses missionnaires, nommé Mosàd, pour leur enseigner ses dogmes, ses lois et ses rites.

Mosàd prêchait la religion de son maître aux enfants, dans un jardin de dattiers enclos de murs hors de la ville. Sad, le caïd, ou premier magistrat d'Yathreb, ayant appris qu'un étranger catéchisait le peuple contre les dieux, accourut, la lance à la main, pour chasser de l'enclos le missionnaire; Mosàd lui demanda seulement de l'entendre. Sad y consentit, planta sa lance dans le sable, et s'assit pour écouter le novateur. La conviction retourna son cœur en lui à l'éblouissement des vérités qui coulaient de la bouche de Mosàd.

Il revint en ville, assembla le peuple et lui dit : « Que suis-je pour vous ? — Tu es notre caïd, le chef de nos conseils, lui répondit le peuple; ce que tu dis nous le faisons. — Eh bien, reprit Sad, je jure que je n'adresserai plus la parole à aucun d'entre vous, homme ou femme, jusqu'à ce que vous ayez embrassé la sublime religion de Mahomet et professé avec lui le Dieu unique! »

La moitié de la population d'Yathreb alla écouter les prédications du délégué du prophète. Sa doctrine de l'unité de Dieu se répandit comme le jour dans la nuit. A la fin de cette année, qui était la douzième de la prédication, soixante et quinze néophytes d'Yathreb, choisis parmi les grands du pays, furent amenés à la Mecque par Mosàd, pour prêter serment à Mahomet.

Ces soixante et quinze croyants étaient campés, avec la

caravane des pèlerins, aux portes de la ville. Ils s'échappèrent du camp pendant la nuit sans réveiller leurs compatriotes, et allèrent conférer avec Mahomet dans un lieu solitaire. Un traité fut juré, par lequel les grands d'Yathreb s'engagèrent à recevoir Mahomet et ses disciples dans leur ville, à lui obéir comme à l'organe de Dieu sur la terre, et à mourir au besoin pour sa défense. « Que nous promets-tu en retour? lui dirent-ils.. — Le paradis, répondit le prophète. — Mais si nous parvenons à faire triompher ta cause, ajoutèrent-ils, ne nous quitteras-tu pas un jour pour revenir habiter la Mecque, ta patrie? — Jamais, répondit Mahomet; je jure de vivre et de mourir avec vous! »

En imitation sans doute du Christ, qui avait choisi douze apôtres pour semer sa parole, Mahomet choisit parmi eux douze missionnaires pour aller répandre au loin sa doctrine dans les tribus.

LX

Cependant ce traité nocturne entre les chefs d'Yathreb et Mahomet transpira après le pèlerinage dans la ville. Les sectateurs du prophète, suspects de trahison contre leur patrie, furent forcés de s'éloigner furtivement, un à un, de la Mecque et de se réfugier à Yathreb. Mahomet, quoique exposé tous les jours à la mort, refusa de les suivre tant qu'il n'aurait pas, disait-il, reçu l'inspiration de Dieu sur l'heure de sa fuite. Aboubekre, père de la jeune Aïché, et Ali, qui touchait à sa vingtième année, restèrent seuls auprès de lui pour le défendre.

Les Coraïtes, après avoir délibéré sur le parti qu'il fallait prendre pour se délivrer ou de la présence ou du retour armé de ce dangereux compatriote, chargèrent quelques assassins d'assaillir sa maison et de le tuer la nuit suivante. Une indiscrétion ou un pressentiment avertit le prophète. Il charge son disciple chéri, le jeune Ali, d'aller restituer, le soir, tous les dépôts que les Coraïtes, même idolâtres, avaient confiés à sa maison, par conviction de sa probité. Ali exécute l'ordre de son père adoptif. « Maintenant, lui dit Mahomet, enveloppe-toi de mon manteau et couche-toi sur ma natte. Ne crains rien, nul ne te touchera ! » Ali prend sans hésiter, au risque de mourir pour lui, le manteau et la place du prophète. Pendant ce sommeil simulé, Mahomet, se glissant inaperçu hors de sa maison, dans les ténèbres, entre chez Aboubekre : « Dieu m'ordonne de fuir, lui dit-il. — Me permet-il de t'accompagner ? lui demande Aboubekre. — Oui, » répond Mahomet. Aboubekre fond en larmes de reconnaissance de cette faveur.

Deux chamelles de course et un guide, préparés d'avance pour l'heure où Mahomet consentirait enfin à s'éloigner, attendaient dans la campagne les fugitifs. Le maître et le disciple sortent à la faveur de la nuit. Ils atteignent une caverne du mont Thour, à trois heures de marche de la Mecque, du côté opposé de la route d'Yathreb, où l'on supposerait qu'ils cherchaient leur salut.

LXI

Pendant ce temps, les assassins apostés pour tuer Mahomet à sa sortie, le matin, de sa maison, s'entretenaient à voix basse sur le seuil. Les uns prétendaient qu'il les avait trompés et qu'il n'était plus dans sa maison; d'autres, regardant par une fente de la porte et voyant un homme enveloppé du manteau vert de Mahomet endormi sur sa natte, ne doutaient pas de tenir leur victime à son réveil.

Cependant l'aurore se lève, Ali secoue son manteau et ouvre la porte. Les meurtriers consternés croient reconnaître dans cette substitution une intervention divine. Le bruit de l'évasion de Mahomet se propage dans la ville. Ses ennemis se répandent sur toutes les routes pour l'atteindre. Quelques-uns de ses persécuteurs montent jusqu'à la caverne de Thour. Mais, en voyant un nid de colombes suspendu à l'entrée et une toile d'araignée intacte qui flottait sur l'ouverture de la grotte, ils sont convaincus qu'aucun homme n'y a pénétré de longtemps, et ils s'éloignent: Mahomet et Aboubekre avaient eu la prudence de respecter le nid et de soulever la toile au lieu de la déchirer.

Ils passent trois jours et trois nuits dans cet asile en attendant le guide et les chamelles. Esmà, fille d'Aboubekre et sœur d'Aïché, leur envoyait, la nuit, du lait et des dattes. Aïché et la femme plus âgée du prophète avaient été laissées par lui dans sa maison. Le seuil des Arabes était toujours inviolable pour les femmes.

La troisième nuit, Esmà elle-même amena le guide et

les chamelles à la grotte. Mahomet monta sur la première ; Aboubekre, après avoir embrassé sa fille Esmà, monta sur la seconde et fit monter son affranchi Amir derrière lui. Les fugitifs, pour désorienter les poursuites, descendent vers la mer au lieu de couper l'isthme par les montagnes, et suivent la plage qui contournait de loin le territoire d'Yathreb. Reconnus par un guerrier coraïte nommé Soracà, en traversant une tribu maritime, ils pressent le pas de leurs chamelles. Soracà monte à cheval et les poursuit, la lance à la main, pour gagner le prix qu'on a mis à leurs têtes. Aboubekre se trouble et veut descendre pour combattre à pied. « Ne crains rien, dit son compagnon, Dieu nous protége. »

Au moment où Soracà va les atteindre, sa jument s'abat et roule avec son cavalier dans le sable. Soracà se relève, remonte sa jument et reprend sa course ; la jument s'abat une seconde fois. Son maître remonte encore en selle, galope derrière les proscrits et leur crie : « Arrêtez, je jure que vous n'avez rien à redouter de moi ! — Que veux-tu donc de nous? dit Aboubekre. — Je demande seulement, reprend le guerrier, que Mahomet me remette un mot de sa main, me reconnaissant pour un de ses disciples. »

Aboubekre, qui n'avait aucune feuille de palmier pour écrire ce témoignage de conversion instantanée de Soracà, ramasse sur le sable un morceau d'os poli et blanchi au soleil. Mahomet y écrivit la profession de foi du Coraïte. Soracà plaça l'os dans son carquois et regagna sa tribu sans rien dire de sa course, de sa chute et de sa conversion. Cet os écrit par le prophète, et représenté plus tard à Mahomet quand il rentra vainqueur à la Mecque, fut la sauvegarde du nouveau converti.

LXII

Les habitants de Coba, village voisin d'Yathreb, attendaient le prophète. Il s'assit sous un palmier à l'entrée du village pour essuyer la poussière du chemin. La foule respectueuse se tenait à distance et se demandait lequel des deux était Mahomet. Nul n'osait les aborder dans cette ignorance, craignant de se tromper de personnage et d'offenser le prophète en prenant un de ses disciples pour lui. Mais, le soleil qui montait dans le ciel ayant déplacé l'ombre du palmier et laissé la tête de Mahomet sous les rayons, Aboubekré se leva, et, étendant son manteau sur les branches, il en fit une ombre plus large au front de Mahomet. Les curieux, à ce geste de déférence, distinguèrent le maître du disciple. Ils s'approchèrent et offrirent l'hospitalité à Mahomet.

C'est de ce jour de l'entrée du prophète sur le territoire de Médine, 15 ou 16 juin de l'année 622 de Jésus-Christ, que date l'*hégire* ou la *fuite*, ère des Arabes et des musulmans.

LXIII

Ali, qui s'était échappé de la Mecque, après avoir sauvé la vie de son maître, rejoignit le prophète dans le village de Coba.

Le lendemain il fit une entrée triomphale à Yathreb. Tous les habitants se disputant l'honneur de le recevoir, il s'en rapporta à l'instinct de sa chamelle, à laquelle il attribua la vertu divinatoire de choisir elle-même le seuil qu'il devait préférer. La chamelle, accoutumée à venir charger des dattes au marché d'Yathreb, traversa toute la ville et ne s'agenouilla le poitrail en terre pour faire descendre son maître que sur un terrain vague, hors des murs, où les habitants avaient coutume d'étendre les dattes pour les sécher. La maison la plus rapprochée était celle d'Abou-Aïoub, un des principaux chefs de tribu de la ville. Abou-Aïoub s'empressa de décharger l'animal et de porter dans sa maison le bagage et le tapis de Mahomet.

Le prophète ordonna de bâtir une mosquée à la place où il avait mis pied à terre, avec une maison pour lui et pour sa famille. Il y travailla de ses propres mains, assisté par les habitants d'Yathreb. « Quiconque travaille à cet édifice, leur dit-il, bâtit pour la vie éternelle. »

La ville, après l'entrée de Mahomet, changea son nom en l'honneur de son hôte, et s'appela *Médine-el-Nabi*, la ville de l'inspiré. Mahomet, reconnu pour chef spirituel et pour souverain par les principales tribus de la ville, fit un traité d'alliance avec les autres, en leur garantissant la liberté complète de leur religion. Les uns étaient chrétiens, les autres juifs, la majorité idolâtre; tous devinrent également ses sujets ou ses alliés.

Les lois de police, de justice, d'égalité et de paix qu'il promulgua aussitôt qu'il eut pris possession de Médine sont un code impartial autant que politique de tolérance et d'équité. Le proscrit, qui se souvenait encore alors des persécutions qu'il venait de subir pour sa foi, la respectait justement et habilement encore dans les autres. Pour devenir fort, il se montrait juste.

Bientôt ses deux épouses, Sauda et Aïché, respectées à cause de leur sexe et de leur âge par les Coraïtes, le rejoignirent à Médine. Il les installa dans deux appartements séparés de sa maison attenant à la mosquée. A chaque nouvelle épouse qu'il prit ensuite, il ajouta de nouveaux appartements séparés de l'édifice. Les murs de ce palais étaient de briques cuites au soleil. Des troncs de palmier formant des arcades soutenaient les bords avancés du toit. Trois portes donnaient accès aux cours et aux jardins. Un bloc de pierre, placé dans la mosquée du côté qui regardait la Mecque et Jérusalem, indiquait aux croyants les deux temples anciens d'Abraham vers lesquels les prières devaient se diriger pour être agréables au Dieu unique.

LXIV

Aussitôt que Mahomet se fut assuré ces asiles, ces fidèles et ces alliés, l'esprit de prosélytisme sembla se changer en lui en esprit de conquête. Le guerrier remplaça le prophète. La vengeance lui fit prendre les armes contre ses persécuteurs. Il enrôla quelques centaines d'hommes intrépides et marcha avec eux vers la Mecque.

Cent hommes dans ces déserts étaient alors une armée, et la moindre rencontre prenait le nom de bataille. Il conclut, dans ses excursions armées dans le désert, des alliances nouvelles avec les tribus errantes et enrôla leurs plus vaillants guerriers dans ses troupes. Tous ses succès, pendant la première année, se bornèrent à la surprise et au pillage d'une caravane de la Mecque chargée de raisins secs et de cuirs. Celui de ses lieutenants qui avait remporté cette victoire pendant les jours saints fut blâmé par lui d'avoir versé le sang en *temps prohibé*. « Cependant, dit-il en s'adoucissant et en partageant les dépouilles entre les croyants, l'idolâtrie est pire que le meurtre! »

Il établit, à cette occasion, l'usage qui subsiste encore aujourd'hui d'appeler les fidèles à la prière par un signal qui confondît les vœux du peuple, aux mêmes heures, dans une même aspiration. On lui proposa d'abord les sons de la trompette qui appelait les juifs dans leur temple, puis la *crécelle* qui convoquait les chrétiens avant l'invention de la cloche; il préféra, après de longues hésitations, la voix humaine, ce signal vivant, cet appel de l'âme à l'âme, qui donne aux sons l'accent de l'intelligence et de la piété. Il institua des muezzins, serviteurs de la mosquée, choisis à l'étendue et à la sonorité de leur voix, pour monter aux sommets des minarets et pour chanter d'en haut sur la ville ou sur la campagne l'heure de la prière.

Il donna, pour la première fois, cette fonction à un affranchi d'Aboubekre, son compagnon de fuite, à cause de la mélodie de sa voix. Il lui dicta l'antienne inaltérable de cette convocation, répétée depuis par tant de milliers de bouches sur tous les minarets de l'Afrique, de l'Europe et de l'Asie :

« Dieu est grand! J'atteste qu'il n'y a qu'un Dieu! Mahomet est l'apôtre de Dieu! Venez à la prière! Venez au salut!

» Dieu est grand! Dieu est unique! Venez à la prière! »

Il fixa, en même temps, le minimum d'aumône que

chaque musulman serait tenu, devant Dieu, de donner aux pauvres pour racheter son droit de propriété et de privilége sur ses frères indigents. Cet impôt du ciel fut évalué par le législateur au dixième des choses possédées. Il corrigea ainsi, par une prescription de charité, cette âpreté du gain, vice égoïste des Arabes, et nivela sans cesse et volontairement les inégalités de fortune par le perpétuel écoulement des aumônes. Ce fut le *jubilé* des juifs, qui remettait les dettes tous les sept ans, appliqué sous une autre forme aux musulmans.

Cette loi, religieusement observée dans tout l'islamisme, servit constamment à y éteindre à la fois le scandale des richesses trop accumulées et le scandale des indigences trop criantes. Elle propagea aussi l'esprit de famille et les devoirs de fraternité dans tout le peuple.

LXV

Non satisfait de ses premiers succès par les armes, il chercha insidieusement à atteindre les Coraïtes, ses ennemis, par leur renommée. Il chargea les poëtes les plus populaires de Médine de répandre des satires et des invectives contre ses anciens compatriotes dans l'Arabie, et de célébrer la religion nouvelle. Hassan, un de ces poëtes convertis, accepta cette œuvre, et, montrant sa langue au prophète, il lui dit : « Tu vois cette langue, elle est courte ; mais il n'y a pas de cuir ni de bouclier que je ne puisse percer avec cette arme. »

Mahomet sourit et lui dit : « Mais comment feras-tu pour

attaquer les Coraïtes, sans que le mépris que tu déverseras sur ma tribu retombe sur moi-même? — Sois tranquille, répliqua Hassan, je saurai te soustraire du milieu de tes ingrats compatriotes, comme on extrait un cheveu de la pâte qu'on pétrit pour faire le pain.

» — Eh bien! va donc trouver Aboubekre, lui dit le prophète, il te donnera toutes les anecdotes injurieuses sur les généalogies et sur les familles des Coraïtes; frappe de ta langue les ennemis de Dieu, et que les anges t'inspirent! »

LXVI

Mahomet, honteux de son inertie de deux années, sortit enfin de Médine au bruit d'une caravane de la Mecque, escortée par l'armée coraïte, qui marchait vers la Syrie. Son armée ne comptait que trois cent quatorze combattants montés sur soixante-quatorze chameaux. Deux drapeaux, l'un noir et l'autre blanc, étaient portés devant lui par Ali et par un habitant de Médine.

Voilà l'armée qui allait changer la face du monde plus profondément que les armées d'un million d'hommes de Xerxès ou de Napoléon. Le nombre des combattants n'est pas la mesure des événements, c'est la cause. Un million de soldats combattant pour l'ambition ou pour la gloire d'un conquérant succombent sans laisser d'autre trace que leurs ossements sur la terre. Trois cent quatorze hommes combattant pour l'idée désintéressée de l'unité de Dieu contre des peuples idolâtres conquièrent pour des siècles un tiers de l'univers à leur cause. La victoire, quoi qu'en ait dit un souverain matérialiste de ce temps, n'est pas aux gros bataillons ; la victoire est à Dieu et à celui qui combat pour l'esprit de Dieu contre l'esprit corrompu des hommes.

La caravane et l'armée de la Mecque étaient commandée par un guerrier illustre, ennemi de Mahomet, nommé Abou-Sofyàn (en 624). Instruit par ses espions de l'approche de Mahomet, Abou-Sofyàn envoya un messager à la Mecque demander des renforts. Ce messager s'arrêta, monté sur son dromadaire, dans le vallon voisin des murs de la Kaaba. En signe de terreur, il coupa les oreilles de son chameau, dont le sang ruisselait sur sa tête ; il tourna la selle de l'animal vers sa croupe, il déchira ses habits, et cria sept fois : « Coraïtes ! à la caravane ! à la caravane ! Mahomet l'enveloppe, tout va périr, hommes et marchandises ; au secours ! au secours de vos frères ! »

Cette voix et ces signes de désespoir firent lever les Coraïtes en masse. Un des plus âgés ayant refusé de marcher à cause de sa corpulence : « Parfume-toi, lui dirent ses compatriotes, car tu n'es qu'une femme ! » Il rougit du reproche et marcha.

L'armée comptait cent chevaux et mille guerriers. Mahomet, campé à Béder, à quatre journées de Médine, apprit le formidable renfort attendu par Abou-Sofyàn. Le nombre ne l'étonna pas, mais il pouvait étonner ses soldats. Il les rassembla. « Prophète, dit Aboubekre, mène-nous où Dieu t'ordonnera de nous mener, nous n'imiterons pas les enfants d'Israël, qui disaient à Moïse : Va, toi et ton Dieu, combattez ensemble l'ennemi ; quant à nous, nous restons où nous sommes. Mais nous te dirons : Va, toi et ton Dieu, nous combattrons avec vous ! — Quand tu nous mènerais au milieu des flots de la mer, lui dit le premier de ses disciples de Médine, Sad, nous y marcherions sur tes pas ! » Leur fanatisme appuya le sien.

Ses espions, envoyés au loin pour lui donner des nouvelles de l'approche de l'ennemi, s'étant assis près d'un puits entouré d'un groupe de femmes, entendirent une de ces femmes qui disait à l'autre : « Je te payerai ce que je te dois quand j'aurai vendu quelque chose à la caravane. Elle passera par ici demain ! »

Un moment après, Abou-Sofyàn, chef des Coraïtes, cherchant de son côté les indices du voisinage de l'armée de Mahomet, arrive auprès du même puits :

« Avez-vous vu quelque étranger ? demanda-t-il aux femmes. — Oui, dirent-elles, nous avons vu deux voyageurs montés sur leurs chameaux, qui sont venus boire à cette source, et qui sont repartis. »

Abou-Sofyàn pousse son cheval sur les traces des espions de Mahomet, et, reconnaissant des noyaux de dattes dans la fiente de leurs chameaux : « Par la Kaaba, dit-il, ce sont des chameaux d'Yathreb. » Il rejoint alors l'armée pour la guider sur cet indice.

LXVII

Les deux armées furent le lendemain en présence. Mahomet disposa la sienne en général inspiré par les lieux. L'enthousiasme de ses soldats compensait l'infériorité du nombre. Pendant qu'il les rangeait en bataille, en les alignant avec une flèche sans pointe, pour qu'aucune poitrine ne dépassât l'autre, il donna un léger coup de sa flèche sur la cuisse de

Sewad, un de ses meilleurs combattants, qui n'était pas assez en ligne. « Tu m'as fait mal, prophète, lui dit Sewad, et, d'après tes propres lois que tu nous as apportées, au nom de Dieu, j'ai le droit de te frapper à mon tour ! — Eh bien, venge-toi, » répondit Mahomet ; et, ouvrant son manteau, il présenta ses flancs nus au soldat pour satisfaire à ses propres prescriptions. Mais Sewad, au lieu de le frapper, entoura de ses deux bras ouverts le corps du prophète et lui baisa la poitrine nue : « Nous sommes, lui dit-il, dans une heure suprême où la mort est devant nous ; je vais peut-être périr ; j'ai voulu, avant d'être séparé de toi pour toujours, que ma peau touchât la tienne ! »

L'armée des Coraïtes descendait déjà des collines. Mahomet se plaça un peu à l'écart, sur une éminence, sous une cabane de roseaux que ses soldats lui avaient construite, et entourée de quelques chevaux de course propres à la charge ou à la fuite. Une citerne séparait les deux armées.

La bataille s'engagea entre quelques cavaliers des deux partis qui galopaient pour se disputer l'eau de la citerne. Bientôt, de défi en défi, elle devint générale. Mahomet du haut de sa colline suivait de l'œil tous les mouvements. Il envoya l'ordre à ses soldats de rester immobiles au poste qu'il leur avait assigné, de décharger leurs traits sur les chevaux des Coraïtes et de ne les charger eux-mêmes qu'après avoir épuisé leur première fougue. Puis, levant les bras au ciel et mesurant le peu d'espace occupé par ses combattants, comparé à la nuée d'ennemis qui couvrait le flanc des collines : « Seigneur du ciel, s'écria-t-il, souviens-toi des promesses que tu as faites à ton serviteur ! Si tu laisses périr cette poignée de fidèles, tu ne seras plus adoré en esprit et en vérité sur cette terre ! » Son manteau glissa de ses épaules dans l'ardeur de son invocation. Aboubekre le remit sur son corps. « Assez ! assez ! prophète, lui dit-il, Dieu ne manquera pas à sa parole ! »

Mahomet fut saisi d'une défaillance subite qui lui enlevait l'usage de ses sens. On attendit qu'il se réveillât de son évanouissement. Il en sortit avec une physionomie rayonnante d'espérance. « J'ai vu l'esprit de Dieu, dit-il, avec son cheval de guerre derrière lui. Il s'apprêtait à combattre avec nous ! Quiconque aura combattu vaillamment aujourd'hui et mourra de blessures reçues par devant possédera le paradis. »

Un de ses gardes, assis auprès de lui à l'ombre de la cabane et qui mangeait des dattes, ayant entendu ces paroles, s'écria : « Quoi ! il ne faut, pour posséder le paradis, qu'être tué par ces gens-là ? » Et, jetant loin de lui ses dattes, il tire son sabre, s'élance dans la mêlée, tue cinq Coraïtes et meurt satisfait lui-même en prenant au mot la parole de Mahomet.

Un autre s'approche de lui et lui demande quelle est l'action la plus capable de faire sourire Dieu de joie dans le ciel. « L'action d'un guerrier, lui répond Mahomet, qui se précipite au milieu des ennemis sans autre armure que sa foi. » Le soldat jette son bouclier, dépouille sa cuirassse, se précipite et meurt.

Enfin Mahomet, épiant l'instant où la première fougue des cavaliers coraïtes s'amortit contre l'immobilité de ses soldats, ramasse une poignée de sable, et la lançant comme une malédiction visible du côté des Coraïtes : « Chargez, musulmans ! » s'écrie-t-il.

LXVIII

A ce signal, les musulmans, longtemps contenus, fondent comme une tempête sur les rangs rompus des idolâtres. Liés les uns aux autres par l'enthousiasme et par la discipline, le poids de cette poignée d'hommes fait brèche partout où elle se porte dans la nuée disséminée et confuse des ennemis. Tout fuit ou tombe sous leurs coups. La plaine est jonchée de leurs cadavres ou de leurs cavaliers désarçonnés. On voit çà et là les vainqueurs ramenant les vaincus désarmés au pied de la colline du prophète. Un de ses officiers s'indigne de cette pitié qui laisse vivre des infidèles. Mahomet le gourmande et ordonne d'épargner les vaincus.

A chaque instant on lui amène des Coraïtes connus par les persécutions qu'ils lui ont fait subir. Il leur pardonne, mais il s'informe avec sollicitude du plus irréconciliable de ses ennemis, Aboudjal. « Cherchez-le sur le champ de bataille, dit-il à ses gardes, vous le reconnaîtrez à une cicatrice qu'il s'est faite au genou en luttant dans sa jeunesse avec moi pour la place d'honneur dans un festin. Il tomba sous moi, et il porte encore la trace de sa chute ! »

Abdallah s'élance, parcourt l'espace, reconnaît Aboudjal à sa cicatrice. Il expirait de ses blessures sur le sable. Abdallah lui met le pied sur la gorge pour l'achever. « A qui la victoire? demande seulement le mourant. — A Dieu et à son prophète, » répond le musulman en lui tranchant la tête d'un coup de sabre. Mahomet reçoit cette tête du vieillard et la contemple avec une féroce satisfaction. « Tu jures que

c'est bien la sienne? dit-il à Abdallah. — Oui, je le jure. »
Alors Mahomet se prosterne et rend grâce au ciel de sa vengeance.

Mahomet n'avait perdu que quatorze de ses combattants. Les Coraïtes avaient laissé soixante-quatorze cadavres sur la place. Mahomet ordonna de les ensevelir dans la citerne creusée entre les deux camps. Leurs corps la comblèrent.

Un des jeunes croyants venus de la Mecque avec le prophète reconnut le corps de son père, Otba, parmi les morts; il frissonna d'horreur à ce spectacle des guerres religieuses. Mahomet vit ce frisson : « Le sort de ton père te touche, dit-il au fils; ta foi en serait-elle ébranlée? — Non, répondit le jeune homme, je sais que mon père a eu le sort des infidèles; mais mon père était un homme juste, sage, pieux, compatissant, j'espérais toujours que ses vertus l'attireraient à notre foi, je pleure de le voir ainsi mort dans l'idolâtrie où il était né!

» — C'est bien, dit le prophète, cette piété filiale est agréable à Dieu, et t'honore devant les hommes! »

LXIX

La sépulture terminée, il s'approcha de la citerne recouverte de sable, et, apostrophant ses ennemis morts par leurs noms : « Toi! dit-il, et toi! et toi! et toi! en les nommant tous, indignes concitoyens d'un prophète! vous m'avez accusé d'imposture, d'autres ont cru à ma mission! Vous m'avez chassé de ma patrie, d'autres m'ont donné un asile! Vous vous êtes armés contre moi, d'autres se sont armés pour ma cause ! Dieu a-t-il menti par ma bouche dans les menaces que je vous avais faites en son nom ? Dieu a-t-il menti dans les promesses qu'il m'a faites ? Dites ! »

Ses soldats étonnés se regardaient l'un l'autre. « Eh quoi ! prophète, lui dirent-ils, tu adresses la parole à des morts ? — Sachez, répondit-il, qu'ils m'entendent aussi bien que vous m'entendez ! »

Parmi les prisonniers, Mahomet comptait son oncle Abbas, fils d'Abdelmotaleb, son père adoptif. La nuit qui suivit la victoire, Mahomet ne pouvait goûter le sommeil. « Qu'as-tu qui t'empêche de reposer ? lui demanda-t-on. — C'est, répondit-il, que j'entends mon oncle Abbas se plaindre dans ses entraves. » On courut délier Abbas, et le prophète s'endormit.

Son retour à Médine fut un triomphe. La victoire avait ratifié en lui le don de l'inspiration. Le peuple avait deux fois au lieu d'une. Mais la douleur du père empoisonna la joie du guerrier. En entrant à Médine on lui apprit la mort de sa fille Rocayà, mariée à Othman. Il la pleura ; mais ses larmes n'amollirent pas sa vengeance contre quelques-uns des prisonniers, ses ennemis personnels.

L'humanité qu'il avait montrée sur le champ de bataille après la victoire céda en lui à ce ressentiment du proscrit, le plus amer des ressentiments politiques, et au ressentiment de l'inspiré contre l'incrédulité de sa mission, le plus cruel des ressentiments religieux. Il fit trancher la tête à un des Coraïtes de qui il avait reçu à la Mecque les plus poignants outrages. « Qui recueillera mes pauvres enfants ? lui dit le condamné sous le glaive.

» — Le feu de l'enfer, » lui répliqua Mahomet. Le surnom d'Enfants du feu en resta aux fils de cette tribu.

Jusque-là Mahomet ne s'était reconnu à lui-même que le droit de prêcher le Dieu unique; dès lors il s'attribua le droit de frapper en son nom, et il vit, comme tous les sectaires, des ennemis de Dieu dans les siens. De prophète, il se fit, ce jour-là, exterminateur. Cependant ces crimes sans pitié furent rares dans sa vie. « La nature, disait-il, n'avait pas pétri son cœur de haine. » La haine, en effet, pour lui, n'eût été ni divine ni politique. Dans le conseil tenu à Médine sur le massacre ou sur le pardon des vaincus, il se déclara contre ses lieutenants pour l'indulgence. On verra bientôt cette magnanimité lui conquérir plus de partisans que la gloire.

LXX

Il s'attribua, après les expéditions militaires, la possession exclusive et le partage des dépouilles, afin de solder ses combattants pontifes et guerriers à la fois. Ses décrets étaient reçus sans contestation par le peuple. Trois pouvoirs absolus, ceux de prophète, législateur et général, réunis sur sa tête, lui permirent d'être tout ensemble la conscience, la loi et la souveraineté des musulmans.

Le rachat des prisonniers par les Coraïtes enrichit son trésor du prix de leur rançon. Il la remit généreusement à quelques-uns.

Sa fille Zaynab, qu'il avait eue de Kadidjé, sa première épouse, était mariée à la Mecque avec un guerrier coraïte, idolâtre encore, nommé Aboul-As. Aboul-As était prisonnier à Médine. Sa femme Zaynab envoya pour la rançon de son mari un riche collier. Mahomet pleura en voyant ce bijou détaché du cou de sa fille.

« Tiens, dit-il à Aboul-As, reprends ce collier, tu es libre, mais à condition que tu me rendras ma fille. Il ne convient pas qu'une musulmane comme elle soit l'épouse d'un incrédule. »

Aboul-As, de retour à la Mecque, renvoya sa fille au prophète.

Quelque temps après, Aboul-As, pressé du désir de revoir l'épouse qu'on lui avait ravie, s'introduisit furtivement dans Médine, au risque de sa vie s'il était découvert. Il vit secrètement, pendant la nuit, Zaynab, et il concerta avec elle un audacieux subterfuge pour échapper à la mort. Mêlé, sans être reconnu, à la foule qui venait faire la prière dans la mosquée, il éleva tout à coup la voix pour réclamer la protection d'une femme; Zaynab, se levant à cette voix, s'écria du haut de la galerie réservée aux femmes qu'elle prenait cet étranger sous sa protection. Aboul-As, ainsi couvert par la main d'une fille du prophète, devint inviolable. Il resta impunément à Médine, et son amour pour Zaynab le convertit bientôt à la foi de celle à laquelle il devait la vie.

Peu de jours après, Mahomet unit son disciple chéri, Ali, âgé de vingt ans, avec sa quatrième fille, Fatimà, âgée de quinze ans. Ali, aussi pauvre qu'il était amoureux, fut forcé de vendre sa cuirasse pour acheter les bijoux, les étoffes et les parfums, cadeaux de noces que payaient les Arabes pour acheter leurs fiancées.

LXXI

Les poëtes et les lettrés de l'Arabie étaient les derniers à abandonner les fables traditionnelles dont ils nourrissaient l'imagination du peuple. Ils entretenaient une vive opposition contre le prophète. Ils déploraient hautement la défaite des Coraïtes à Béder et la victoire de Mahomet sur les dieux du pays. L'un d'eux, en revenant de Syrie, eut l'audace d'aller vénérer la tombe des martyrs sur le champ de bataille. Il fit monter son dromadaire sur la citerne comblée, où gisaient les cadavres des vaincus; il lui coupa les oreilles en signe de deuil, et chanta du haut de cette tribune funèbre une élégie éloquente sur la défaite des dieux. Mahomet, irrité, le fit poursuivre d'asile en asile jusqu'à ce qu'il expirât de misère dans le désert.

Un autre poëte illustre, nommé Caab, remplissait Médine de satires populaires contre le prophète et ses adhérents. Ses vers, à la fois impies et licencieux, inspiraient l'incrédulité aux hommes et l'infidélité aux femmes. Mahomet, offensé et scandalisé de cette dépravation, s'écria un jour : « Qui me délivrera de cet homme? » Cinq de ses gardes prirent ce vœu pour un ordre, attendirent le poëte dans une rue de Médine et l'immolèrent à l'indignation du prophète. La terreur imposa silence à l'opinion. Le sang de ses ennemis coula à son moindre signe.

Ses expéditions successives, conduites tantôt par Ali, tantôt par Othman, tantôt par Aboubekre, ramenèrent à

Médine les riches dépouilles des caravanes et imposèrent au loin la soumission aux Arabes du désert.

Mahomet, toujours altéré d'amour, dépassa bientôt le nombre d'épouses prescrit par sa propre loi aux musulmans. Il se fit exception en tout, quand il ne se fit pas modèle. Ses nombreux mariages furent aussi des traités d'alliance entre lui et les tribus enchaînées à sa cause. Cette année, la fille d'Omar, Hafsa, perdit son mari Khonaïs. Omar offrit la veuve en secondes noces à Othman, fils d'Affran; celui-ci hésitait à l'accepter à cause de la fierté de son caractère. Omar s'en plaignit à Mahomet.

« Je la prends, lui dit son maître; Othman épousera une femme supérieure à Hafsa, et Hafsa aura un mari supérieur à Othman! »

Il en épousa encore une autre, Zaynab, qui se signala entre toutes ses épouses par sa bienfaisance et par ses aumônes, elle reçut le surnom de mère des pauvres.

LXXII

Cependant les Coraïtes de la Mecque avaient recouvré, dans un repos de deux ans, le sang dont la défaite de Béder les avait épuisés. Ils levèrent une armée de trois mille combattants, accrue de nombreux renforts par des alliances avec les tribus errantes, ennemies de Mahomet. Les femmes mêmes de la Mecque s'enrôlèrent pour venger leurs pères, leurs maris, leurs frères, morts dans la première campagne. Ces femmes, à la tête desquelles marchait une belle et intrépide Coraïte, nommée Hind, agitaient dans leurs mains des tambours bordés de clochettes de chameaux, et chantaient tour à tour, pour animer les guerriers, des hymnes de guerre, des lamentations ou des cantates de triomphe. Hind, fille d'Otba, tué par Hamza, oncle de Mahomet, à la bataille de Béder, jurait d'avoir sang pour sang par la mort d'Hamza, meurtrier de son père. Un esclave noir, nommé Wahchi, qui suivait l'armée, avait juré à Hind que sa flèche boirait le sang d'Hamza. Toutes les fois que Hind rencontrait le noir dans la marche, elle lui rappelait son serment et lui promettait sa récompense.

Un moine à barbe blanche, d'abord apostat des idoles, puis revenu par inconstance de foi aux faux dieux de ses pères, marchait avec l'armée et la fanatisait de ses prédications. Hind arriva en peu de jours jusque dans l'oasis de Médine, plantée de dattiers, et dévasta les campagnes. Mahomet voulait l'attendre derrière les remparts de Médine. L'ardeur des musulmans fit violence à sa résolution. Il consentit à les conduire au combat. Il refusa le secours des juifs à Médine, aussi indignés que les croyants de la violation de leur territoire.

LXXIII

Les deux armées s'abordèrent à peu de distance de la ville. Celle des Coraïtes comptait quatre combattants contre un. Hind et ses compagnes l'animaient des sons de leurs tambours et des vers de leurs poëtes; l'histoire a conservé leur chant de guerre :

« Nous sommes les filles des étoiles du matin, nos pieds foulent des coussins moelleux !

» Nos cous sont entourés de perles, nos cheveux sont embaumés de parfums !

» Les braves qui font face à l'ennemi, nous les enlaçons dans nos bras; les lâches qui fuient, nous les répudions et nous leur refusons notre amour ! »

Le moine, après avoir vainement harangué les soldats de Mahomet pour les séduire, ne reçut que des insultes et lança le premier trait. Le combat, quoique inégal, fut long et disputé. Plusieurs fois les cavaliers coraïtes traversèrent les Médinois pour enlever Mahomet. Un des cavaliers de Médine parvint, le sabre nu, jusqu'aux femmes de la Mecque. Il fit tournoyer son arme sanglante sur la tête de Hind et dédaigna de la frapper parce qu'elle était femme.

Deux jeunes frères Coraïtes, frappés à la fois par Hamza et par Ali, vont poser leurs têtes pour mourir sur les genoux de leur mère, de la troupe de Hind. « Qui vous a frappés, mes enfants? leur dit la mère. — C'est Hamza et Ali, répondirent ses fils. — Eh bien, je jure, dit-elle, de ne plus boire de vin que dans leur crâne ! »

Hamza poursuivait ses exploits, quand l'esclave noir, qui l'épiait de loin pour accomplir son serment à Hind, lui lance un trait mortel et l'étend sur la poussière. Il reconnaît, en expirant, le nègre vengeur de Hind; mais il meurt sans pouvoir se venger à son tour. Le drapeau que portait Hamza est ramassé par une héroïne musulmane nommée Amra. Elle groupe autour d'elle les plus braves combattants de Mahomet.

Mais un cri s'élève : « Mahomet est mort ! » Il sème le

découragement dans les rangs. Mahomet, en effet, pressé par des nuées de cavaliers coraïtes, combattait en héros, monté sur un coursier de guerre. Une tranchée, recouverte de sable par les ennemis, l'engloutit tout à coup avec son cheval. Ses compagnons le retirent du fossé et le couvrent de leurs sabres. Mais une flèche l'atteint au visage; des pierres, lancées du haut de la colline, brisent son casque. Abou-Obeydah a la main percée d'un trait d'acier, en la tendant pour parer le coup porté au prophète.

« Qui veut donner sa vie pour la mienne? s'écrie Mahomet en tombant de nouveau sous le poids d'une foule d'ennemis.

» — C'est moi! c'est moi! » répondent ensemble huit ou dix de ses disciples en mourant à ses pieds. Le dernier d'entre eux, Doudjanah, couvrant de son corps Mahomet, étendu à terre, recevait dans les épaules les flèches et les lances dirigées contre le prophète. Les anneaux de la chaîne du casque de Mahomet avaient pénétré profondément dans les chairs. Abou-Obeydah les arrache avec les dents, et se brise, sans jeter un cri, deux dents, en arrachant le fer de la blessure.

Un autre suçait le sang de la plaie pour boire le poison s'il était mêlé avec le sang. « Celui qui mêle son sang avec le mien, lui dit le prophète en conservant toute sa présence d'esprit devant la mort, ne sera jamais atteint par le feu de l'enfer! »

Une femme de Médine, qui avait suivi les musulmans pour leur donner à boire dans la mêlée, saisit un sabre et combattit comme un héros pour couvrir son prophète. Le sabre d'une Coraïte lui fendit l'épaule. Un jeune compagnon de Mahomet, nommé Zyad, roula sur le sable, blessé à mort en le défendant. Mahomet étendit la jambe vers lui pour qu'il y reposât sa tête en mourant. Zyad expira ainsi sur les pieds du prophète pour qui il donnait sa vie.

LXXIV

Ces dévouements avaient rallié autour du général assez de musulmans pour le préserver de tomber entre les mains de ses ennemis et pour refouler les Coraïtes. Mais le bruit de sa chute de cheval et de sa mort s'était répandu dans les restes de son armée et consternait ses fidèles.

Aboubekre, Ali, Omar, Othman, séparés de lui par la mêlée et groupés sur une éminence, s'entretenaient avec larmes de la perte de leur maître. Un jeune Médinois, fils de Nadhir, les aperçoit. « Que faites-vous là immobiles? leur crie-t-il. — Mahomet n'existe plus, répondent-ils. Pour qui combattre? — Eh bien, reprend le fils de Nadhir, s'il est mort, n'est-il pas honteux de survivre? Venez mourir comme lui! »

Il se jettent de nouveau dans la mêlée pour unir leur sang à celui du prophète. Ils le trouvent vivant, lui font jour à travers la cavalerie ennemie et se replient dans l'étroit défilé du mont Ohul.

Mahomet, le sang de ses blessures étanché, remonte à cheval, se retourne à l'embouchure du défilé et tue d'un coup de lance dans la gorge le premier Coraïte qui tente de le franchir. Les musulmans, ranimés par sa présence et couverts par son bras, se rallient sur les deux flancs de la montagne. L'ennemi les y insulte sans oser les aborder. Ali va chercher dans le creux de son bouclier de l'eau découverte dans une coupe naturelle du rocher, pour laver le sang et la poussière qui souillent le visage de son second père.

Pendant cette trêve, Hind et les femmes des Coraïtes vainqueurs se répandent comme des furies sur le champ de bataille pour y assouvir la vengeance jurée aux mânes de leurs pères et de leurs maris. Soixante-dix cadavres de musulmans jonchaient la terre, elles les dépouillent et les mutilent. La féroce guerrière Hind cherchait le corps de Hamza, le meurtrier de son père, tué à son tour par la flèche de l'esclave nègre Wahchi. Elle le découvre, se précipite sur le cadavre, lui ouvre les flancs d'un coup de sabre et lui arrache le cœur. Puis, détachant de son propre sein et de ses jambes les colliers et les bracelets dont ils étaient ornés, elle les donne à l'esclave noir et se fait à elle-même un collier et des bracelets avec les oreilles des morts.

LXXV

Après ces représailles, Abou-Sofyân, chef des Coraïtes, voyant l'inexpugnable position occupée par les musulmans, rallie ses soldats pour reprendre en triomphe le chemin de la Mecque. En défilant sous les flancs de la montagne, il insulte à haute voix les vaincus. « VICTOIRE AUX IDOLES ! s'écrie-t-il en défiant Omar et Aboubekre ! — Victoire au vrai Dieu, qui confondra les idolâtres ! répond l'armée de Mahomet. — Omar, reprend Abou-Sofyân, je t'adjure de me dire si Mahomet est mort. — Il est vivant, répond Omar, et il entend tes paroles ! »

o

LXXVI

Mahomet, après la retraite des Coraïtes, redescendit dans la plaine pour pleurer et ensevelir les morts. En approchant du cadavre de son oncle Hamza, mutilé par Hind, la fureur le saisit.

« Si je ne craignais pas, dit-il, d'affliger Safià, sa mère, je le laisserais là, en témoignage de l'impiété des idolâtres, jusqu'à ce que les entrailles des aigles fussent devenues son sépulcre ; si Dieu m'accorde un jour la victoire sur les Coraïtes, j'en mutilerai trente pour venger Hamza ! »

Il ne tarda pas à se repentir de ce mouvement tout humain de férocité et de vengeance. « Mais non, dit-il, en se reprenant, s'il est permis aux musulmans de traiter leurs ennemis comme on les a traités eux-mêmes, il est plus méritoire de supporter sans représailles et avec magnanimité de tels outrages sans les imiter ! » Il défendit de profaner les morts.

Il enveloppa de son manteau le corps d'Hamza, et fit lui-même ses funérailles. « O Hamza ! s'écria-t-il sur sa tombe, je n'ai jamais perdu un ami tel que toi ! » Les femmes de Médine, accourues pour pleurer leurs pères, leurs époux, leurs fils, voulaient emporter leurs corps pour les ensevelir à Médine : « Non, dit-il, enterrez les morts où ils sont tombés, et sans laver le sang de leurs blessures. Ils paraîtront avec ce sang au jour de la résurrection, et leurs blessures exhaleront l'odeur des aromates! Je porterai alors moi-même témoignage pour eux! »

Une de ces femmes rencontra l'armée vaincue qui rentrait à Médine : « Où est mon père? demanda-t-elle aux soldats. — Il est tué, lui répondit-on. — Et mon mari? — Tué aussi. — Et mon fils? — Tué avec eux, lui dirent-ils. — Mais Mahomet? — Le voici vivant, lui répondirent les guerriers. — Eh bien, dit-elle en apostrophant le prophète, puisque tu vis encore, tous nos malheurs ne sont rien! »

Un tel fanatisme promettait à Mahomet des représailles de sa défaite. Il parut sentir plus de tristesse que d'humiliation dans son revers. En passant devant une des maisons à Médine d'où l'on entendait sortir les lamentations des femmes déplorant la mort de leurs époux : « Et le brave Hamza, dit-il en versant lui-même des larmes, il n'est point de femme qui le pleure! »

LXXVII

Après deux jours donnés aux regrets, il appela ses fidèles musulmans aux armes, pour ne pas laisser peser longtemps sur eux le découragement d'un revers. Ils marchèrent en plus grandes forces sur les traces de l'armée de la Mecque, comme s'ils eussent été les vainqueurs. Abou-Sofyàn n'osa pas se retourner pour le combattre. Le prestige de la victoire revint à Mahomet. Ses expéditions parcoururent librement le désert, imposant sa foi et son alliance à de nombreuses tribus.

Nous négligerons cette lente mais continuelle conquête qui rangeait peu à peu la moitié des Arabes sous sa domination. C'est l'histoire de la conquête plus que celle de l'homme. Revenons à l'homme.

La défaite du mont Ohul ne lui avait rien enlevé de son ascendant prophétique à Médine. Il continuait à publier une à une les prescriptions du Coran. Sa renommée, répandue de bouche en bouche avec ses lois dans le désert, amenait à Médine les cheiks de l'Arabie. Il conférait avec eux ; il les éblouissait de son éloquence ; il contractait paix et amitié avec leurs tribus ; il n'imposait plus alors sa religion, il la conseillait, laissant chacun libre de se convertir ou de persévérer dans les traditions de ses pères. Il savait assez, comme philosophe et comme politique, qu'une fois le germe semé il lèverait dans ce sable, et que la religion de la victoire serait tôt ou tard celle du plus grand nombre.

Menacé d'un siége dans Médine par les alliés des Coraïtes (627), il fortifia sa capitale en l'entourant d'un fossé taillé dans le roc. Il assistait au travail des habitants de Médine pour les encourager et achever promptement ces circonvallations. Un jour qu'il avait pris la pioche lui-même, et qu'il frappait le rocher, trois étincelles en jaillirent. « Que veulent dire ces trois éclairs ? lui demanda-t-on.

» — Le premier, répondit-il du ton inspiré qui voit l'avenir, m'annonce la conquête de l'Arabie à ma loi ; le second, la possession de la Syrie et de l'Occident ; le troisième, la domination de l'Orient tout entier ! »

Dix mille confédérés contre Médine parurent avec les Coraïtes sous les remparts. Le siége fut long et sans danger pour Médine. Ali s'y signala dans des combats chevaleresques, sous les murs, avec les champions de la Mecque. Safyà, mère d'Hamza, y vengea son fils. Renfermée dans le château fort du poëte Hassan, elle aperçut, du haut du toit, un guerrier ennemi rôdant sous les murs. « Va tuer cet ennemi, dit-elle à son hôte. — Que Dieu te pardonne, fille d'Aboutaleb, lui répondit le poëte; tu sais que je ne suis pas un homme de guerre! » Safya se saisit de son sabre, descendit dans la plaine, combattit le guerrier, et vengea dans son sang celui de son fils Hamza.

Bientôt les artifices d'un vieillard bédouin, que Mahomet employa comme négociateur occulte auprès des chefs confédérés contre lui, rompirent la ligue. La mauvaise saison avançait : « Il n'y a plus moyen de camper ici, répandirent les affidés du prophète, la pluie éteint nos feux, le vent déchire nos tentes, la poussière souille nos marmites, il faut partir! » Ces murmures firent successivement lever le camp à toutes les tribus. Les Coraïtes, privés de leurs alliés, abandonnèrent le siége.

« C'est la dernière fois qu'ils auront vu les murs de Médine! s'écria Mahomet en les regardant s'éloigner; ce sera à nous désormais d'aller leur porter la guerre! »

(628) Il commença la campagne par la punition d'une peuplade voisine de Médine qui avait trahi son serment envers lui. Il leur envoya d'abord un parlementaire nommé Loubabà, pour les endormir en les berçant d'un faux espoir de pardon. « Nous conseilles-tu de nous fier de notre vie et de celle de nos enfants à la parole du prophète? lui demandèrent les chefs et les femmes de la tribu. — Oui, » répondit l'envoyé de Mahomet. Mais, touché en même temps du sort de ces familles condamnées à périr, et voulant indiquer, par un signe muet, un parti contraire à

celui que conseillait sa parole, il passa horizontalement sa main sur son cou avec le geste du sabre qui tranche des têtes.

La tribu comprit le geste et ne se fia pas aux paroles. Elle prit la fuite pendant la nuit : la vengeance du prophète fut trompée. Mais, à peine Loubabà avait-il ainsi sauvé la vie de ces proscrits, qu'il se repentit de son humanité et résolut de se punir lui-même de son crime. Il rentra à Médine, et, s'attachant avec des cordes de poils de chameau à une des colonnes de la mosquée, dénonça à haute voix sa supercherie et jura de ne prendre aucun aliment jusqu'à ce que le prophète lui eût remis sa trahison. Mahomet, touché de son action, lui pardonna et le délia de sa colonne. Mais, le lendemain, un de ses lieutenants s'étant emparé d'une autre tribu qui avait trempé dans la confédération, il fit creuser une immense tranchée sur la place et la combla de sept cents cadavres immolés en représailles de la violation du serment. Il partagea entre les musulmans les armes, les dépouilles, les troupeaux de cette riche tribu.

Chaque fantassin avait une part, chaque cavalier trois. Le nerf de la guerre, dans ces contrées où l'espace est sans bornes, était la cavalerie. Mahomet voulait la multiplier dans son armée. Il attacha des récompenses et des honneurs à l'élève des chevaux de race, institua des courses, ordonna des généalogies de noblesse entre les coursiers. Il établit aussi des lices d'épreuve et de gloire pour la course des chamelles. Une des siennes, nommée Eladhbà, ayant été vaincue par celle d'un Arabe du désert, il rougit de honte comme un chamelier qui aurait eu sa gloire dans la renommée de son dromadaire.

La religion, la législation, la guerre et l'âge même ne le distrayaient pas de l'amour. Il avait fait épouser une de ses parentes, Zaynab, célèbre par ses charmes et par son esprit, au jeune Sayd, un de ses plus chers disciples. Un jour que Sayd était absent, Mahomet entra dans sa maison pour lui donner un ordre. Zaynab, à demi vêtue d'une mousseline transparente qui laissait voir la blancheur de sa peau et la grâce de sa taille, apparut dans toute sa séduction aux yeux éblouis de Mahomet. Il se retira saisi d'une invincible admiration en s'écriant : « Louange à Dieu, maître des cœurs ! » Zaynab ayant raconté avec terreur à son mari la visite et l'exclamation de son père adoptif, Sayd comprit qu'il fallait choisir entre la répudiation de sa femme ou la rivalité du prophète. Il alla demander à Mahomet la permission de répudier Zaynab. Mahomet l'épousa, malgré les préceptes du Coran, qui défendent aux pères adoptifs d'épouser les veuves ou les femmes répudiées de leurs fils.

Des fêtes splendides signalèrent ce mariage dans Médine. Mais Mahomet, instruit par sa propre faiblesse du danger de laisser éclater aux regards la beauté des femmes, interdit, à dater de ce jour, l'entrée de l'appartement de ses femmes aux étrangers. Il leur ordonna de tendre toujours un rideau entre elles et les hommes dans leurs chambres. « O croyants ! écrivit-il dans le Coran, lorsque vous aurez quelque chose à demander aux épouses du prophète, ne leur parlez jamais qu'à travers un voile. »

Il signala, quelques jours après, son humanité envers ses ennemis de la Mecque. La ville, bloquée par une armée d'Arabes musulmans, périssait d'inanition. « Laisse parvenir les vivres à mes compatriotes, » écrivit-il au général qui affamait les Coraïtes. La ville où il était né, pleine encore de ses parents et de ses disciples secrets, intéressait son cœur. Il ne voulait pas confondre les innocents et les coupables. Il partit lui-même à la tête de deux cents cavaliers pour surveiller l'exécution de ses ordres. Arrivé à l'endroit où il avait perdu sa mère, il y campa pour vénérer sa mémoire. Il pria et versa des larmes sur le tombeau d'Aminà. Puis, tout à coup, se relevant avec effort comme si le fanatisme avait combattu en lui la nature : « Non, dit-il, il ne convient pas au prophète et aux croyants d'invoquer ainsi Dieu pour ceux qui ont adoré ses vaines images ! » Réflexion cruelle contre lui-même, qui attestait cependant la sincérité et la férocité de sa foi !

LXXVIII

Comme il s'éloignait du tombeau de sa mère, une femme bédouine, montée sur un dromadaire, accourait à lui. « Les ennemis, lui dit-elle, se sont emparés de mon troupeau, que je faisais paître dans le désert. J'ai monté ce dromadaire, et j'ai fait vœu de l'immoler devant toi à Dieu si je parvenais à leur échapper par sa course. Je viens accomplir mon vœu. — Eh quoi ! lui dit en souriant le prophète, ne serait-ce pas payer d'ingratitude le généreux animal à qui tu dois ton salut ? Ton vœu est nul, car il est injuste ; l'animal que tu m'as consacré n'est plus à toi, il est à moi ; je te le confie ; pars et va consoler ta famille. »

LXXIX

Ses premières relations avec l'empereur d'Orient, Héraclius, qui régnait à Byzance, datent de cette époque (628). Il envoya des ambassadeurs à cet empereur pour conclure un traité de commerce avec le peuple de Syrie soumis à la domination romaine. Ses caravanes, en revenant de Syrie à Médine, ayant été attaquées, furent vengées par Sayd, son lieutenant, à la tête de cinq cents cavaliers musulmans. Sayd, blessé et rapporté par ses compagnons à Médine, y conduisit des tribus entières prisonnières de guerre pour y être vendues comme esclaves. Mahomet, du fond de son harem, entendit les lamentations des femmes et des enfants qu'on arrachait les uns aux autres pour les vendre en lots séparés, selon la convenance des acheteurs. Bien que sa législation n'eût pas aboli l'esclavage, subordination d'une caste à l'autre, aussi vieille que les mœurs guerrières et pastorales chez les patriarches, il tendait à le tempérer et à le transformer en une espèce de paternité et de tutelle légale qui font de l'esclave en Orient un client plus qu'une propriété de la famille. Il s'attendrit sur le sort de ces victimes de la guerre, et il défendit de séparer jamais les enfants des mères, et les femmes des époux, quand on vendrait des familles réduites en esclavage.

Une des esclaves conquises quelque temps après par Ali, fille d'un cheik opulent, renommée dans le désert par sa beauté et par ses talents, avait conclu avec Ali, son possesseur, une convention en vertu de laquelle elle se rachèterait de l'esclavage par une rançon de grand prix. Ne pouvant réunir à Médine la somme nécessaire à sa rançon, elle alla supplier Mahomet de lui prêter ce qui manquait au rachat de sa liberté. Mahomet, frappé de ses charmes, lui proposa de l'affranchir de ses propres trésors, et de l'élever au rang de ses épouses; elle y consentit. Les Arabes de Médine, convaincus que tous les esclaves de sa race auraient désormais une puissante protection dans le cœur du prophète, se hâtèrent de donner la liberté à tous les prisonniers de sa tribu.

LXXX

Cependant Aïché, la fille d'Aboubekre, parvenue à la fleur de son adolescence, et douée de tous les charmes de l'esprit et des grâces du corps les plus estimées des Arabes : l'élégance de la taille, la souplesse des attitudes, la majesté de la démarche, l'abandon de la chevelure noire, l'éclat humide des yeux *comme l'étoile dans le puits*, disaient leurs poëtes, était son épouse préférée. Elle régnait dans sa maison à titre de fille autant que d'épouse. Elle régnait sur son cœur par l'étendue et par la justesse d'un génie naturel qui s'était façonné dès l'enfance par le génie et sur l'éloquence du prophète. Elle était son conseil autant que son amour; il trouvait en elle à la fois tout ce qu'un père pouvait rechercher dans sa fille, un mari dans sa femme, un inspiré dans son disciple. Les récits, les confidences, les *mémoires* d'Aïché elle-même, transmis par sa bouche, après la mort de Mahomet, à l'histoire, attestent en effet dans l'esprit et dans le cœur d'Aïché tout ce qui pouvait rendre une femme digne de captiver le prophète. Aucune favorite des souverains modernes de l'Orient ou de l'Occident, si ce n'est la célèbre Roxane, ne paraît avoir justifié par plus de charmes et par plus de séductions son empire sur celui dont elle était l'esclave. Un nuage troubla cependant quelques jours cette félicité, et jeta le doute et la tristesse dans l'âme de Mahomet sur la fidélité de sa favorite. Voici le récit des circonstances les plus secrètes de cette aventure, par la bouche même d'Aïché.

LXXXI

« Quand le prophète de Dieu, raconte Aïché, partait de Médine pour une expédition contre ses ennemis ou pour un voyage, il emmenait avec lui une de ses épouses. Elle le suivait accompagnée de quelques-unes de ses esclaves, enfermée dans une litière grillée et recouverte d'un voile, suspendue aux flancs d'un chameau. » (C'est encore ainsi que voyagent les femmes des Arabes ou des Ottomans dans le désert.) « Le sort, continue Aïché, était tombé sur moi pendant la campagne du prophète contre l'infidèle Abdallah. Quand on partait le jour ou la nuit, je sortais de ma tente ; je me dérobais, selon le précepte, aux regards des hommes. Je me couchais dans ma litière ; deux esclaves la soulevaient et l'attachaient aux flancs du chameau. Une litière pareille, occupée par une femme de ma suite, faisait contre-poids du côté opposé. Je pesais peu à soulever, car j'étais mince et légère à cause de ma tendre jeunesse et de mon extrême sobriété, vertu alors commune à presque toutes les femmes de l'Arabie.

» Au retour de cette campagne, et comme l'armée touchait à sa dernière station avant Médine, on fit halte à la chute du jour et on dressa les tentes pour se reposer pendant une moitié de la nuit.

» Avant le jour, le prophète donna le signal de lever le camp. Pendant que l'armée défilait à sa suite et qu'on pliait les bagages, je m'éloignai seule un moment dans la campagne. En revenant vers ma tente, je m'aperçus que j'avais perdu un collier d'onyx de Dhafar détaché et tombé de mon cou pendant mon excursion. Je retournai vite sur mes pas pour le chercher dans le sable. Je perdis du temps pendant cette recherche ; enfin, ayant retrouvé mon collier, je revins en courant vers le camp. L'armée n'y était plus, ma tente était enlevée, mon chameau parti. Les esclaves chargés du soin d'attacher la litière l'avaient soulevée et attachée aux flancs de l'animal, sans même s'apercevoir au poids que je n'étais pas dedans. Quand j'arrivai, je ne trouvai plus personne ; interdite et épouvantée, je m'enveloppai dans mon voile, et je m'assis à terre, espérant qu'on s'apercevrait bientôt de mon absence et qu'on accourrait pour me chercher. Il n'en fut rien, on continua la marche sans soupçon de la litière vide.

» Pendant que je me consumais ainsi dans l'attente, le fils de Moàtal, Safwan, monté sur son chameau, passa près de moi. Il me reconnut pour m'avoir vue bien souvent dans la maison du prophète, avant le temps où le Coran nous défendit de nous laisser regarder par les étrangers. Il fit une exclamation d'étonnement à Dieu, et s'écria : « Est-
» il possible ? C'est la femme du prophète ! »

» Il descendit de son chameau, le fit agenouiller devant moi et me pria de monter à sa place. Je jure par le ciel qu'il ne me dit pas un mot de plus. Il s'éloigna respectueusement à l'écart pendant que je montais sur son chameau, puis il prit la longe du licou de l'animal et marcha en silence devant lui. Nous ne pûmes rejoindre l'armée qu'en plein jour, à la halte du matin. En nous voyant reparaître ainsi ensemble, on chuchota mille choses contre nous. Les calomnies se répandirent de bouche en bouche dans le camp et montèrent jusqu'aux oreilles du prophète.

» Après le retour à Médine, je tombai malade d'émotion et de fatigue. Je remarquai que le prophète ne me témoignait plus la même tendresse qu'il montrait ordinairement pour ma santé quand j'étais souffrante. S'il entrait dans ma chambre, il se bornait, sans m'adresser la parole, à dire à ma mère, qui veillait près de mon lit : « Comment » va votre fille ? » Je fus blessée de cette froideur inaccoutumée, et je lui dis un jour : « Apôtre de Dieu, je désire, » si vous le permettez, être soignée chez mes parents. » — Je le veux bien, » répondit-il. On me transporta dans la maison de ma mère.

» J'y restai trois semaines sans voir le prophète. Un jour que j'étais déjà rétablie, une de mes amies vint me visiter et s'écria tout à coup en rompant la conversation : » Maudits soient les calomniateurs ! — Que veux-tu dire ? » lui répondis-je. Alors elle me raconta les bruits qui couraient sur ma rencontre avec Safwan, attribuée à une intelligence coupable entre nous. Je rougis, je fondis en larmes, et je me levai et me précipitai vers ma mère : « Que » Dieu vous pardonne, lui dis-je, Quoi ! on déchire ma ré- » putation et vous me laissez tout ignorer ! — Calme-toi,

» ma fille, me répondit ma mère; il est bien rare qu'une
» femme jeune, belle, adorée de son mari, et qui a des
» rivales dans son cœur, échappe à la médisance! »

» La rumeur contre moi et contre Safwan était si grande dans Médine, que le prophète, affligé du scandale des conversations, monta en chaire dans la mosquée et nous justifia en s'indignant contre ceux qui calomniaient, dit-il, une personne de sa maison qui lui était si chère et un brave guerrier dont il n'avait jamais reçu que des services.

» Ces paroles, qui firent que les uns se justifièrent de la calomnie aux dépens des autres, ne firent qu'accroître le bruit. Le prophète, sur les conseils d'Ali, fit comparaître ma suivante pour l'interroger sur ma conduite. Malgré les coups qu'Ali lui donnait pour la contraindre à des aveux contre moi, elle jura que j'étais pure. Le prophète alors, tranquillisé, vint me visiter.

» Il me trouva pleurant avec mon père, ma mère et une femme de mes amies, qui ne pouvaient me consoler. Il s'assit à côté de moi et me dit : « Tu sais, Aïché, les bruits
» qui courent contre toi; si tu as commis une faute, con-
» fesse-la-moi avec un cœur repentant, Dieu est indulgent
» et pardonne au repentir. »

« Les sanglots m'empêchèrent longtemps de répondre, j'espérais que mon père et ma mère allaient répondre pour moi; mais, voyant qu'ils gardaient le silence, je fis un violent effort sur moi-même et je dis : « Je n'ai rien fait
» dont je puisse me repentir; si je m'accusais, je manque-
» rais à ma conscience; d'un autre côté, j'aurai beau nier
» la faute dont on m'accuse, on ne me croira pas; je dirai
» comme... » Ici je m'arrêtai un instant; le trouble où j'étais me fit perdre dans la mémoire le nom du patriarche

Jacob que je cherchais en vain : « Je dirai comme le père de Joseph, repris-je : *Patience, et que Dieu seul me justifie !* »

» En ce moment, le prophète, trop ému lui-même, tomba dans une de ces défaillances pendant lesquelles le ciel lui communiquait ses inspirations. Je lui mis un coussin sous la tête et j'attendis sans inquiétude son réveil, sûre que le ciel m'aurait absoute pendant sa révélation. Mais mon père et ma mère, moins certains que moi de mon innocence, dans quelle anxiété n'attendaient-ils pas la fin de l'évanouissement et le premier mot du prophète ! Je crus qu'ils allaient mourir de terreur.

» A la fin le prophète reprit ses sens, il essuya son front couvert de sueur, quoique nous fussions en hiver, et me dit : « Réjouis-toi, Aïché, ton innocence m'a été révélée » d'en haut ! — Dieu soit loué ! » m'écriai-je. Et le prophète, sortant à l'instant de la maison, alla publier le verset du Coran qui atteste mon innocence. »

Cette justification d'Aïché, inspirée à Mahomet par la conviction ou par l'indulgence, atteste sa passion pour sa favorite. Nous en verrons une autre preuve à sa mort. La rentrée d'Aïché dans la maison du prophète fit taire les bruits injurieux contre son honneur. Le poëte satirique de Médine, Hassan, qui avait fait des vers à sa honte, en fit à sa gloire pour mériter le pardon du prophète :

« Elle est pudique et sage, écrivit Hassan, elle est svelte et souple, et sa taille n'est pas alourdie par l'excès de chair qui surcharge les femmes oisives du harem ! »

LXXXII

Mahomet, vainqueur par lui-même ou par ses lieutenants de toutes les tribus de l'Hedjàz, résolut de préparer l'avénement de son culte à la Mecque par une visite triomphale à la Kaaba. Les longues vues de sa politique religieuse éclatèrent tout entières dans ce plan. S'il n'eût voulu être que conquérant, il aurait marché à la Mecque en vainqueur, et non en pontife. Il était assez puissant alors en armes, en trésors, en soldats, en alliés dans toute l'Arabie, pour reconquérir sa patrie ou pour l'effacer de la terre. Médine, sa patrie adoptive, avait de grands titres pour devenir sa capitale.

Les Coraïtes, anéantis ou dispersés, ne pouvaient plus lutter avec leur proscrit adopté par la moitié des Arabes. Mais Mahomet, qui pouvait les proscrire à son tour en les exterminant, préféra traiter avec eux. Il comprit avec justesse que l'exterminateur de la Mecque, ville sainte, et le destructeur de la Kaaba, temple universel des descendants d'Abraham, pourrait être le dominateur, mais ne serait jamais le prophète des Arabes.

Les idées que Mahomet méditait d'inaugurer en Arabie devaient, pour être adoptées par ses compatriotes, se rattacher aux traditions. Il accepta le temple, il en chassa l'idole.

Telle fut la pensée de Mahomet dans son traité avec les Coraïtes, découragés de la lutte, et dans le pèlerinage militaire et religieux qu'il résolut de conduire lui-même à la Mecque.

Sa suite, composée d'idolâtres alliés autant que de musulmans fidèles, était une armée et un peuple. Deux mille mahométans à cheval et armés, douze mille Arabes de Médine et du désert, une file innombrable de chameaux caparaçonnés de rameaux et de fleurs, et chargés de riches présents pour le temple, arrivèrent en vue de la ville sainte. Quelques guerriers coraïtes, obstinés dans leur haine, étaient sortis de la ville, malgré la masse de leurs concitoyens, pour disputer les portes à Mahomet. Son chameau s'arrêta et s'agenouilla de lui-même à l'aspect des murs. Ses Arabes s'en étonnèrent : « Son chameau est donc rétif? dirent-ils entre eux. — Non, leur dit le prophète, l'animal n'est point rétif, mais il s'est senti repoussé par la main invisible, par la même main qui repoussa jadis l'éléphant du chef des Abyssins, prêt à fouler le sol de la Mecque; arrêtons-nous ici ! »

Mahomet négocia de là sa libre entrée dans la ville sainte. Les négociateurs coraïtes furent saisis de stupeur en voyant les respects que les Arabes, convertis ou même idolâtres, rendaient devant eux au compatriote qu'ils avaient proscrit comme insensé et blasphémateur.

On recueillait l'eau dans laquelle il avait lavé son visage et ses mains; on disputait au vent le cheveu tombé de sa tête; on emportait la poussière sur laquelle s'était imprimée la trace de ses pas. « Je suis allé à la cour d'Héraclius, empereur des romains, de Byzance, et à la cour du grand roi de Perse dans sa capitale, disait à son retour à la Mecque le négociateur Orwa ; mais je ne vis jamais de souverain vénéré de ses esclaves autant que Mohammed l'est de ses sectateurs ! »

Malgré les murmures de son armée, qui ne comprenait

pas son indulgence, Mahomet signa un traité presque humiliant avec les Coraïtes. « Pourquoi, lui dirent Omar, Ali, Aboubekre, ravaler notre religion triomphante par ces timides concessions aux incrédules ?

» — Je suis le serviteur de Dieu, répondit Mahomet à ces murmures, j'obéis à ses inspirations, il ne me trompera pas ! »

LXXXIII

En 628, il conclut une trêve de dix ans avec les Coraïtes. Semblable à Henri IV à son entrée à Paris, il sembla traiter les vaincus en vainqueurs, et les vainqueurs en vaincus. Son triomphe pacifique de la Mecque ne fut qu'une imposante revue de ses forces, passée sous les murs du temple et sous les yeux de ses compatriotes éblouis. Les murmures croissants de son armée ne l'ébranlèrent point dans son dessein aussi politique que magnanime.

« Je ne suis pas le prophète de mes amis, leur dit-il, mais le prophète de l'Arabie et de tous les croyants futurs dans le monde. »

Par respect pour les usages et pour les traditions, il n'entra pas cette fois dans la ville sainte. Il retourna à Médine sans avoir tiré l'épée, et profita de la paix avec les Coraïtes pour étendre sa foi par des émissaires envoyés dans tous les royaumes ou empires limitrophes de l'Arabie.

Le roi de Perse déchira avec mépris la lettre par laquelle Mahomet le conviait au culte du seul Dieu. « Est-ce ainsi, dit le monarque offensé du titre d'apôtre de Dieu pris par

Mahomet, qu'un homme qui est mon esclave doit me parler? » En apprenant cette réponse, Mahomet s'écria : « Eh bien, que son empire soit déchiré comme il a déchiré mon message ! » La malédiction ne devait pas tarder à s'accomplir par la main d'Ali.

Le roi d'Abyssinie traita ses envoyés avec plus de déférence. La ressemblance apparente de l'islamisme et du christianisme lui fit confondre les deux cultes et accepter l'alliance de Mahomet.

Le prince de la race copte, qui gouvernait alors l'Égypte indépendante et à demi chrétienne, accueillit ses ambassadeurs comme ceux d'une puissance naissante qui l'aiderait à combattre les Romains. Il lui jura amitié ; il lui envoya en présent un cheval de race et une mule blanche, fameuse par son instinct, nommée Doldol, que le prophète monta jusqu'à sa mort, enfin deux jeunes filles nobles de la race des Coptes. L'une, nommée Sirin, fut donnée en mariage par Mahomet au poëte de Médine, le célèbre Hassàn. Il épousa l'autre, vierge d'une incomparable beauté, nommée Maria et surnommée la Copte. Il l'aima avec une passion qui balança souvent l'empire d'Aïché sur son cœur.

Bientôt après, à la reddition d'une place forte de l'Arabie syrienne emportée par ses troupes, il épousa une autre princesse prise dans l'assaut. Elle se nommait Safya; ses guerriers se la disputaient pour ses charmes. Mahomet, appelé pour juge entre les prétendants, étendit son manteau sur la captive et la consacra ainsi pour sa propre couche. Son triomphe faillit lui coûter la vie. Une des captives, nommée Zaynad, lui donna un festin dans lequel on servit une brebis empoisonnée. Il repoussa la chair de ses lèvres après l'avoir goûtée. Un de ses disciples, qui en mangea avant lui, tomba mort à ses pieds. Le poison fut constaté dans l'animal. « Malheureuse! dit-il à Zaynad, quel motif t'a poussée à ce crime? — Tu es le destructeur de ma nation, répondit la Judith arabe, j'ai voulu la venger sur toi si tu n'étais qu'un conquérant ordinaire, ou embrasser ton culte si le ciel te révélait le danger! » Zaynad obtint son pardon en faveur de cette épreuve qui avait justifié le don d'inspiration dans le prophète. Cependant le poison qu'il avait goûté circula depuis ce temps dans ses veines et multiplia les crises et les défaillances dont il fut de plus en plus visité.

LXXXIV

L'extension et l'affermissement de sa puissance dans l'Arabie firent accueillir avec d'habiles égards ses ambassadeurs par Héraclius, empereur des Romains, à son passage en Syrie pour aller visiter Jérusalem. L'empereur plaça la lettre de Mahomet sur un coussin de brocart et combla de présents ses envoyés. A leur retour, Mahomet, suivi d'une population et d'une armée innombrables, alla accomplir à la Mecque le pèlerinage si longtemps suspendu.

A la tête de ce peuple, qui avait remplacé le sien, entouré de ses disciples, devenus ses généraux, monté sur sa chamelle Coswa, la plus renommée du désert, le sabre, symbole de ses victoires passées et futures, suspendu à sa ceinture, il rentra enfin dans sa patrie et dans le temple où il avait subi tant d'outrages. Il n'en vengea aucun. Il accomplit rigoureusement, au nom du dieu d'Abraham, tous les rites de l'ancien pèlerinage autour de la Kaaba et sur les collines sacrées de la Mecque.

Le peuple n'eut pas à changer une lettre de ses cérémonies, mais seulement une idée dans ses adorations. Il le laissa libre de se convertir ou de persévérer dans ses superstitions. Un nombre immense se convertit à l'aspect de la force irrésistible qui leur semblait justifier la mission du prophète. Vers 629, il prit, en signe de parenté, une nouvelle épouse parmi les Coraïtes. C'était la fille du chef Abou-Sofyan, nommée Habibé; il rentra à Médine au milieu des fêtes de ces noces.

LXXXV

Sayd, son guerrier favori, en ressortit aussitôt à la tête de l'élite de ses troupes pour marcher contre la Syrie. Les princes arabes de cette partie de l'Asie Mineure, alliés des Romains, avaient rassemblé contre le dominateur de l'Arabie indépendante une armée de cent mille combattants. Sayd succomba sous cette nuée d'ennemis et perdit la vie dans la bataille. Le drapeau de Mahomet que Sayd portait tomba avec lui. Djafàr le releva, un coup de sabre lui abattit la main droite; il saisit le drapeau de la main gauche, un autre coup de sabre lui trancha cette main; il continua à tenir l'étendard levé entre ses bras sanglants et sa poitrine jusqu'à ce qu'un coup de lance le renversa dans les plis du drapeau. Trois autres guerriers le relevèrent successivement et moururent. A la fin, Khaled parvint à le tenir debout, à rallier ses troupes et à se replier sur Médine.

Mahomet, en apprenant le premier ce revers, montra plus de douleur de la perte de ses amis que de défiance de la fortune. Il alla visiter Esmà, femme de Djafàr, tué sous le drapeau, et se fit amener ses deux petits enfants; il les embrassa et pleura sur eux. « Apôtre de Dieu, lui dit Esmà inquiète, pourquoi pleures-tu? — Ils n'ont plus de père! » répondit le prophète.

En sortant de la maison de la veuve, il rencontra sur la place de Médine la fille de Sayd, qui ignorait également la mort de son père. Il la serra en sanglotant dans ses bras. « Que veulent dire ces sanglots? lui demanda la jeune fille. — Ce sont, répondit Mahomet, les regrets d'un ami sur la perte d'un ami! »

Bien loin de reprocher leurs revers à ses troupes vaincues, il marcha au-devant d'elles en signe d'honneur, suivi de la population entière de Médine. Il portait devant lui sur sa chamelle les fils en deuil de ses généraux tués pour lui. L'armée rapportait leurs cadavres. Il leur fit de magnifiques funérailles. Des élégies héroïques furent récitées à leur gloire.

« Ne pleurez pas sur Djafàr, dit en chaire le prophète, à la place des deux mains qu'il a perdues pour la foi, Dieu lui a donné deux ailes sur lesquelles il plane maintenant dans le paradis avec les esprits célestes! » Il donna sa veuve Esmà pour épouse à Aboubekre.

Le ciel sembla justifier sa confiance en dispersant comme la poussière la nuée de Syriens, de Romains et d'Arabes vainqueurs de Sayd. La discorde ne tarda pas à rompre le faisceau. D'ailleurs, Mahomet, protégé par la nudité d'un désert sans vivres et sans eau, n'avait rien à craindre d'une expédition si nombreuse. Il pouvait attaquer partout sans être attaqué jamais dans sa capitale. L'espace et la solitude combattaient pour lui. Sa religion, portée à son gré par ses chameaux ou par ses coursiers, était inaccessible dans son aire. La défaite, la victoire et le temps multipliaient de jour en jour ses sectateurs.

Le chef des Coraïtes, Abou-Sofyan, beau-père de Mahomet, étant venu à Médine sans sauf-conduit pour négocier avec lui, entra chez sa fille Habibé et s'assit sur son tapis. Habibé retira le tapis des pieds de son père. « Que fais-tu, ma fille? lui dit Abou-Sofyan, me trouves-tu donc indigne de m'y asseoir? — Ce tapis, répondit Habibé, est le lit du prophète de Dieu, et tu es souillé par l'adoration des idoles! »

LXXXVI

Les nombreux sectateurs qu'il avait maintenant à la Mecque (en 630) et que la crainte empêchait encore de se déclarer le sollicitaient de venir enfin les affranchir de leur servitude morale; d'un autre côté, le désir de relever la confiance de ses troupes, abattues par le dernier revers, lui commandait une conquête trop longtemps suspendue. Il n'avait plus à redouter une résistance désespérée des Coraïtes. Il marcha à la tête de vingt mille guerriers vers la Mecque, résolu d'y planter enfin son drapeau. A son approche, tout chancela dans les cœurs. Un de ses oncles, fils d'Abdelmotaleb, nommé Abbas, accourut au-devant de lui avec tous les siens et se déclara son disciple. Abbas lui servit de parlementaire avec ses compatriotes. Abou-Sofyan, général le plus accrédité dans la Mecque, hésitait encore. Abbas, par l'ordre de Mahomet, le flatta et lui conféra le droit de protéger tous ceux des ennemis du prophète qui chercheraient asile dans sa maison. Abbas plaça ensuite Abou-Sofyan sur une éminence d'où il pouvait voir défiler l'armée conquérante. Abou-Sofyan se sentait écrasé du nombre des guerriers et de l'éclat de leurs armes. « Quels sont, dit-il à Abbas, ces hommes tellement bardés de fer qu'on ne voit que leurs yeux à travers la visière du casque? — C'est Mahomet et sa garde, répondit Abbas. — Ah! reprit Abou-Sofyan, en vérité la royauté du fils de ton frère est majestueuse! — La royauté! repartit Abbas, que dis-tu là? As-tu oublié que le fils de mon frère n'est pas un roi, mais un prophète? — C'est vrai, » dit le guerrier coraïte en se reprenant; et il rentra dans la ville pour persuader à ses compatriotes qu'il était insensé de combattre contre cette force qu'il croyait surhumaine.

Mahomet divisa son armée en quatre corps et désigna des chefs pour les commander sous lui. Un de ses lieutenants s'étant écrié : « Gloire au prophète, c'est enfin aujourd'hui le jour du carnage! » Mahomet, qui ne voulait point de sang sur son triomphe, le destitua à l'instant et nomma un autre commandant. Il rentra dans la ville monté sur son chameau, ayant en croupe derrière lui l'enfant de son martyr Sayd, tué dans la dernière campagne. Aboubekre et Oçayd, ses lieutenants, étaient à côté de lui; sa garde, masquée de fer, le précédait et le suivait comme un nuage sombre. Il portait sur sa tête un turban noir, signe de terreur qu'il n'avait jamais ceint jusqu'à ce jour. Il se fit dresser sa tente sur une éminence d'où il dominait la ville entière.

LXXXVII

Mahomet avait livré à la vengeance d'Ali dix-sept proscrits exceptés de tout pardon. Ali et ses soldats les poursuivaient pour les tuer. Deux d'entre eux cherchèrent asile contre la mort dans la maison d'une cousine du prophète, fille d'Aboutaleb, nommé Hâni. Elle refusa d'ouvrir sa porte aux bourreaux d'Ali, et courut vers la tente de Mahomet pour implorer leur grâce. En la voyant, Mahomet interrompit sa prière et fit quelques pas au-devant d'elle. « Sois la bienvenue, ma cousine, lui dit-il ; que désires-tu de moi ? — Je te demande, dit Hâni, la vie de deux hommes qui sont venus se placer sous la protection de mon foyer. — Tes protégés sont les miens, répondit-il ; que nul ne les touche ! »

Il monta ensuite à cheval et fit le tour du temple. Ayant vu une colombe de bois sculptée suspendue encore au toit, il la brisa contre la muraille. A ce signal, les trois cent soixante simulacres d'idoles qui formaient la corniche extérieure du temple furent précipités en poussière sur le parvis.

« La vérité est venue, s'écria-t-il; que les ombres et les mensonges s'évanouissent ! Coraïtes, il n'y a plus d'autres dieux que Dieu ! Il a rempli aujourd'hui ses promesses à son serviteur, et fait triompher son nom unique des ennemis qui le défiguraient ! Plus d'idolâtrie ! plus d'inégalités sur la terre ! plus de superbe différence fondée sur l'antiquité des généalogies et des ancêtres ! Tous les hommes sont enfants d'Adam, et Adam est l'enfant de la poussière ! Le but commun de la création est une société fraternelle! Le plus apprécié de Dieu est celui qui le craint et le sert le mieux sur la terre! »

Puis il promulgua, avec une amnistie générale, l'oubli de toutes ses injures personnelles.

Il s'assit ensuite devant la porte du temple, rendu par sa parole et par ses armes au Dieu unique, et sembla jouir, dans une profonde extase, de l'accomplissement de sa mission et de l'extension future de sa loi.

Aboubekre lui amena un vieillard aveugle âgé de près d'un siècle, et qui désirait, avant de mourir, toucher la robe du prophète, dont il attendait depuis longtemps l'avénement pour détruire les superstitions de sa race.

« Pourquoi avoir fait sortir ce vénérable cheik de sa maison? dit Mahomet à Aboubekre; je serais allé moi-même le visiter dans sa demeure! » Il fit asseoir le vieillard sur son tapis, et, lui passant familièrement la main sur la poitrine, il lui proposa de prononcer la formule de la conversion au Dieu unique. Le vieillard la prononça avec des larmes de joie.

Il alla de là se placer sur une éminence de la colline de Sàfa, où il reçut le serment de toute la population fidèle. Cette conversion en masse de la patrie de Mahomet à l'islamisme alarma de nouveau les Médinois. « Il va établir sa capitale dans la ville de son berceau, disaient-ils tout bas entre eux. — Non, dit Mahomet, fidèle à la reconnaissance, je jure de vivre et de mourir avec vous! »

LXXXVIII

Des Arabes d'une des tribus de son armée ayant rencontré à la Mecque un guerrier d'une autre tribu qui, selon leur ancien rite, leur devait du sang, le tuèrent. Mahomet fit venir devant son tribunal les meurtriers : « Quand Dieu a créé la terre, leur dit-il sévèrement, il a accordé à la Mecque le privilége d'être un lieu d'asile et de paix où nul n'exercerait de vengeance ni sur un homme ni sur un arbre! Obéissez à Dieu, qui défend le meurtre! » Et il paya lui-même le prix du sang de la tribu offensée!

Peu après il donna l'exemple du sacrifice de la vengeance envers ceux qui l'avaient blessé dans le plus vif de son cœur. Un homme féroce, nommé Habbar, avait renversé, d'un coup du bois de sa lance, sa fille Zaynab de son chameau, au moment où elle sortait de la Mecque pour aller rejoindre son père à Médine. Zaynab était alors enceinte; elle était morte peu de temps après, des suites de sa chute, dans les bras de son père. Habbar osa se présenter à Mahomet pour réclamer l'amnistie en faisant la profession de foi. « Va en paix, lui dit-il, tout est couvert par ton retour au vrai Dieu! »

Un autre infidèle, nommé Ikrima, était déjà embarqué sur la mer Rouge pour fuir la vengeance du vainqueur. Mahomet lui envoya son turban noir en signe de paix. Ikrima revint à la Mecque. Quand il fut près de paraître devant le prophète, Mahomet craignit que ses guerriers, emportés par la colère à son aspect, ne l'insultassent d'un geste.

« Ikrima va se convertir, leur dit-il, que personne n'insulte ici le nom de son père; insulter les morts, c'est blesser les vivants. »

Le nègre Wahchi, meurtrier d'Hamzà, l'oncle chéri du prophète, les femmes qui avaient mutilé les cadavres des croyants sur le champ de bataille du mont Ohud, enfin Hind elle-même, la furie qui avait arraché le cœur de la poitrine d'Hamzà, furent épargnés. Hind, cachée sous un déguisement dans le groupe des femmes qui venaient faire la profession de foi devant Mahomet, espérait échapper à son regard. Il la reconnut et l'apostropha par son nom. « Oui, je suis Hind, lui dit-elle, pardonne-moi le passé. » Elle rentra pardonnée dans sa maison et y brisa les vaines idoles qui n'avaient pu protéger sa patrie.

LXXXIX

Après ces actes de souveraineté, Mahomet alla prier sur le tombeau de sa première épouse, la vertueuse Kadidjé. Il y resta longtemps abîmé dans un recueillement qu'on n'osa ni interroger ni interrompre. Nul ne peut mesurer le débordement intérieur de pensées, de souvenirs, de tristesses, de joies de Mahomet, longtemps martyr, enfin triomphant, qui voit son œuvre accomplie et qui vient pour ainsi dire la déposer sur le cercueil de celle qui fut, dans le temps de l'incrédulité générale, la première croyante, la première néophyte et la première confidente de son grand dessein. La mort de Kadidjé enlevait à Mahomet la plus douce jouissance de sa conquête, celle de faire triompher avec lui l'épouse qui avait partagé volontairement ses persécutions et ses mépris. Mais il la couronna comme Inès, après sa sépulture, par les versets du Coran à la louange de cette *femme de foi*.

XC

Avant de retourner à Médine, Mahomet dispersa la plus grande partie de son armée dans l'Arabie Pétrée, pour imposer par l'exemple de la Mecque, et par l'appareil de la force, la soumission à toutes les tribus. Ses lieutenants avaient ordre de se présenter moins en conquérants qu'en alliés; il leur était défendu de verser le sang. L'un d'eux, Khaled, transgressa cet ordre et massacra une tribu qui venait prononcer l'acte de foi au *Dieu unique*. En apprenant ce massacre, Mahomet indigné leva ses bras au ciel et s'écria : « Mon Dieu, je suis innocent du crime de Khaled! »

Dans sa marche vers Médine, il fut attaqué, cependant, à la sortie du défilé d'Arafat, par une coalition de guerriers des tribus infidèles, commandée par un vieillard aveugle, âgé de plus de cent ans. Son bras ne pouvait plus manier le sabre; mais sa vieille expérience en faisait toujours l'oracle du désert. Il passait les revues de ses rassemblements non à la vue, mais au bruit de leurs hordes, qu'il reconnaissait sans qu'on eût besoin de les lui nommer. « Nous sommes à telle place, disait-il, c'est un bon champ de bataille pour la cavalerie, le sol n'est ni rocailleux, ni mouvant! J'entends bêler les brebis de telle tribu; j'entends braire les ânes de telle autre; j'entends les pas des chameaux de celle-ci ; j'entends le sabot des coursiers de celle-là; j'entends pleurer les enfants et chuchoter les femmes derrière les guerriers. »

Cette multitude, débouchant tout à coup des gorges des montagnes qui cachaient leurs escadrons, refoula et dispersa les musulmans jusque autour de Mahomet lui-même; il faillit périr dans son triomphe. Lançant sa mule blanche Doldol à toute course et s'arrêtant sur une éminence, il parvint avec peine à rallier ses soldats épouvantés. « A moi! criait-il d'une voix tonnante, à moi ceux qui ont prêté serment de mourir sous l'*acacia!* » Ce souvenir sacré arrêta les faibles et raffermit les braves. Le combat tourna contre les infidèles. Mahomet, s'élevant sur ses étriers pour dominer de l'œil la mêlée, battit des mains de joie et s'écria : « Enfin voilà le feu rallumé dans la fournaise! »

Ali coupe les jarrets du chameau qui portait le cheik centenaire, le drapeau roule avec l'animal et le cavalier dans la poussière, la victoire est aux musulmans. A cette chute du drapeau, Mahomet s'exalte : « Couche-toi, Doldol, dit-il à sa mule intelligente » La mule s'agenouille, le prophète ramasse une poignée de poussière et la lance au loin en malédiction contre les infidèles.

XCI

Cependant le vieux chef des coalisés, remonté sur un autre chameau, et placé par ses fils dans une litière suspendue, fuyait dans une gorge des montagnes. Un jeune guerrier de Mahomet, Rabbya, atteint le chameau, et, croyant s'emparer d'une captive, il ouvre la litière et voit un vieillard : « Qui es-tu et que veux-tu? lui dit l'aveugle. — Je suis Rabbya, guerrier de Mahomet, et je veux te donner la mort! » A ces mots, Rabbya frappe le prisonnier d'un coup de sabre mal assuré qui le blesse seulement à la gorge. « Enfant, dit le vieillard, ta mère t'a armé d'un sabre mal affilé; prends le mien qui est au fond de ma litière, frappe-moi ensuite entre la nuque et le crâne : c'est ainsi qu'autrefois j'ai abattu bien des têtes ! Et quand tu verras ta mère, dis-lui que tu as tué le vieux fils de Simna. Ta mère te dira ce que me doivent les femmes de ta tribu ! »

Rabbya, après avoir entendu ces paroles, fouille la litière, prend le sabre et coupe la tête de son prisonnier, En le dépouillant de ses vêtements, il s'étonna de trouver tout son corps velu comme celui d'un animal des forêts, à l'exception de l'intérieur des jambes, que le frottement perpétuel du coursier de guerre avait poli comme du marbre. Il porta à sa mère la tête chenue. En la voyant, sa mère pleura : « Malheureux, dit-elle, tu as tranché la tête d'un homme à qui trois femmes de tes ancêtres ont dû autrefois l'honneur et la vie! »

XCII

Mahomet poursuivit les restes de la confédération, réfugiés et fortifiés dans la ville de Taïef. Chefs, guerriers, femmes, troupeaux, tout tomba dans ses mains. Une femme, rudoyée par les vainqueurs, s'écria : « Respectezmoi, j'appartiens de près à votre prophète ! » On la conduisit devant Mahomet. « Prophète de Dieu, lui dit-elle, je suis Chaïma, fille de Halîma, ta nourrice ! — Quelle preuve me donnes-tu de ce que tu es? répondit Mahomet. — La trace d'une morsure que tu me fis à l'épaule, un jour que je te portais enfant sur mon dos. » Elle se découvrit et montra la cicatrice des dents de son frère de lait. La mémoire de son enfance et des soins maternels reçus, quand rien ne présageait sa grandeur dans cette pauvre tente, attendrit Mahomet. Ses yeux se mouillèrent; il ôta son propre manteau et l'étendit à terre pour en faire un tapis à sa sœur de lait. « Si tu veux rester avec moi, lui dit-il, je te traiterai en fille de ma mère; si tu préfères retourner dans ta tribu, je t'y assurerai un sort riche et paisible. » La fille du désert préféra sa tente à Médine. Elle partit enrichie des dons de Mahomet.

XCIII

Les vaincus lui envoyèrent, sous les murs de Taïef, des parlementaires pour redemander leurs captives et leurs biens : « Prophète de Dieu, lui dit un vieillard chargé de porter la parole pour sa patrie, tu as été élevé au milieu de nous! Ces femmes, que la victoire t'a livrées, sont les tantes, les sœurs, les cousines de ta nourrice, de ta seconde mère. Par le lait que tu as sucé, tu es devenu leur parent; rends-leur la liberté, ce sera une générosité digne de ta piété! Si nous parlions aux rois de Perse ou de Syrie, ils repousseraient nos supplications; mais toi, pourrais-tu nous contrister par un refus? » Les captives furent rendues, sur la prière de Mahomet à ses guerriers; ils ne gardèrent que les autres dépouilles. Vingt-quatre mille chameaux, quarante mille moutons, des milliers de coursiers et des trésors en bijoux et en or monnayé furent partagés entre les vainqueurs. Mahomet remit sa part aux Arabes qui consentirent à professer l'islamisme. « J'achète des âmes au vrai Dieu, » dit-il.

Ce partage souleva des murmures : « Tu n'es pas juste, prophète, lui dit insolemment un Arabe. — Malheur sur toi! » lui répondit le prophète indigné. Omar, présent, voulut frapper le téméraire de son sabre. « Ne le touche pas, Omar, dit Mahomet; la Providence a des vues sur cet homme : une secte doit naître de lui qui traversera l'islamisme, comme une flèche trop fortement lancée traverse le but. » Cette prophétie, inspirée sans doute à Mahomet par le germe d'un schisme parmi les musulmans, dont il avait connaissance, ne tarda pas à se vérifier dans une secte de mystiques exagérateurs de la religion pratique de Mahomet.

XCIV

« L'apôtre nous oublie, murmuraient aussi les Médinois, il n'a de faveurs que pour ses compatriotes ingrats de la Mecque. » Instruit de ces murmures, Mahomet les rassembla. « Je connais vos reproches secrets, leur dit-il : quand je suis venu chez vous, il y a huit ans, vous étiez dans les ténèbres : qui vous a éclairés? vous étiez faibles contre vos ennemis, qui vous a rendus puissants? vous étiez en discorde entre vous, qui vous a unis? N'est-ce pas moi? — Oui! s'écrièrent les séditieux, touchés de ces vérités, et nous te devons de la reconnaissance!

» —Eh bien, non, reprit généreusement Mahomet, c'est moi qui vous en dois! Vous pourriez me répondre autrement que vous ne me répondez, vous pourriez me dire à votre tour : Tu es venu à nous fugitif, et nous t'avons recueilli; proscrit, et nous t'avons soutenu; pauvre, et nous t'avons enrichi; accusé d'imposture, et nous avons cru en toi; repoussé de tout le monde quand tu annonçais ta parole, et nous avons adopté ta loi! Voilà ce que vous pourriez me dire, et vous auriez dit la vérité! — Non, non, répliquèrent les Médinois, c'est nous qui devons tout à Dieu et à son apôtre! »

Les larmes d'attendrissement et de réconciliation coulaient à la fois des yeux de Mahomet et des yeux des mécontents pendant ce dialogue, combat de reconnaissance. « Amis, reprit Mahomet d'une voix entrecoupée par ses sanglots, vous vous êtes affligés de n'avoir pas votre part à des biens périssables donnés par moi à des hommes de peu de foi, qu'il faut bien acheter par des récompenses charnelles à la cause de Dieu! Mais vous, qui êtes fermes et désintéressés dans votre foi, je n'avais pas besoin de vous séduire à la vérité! Que d'autres emmènent chez eux des troupeaux de brebis et de chameaux; vous, vous ramenez avec vous le prophète de Dieu dans vos familles! Par celui qui tient dans ses mains le cœur des hommes, j'appartiens aux croyants de Médine et je serai toujours avec eux! Mon Dieu! poursuivit-il avec un accent de supplication lyrique, comme s'il eût mis le peuple dans la confidence de ses entretiens avec le ciel; mon Dieu! sois propice aux Médinois mes alliés, mes fidèles! Étends ta miséricorde sur eux du père au fils, et de générations en générations! »

Le peuple fut tellement remué par cette éloquence et par cette invocation, qu'il s'écria : « Nous sommes satisfaits de notre part, nous combattons pour le ciel et non pour des dépouilles. » — « Toutes les barbes, dit le Kitab-al-Aghani, furent baignées de larmes. »

XCV

Après ce partage des dépouilles, il revint encore une fois à la Mecque pour y consolider sa domination et y instituer un vice-roi sous ses ordres. Pendant ce voyage, un de ses nouveaux convertis de Taïef lui demanda la permission d'aller prêcher l'islamisme dans sa ville, encore mal soumise à la foi nouvelle. Mahomet le lui déconseilla. Mais le zèle du martyre pressait le croyant. Il entra dans sa ville natale, et prêcha le peuple du haut d'un balcon de sa maison. Une flèche, partie des rangs des idolâtres, lui coupa la parole et l'étendit mourant sur son seuil.

Il remercia Dieu en tombant d'avoir été frappé pour sa cause, et demanda pour toute vengeance d'être enseveli au milieu des tombes des musulmans morts à l'assaut de Taïef.

XCVI

La dernière femme de Mahomet, Maria la Copte, qui était chrétienne, lui donna un fils à son retour dans Médine. Il le nomma Ibrahim et célébra des fêtes splendides à sa naissance. Sa belle esclave Maria fut affranchie par Mahomet en reconnaissance de l'enfant qu'elle avait conçu. « Le fils, dit-il dans le Coran, affranchit la mère ! » Les esclaves fécondes devinrent ainsi libres par la maternité. Toutes les femmes de Médine se disputèrent la gloire de donner leur lait au fils et à l'héritier du prophète. Il lui donna pour nourrice une femme illustre par sa naissance, épouse d'un de ses guerriers. Il allait souvent visiter l'enfant chez sa nourrice. La mort, qui semble envier la postérité aux grands hommes, lui enleva promptement ce fils. Ses ennemis, qui regardaient la privation d'enfant mâle comme une disgrâce céleste, donnèrent à Mahomet le surnom ignominieux d'homme sans continuation de lui-même.

Des querelles domestiques troublèrent, depuis ce jour, la paix de son harem. La fécondité de Maria la lui avait rendue plus chère. Son affranchissement interdisait au prophète les rapports de tendresse que la loi permettait avec son esclave. Les autres femmes légitimes de Mahomet, jalouses des fréquentes visites qu'il faisait à Maria, murmurèrent contre ces préférences. Sa seconde femme, Hafsa, rentrant un jour inopinément dans sa chambre, surprit Maria sur le tapis du prophète ; elle éclata en reproches et en sanglots. Mahomet, craignant les accès de jalousie que ses entretiens avec la jeune mère d'Ibrahim soulèveraient, dans son intérieur, pria Hafsa de ne rien révéler à ses compagnes, et lui jura qu'il ne reverrait jamais Maria. Hafsa promit tout et ne tint point sa parole. Elle confia l'aventure à Aïché, son amie. Aïché, fière et jalouse, ébruita partout sa colère. Mahomet punit ces rivales en répudiant Hafsa et en s'éloignant d'Aïché pendant un mois. Il ne témoigna sa tendresse qu'à la mère de son fils. Omar, père d'Hafsa, Aboubekre, père d'Aïché, prirent parti pour leurs filles. Mahomet craignit de les aliéner de lui plus longtemps. Il reprit Hafsa, il rendit sa tendresse à Aïché ; mais il promulgua un verset spécial du Coran pour légitimer sa faiblesse de cœur pour l'Égyptienne. « Femme, dit ce verset, si vous vous insurgez contre le prophète, sachez que Dieu se déclare pour lui. Il ne tiendrait qu'à lui de vous répudier toutes, et le Seigneur lui donnerait des épouses meilleures que vous! » Ces dissensions féminines ne flétrirent pas aux yeux des Arabes la divinité de sa mission.

Des centaines de vieillards, députés des peuplades les plus lointaines, venaient lui apporter la soumission et les tributs de l'Arabie. Les ambassadeurs des Arabes errants disputaient aux Arabes sédentaires à Médine la prééminence dans l'affection du prophète. Des luttes d'éloquence et de poésie s'établirent sur ce texte entre les orateurs et les poëtes des deux races.

« Nos généalogies, disaient les Bédouins, nous assurent la noblesse et l'empire; nous sommes les guerriers et les sages; nous coupons les têtes qui prétendent se lever au niveau des nôtres! »

« Nous sommes les hôtes et les compagnons de Mohammed, répondait pour les Médinois le poëte Hassan; pour défendre sa vie, nous avons exposé celles de nos femmes et de nos filles! Quoi! vous osez parler de noblesse et de gloire devant nous, vous qui donnez des nourrices à nos enfants et des esclaves à nos demeures! »

Les ambassadeurs bédouins confessent la supériorité du génie d'Hassan, le poëte du prophète. Cependant Mahomet voulut les consoler en s'entretenant avec un jeune homme d'entre eux qui était demeuré, à cause de la modestie de son âge, à la garde des chameaux, hors de la ville. Après avoir entendu ce jeune orateur qui surpassait en sagesse et en persuasion les vieillards : « Véritablement, s'écria-t-il, l'éloquence est la magie de l'âme! » Il en fit un missionnaire de sa foi dans le désert. Ce disciple lui convertit des milliers de tentes.

XCVII

Des prêtres et un évêque des Arabes chrétiens de Syrie vinrent, à la même époque, à Médine s'informer, dans des conférences avec Mahomet, des rapports ou des différences entre les deux religions, entre lesquelles l'unité de Dieu, la fraternité, l'égalité, l'aumône, l'abstinence, la vénération du Christ semblaient établir un dogme commun. Mahomet leur déclara, dans une conférence solennelle hors des murs, qu'il reconnaissait le Christ pour le prophète par excellence, la parole de Dieu, le serviteur parfait de son Père; mais que Jésus, comme Adam, avait été formé de poussière. Et comme l'évêque insistait et argumentait pour lui prouver que « Jésus-Christ était Dieu et homme, fils réel de Dieu, seconde personne d'une trinité également divine dans tous ses membres, » Mahomet proféra ce verset du Coran, qui finit les discussions : « A ceux qui continueront de disputer contre toi, quand tu seras convaincu que la vérité est en toi, réponds que Dieu décide lui-même entre nous ! »

XCVIII

Un jour ses détachements lui amenèrent une captive d'une haute noblesse et d'une admirable beauté.

« Apôtre de Dieu, lui dit-elle, mon père n'est plus; à l'approche de tes guerriers, mon frère, mon unique protecteur, a fui dans les montagnes; je ne puis espérer d'être rachetée de l'esclavage, c'est de ta magnanimité seule que j'implore ma délivrance. Mon père était un homme illustre, le chef de sa tribu, un homme qui rendait la liberté aux prisonniers, qui protégeait l'honneur des femmes, accueillait les hôtes, nourrissait les pauvres, consolait les affligés, ne renvoyait jamais personne mécontent. Je suis Sofana, fille de Hatim ! — Laissez aller cette fille libre, dit Mahomet à Ali; son père était humain et charitable; Dieu aime les bienfaisants : s'il n'avait pas adoré les dieux de chair, je prierais pour lui ! »

La captive délivrée alla rejoindre en Syrie son frère, qui se nommait Adi. Adi accourut, pénétré de reconnaissance, rendre grâce au prophète d'avoir délivré et respecté sa sœur. Il embrassa la foi de son bienfaiteur et convertit ensuite toute sa tribu de l'idolâtrie.

XCIX

Un poëte célèbre de l'Yémen, nommé Caab, après avoir écrit des imprécations acerbes contre le nouveau culte, désira voir le prophète sans en être connu. Il changea de nom, franchit le désert, fit agenouiller son chameau à la porte de la mosquée de Médine et entra.

Il vit un homme d'un aspect majestueux qui, circulant de groupe en groupe, parlait aux uns, saluait les autres, et recevait de tous des témoignages extérieurs de déférence. Il s'approcha : « Apôtre de Dieu, lui dit-il, si je t'amenais Caab, lui pardonnerais-tu? — Oui, dit Mahomet. — Eh bien! je suis Caab! » A ce nom odieux à Médine, les guerriers demandèrent à Mahomet la permission de tuer ce blasphémateur. « Non, dit Mahomet, je lui ai donné la vie. » Caab alors récita à haute voix une poésie fameuse depuis, appelée *Càcida-el-Borda*, et qui passe pour le chef-d'œuvre des hymnes arabes.

« Sàad, ma bien-aimée s'est éloignée de moi; mon cœur, depuis ce temps, languissant et arraché de ma poitrine, la suit comme un captif qu'elle traîne par une corde... »

Une transition lyrique ramenait la pensée du poëte à Dieu et à son révélateur au cœur des hommes. Quand le poëte eut dit ces vers :

« Le prophète est un flambeau qui dissipe la nuit de la terre, c'est un glaive que Dieu a retiré du fourreau pour anéantir l'impiété! »

Mahomet lui jeta son manteau en signe d'enthousiasme et de libéralité. Cette poésie, devenue sacrée, s'appelle, dans les traditions, l'*Hymne du manteau*. Un calife, successeur de Mahomet, acheta depuis ce manteau de la famille de Caab. Il est conservé encore aujourd'hui par les Ottomans, comme une relique de leur législateur.

C

On appela l'an 631 la neuvième année de l'hégire, depuis la fuite de Mahomet, et l'*année des ambassades*. C'était pour lui l'année de la moisson. L'unité de Dieu avait germé dans toute l'Arabie et au delà. Les routes étaient couvertes de caravanes qui venaient rendre hommage à Mahomet, et qui rapportaient sa doctrine aux populations de l'Orient.

Le Coran, sorti verset par verset, à diverses époques, des lèvres du prophète législateur, était recueilli et classé par les disciples. La vertu et le vice de ce code étaient de confondre dans une même théocratie la religion et la législation civile. Cette unité de la loi civile et de la loi religieuse serait la perfection des institutions humaines si le législateur était infaillible; la loi deviendrait ainsi divine et humaine à la fois; la conscience parlerait comme l'autorité, et Dieu comme le prince. Le sujet ou le citoyen ne serait que le fidèle; le ciel et la terre seraient confondus dans le gouvernement.

Mais l'inconvénient des théocraties telles que celle que fondait Mahomet est de lier à un dogme religieux, qui doit être absolu et immuable, une loi civile qui doit changer avec le temps, les mœurs, le progrès des idées, les nécessités de la politique. On attache ainsi par un lien indissoluble l'éternité au temps, Dieu à l'homme, la vie à la mort. Quand les lumières plus avancées disent au gouvernement et au peuple : Changez vos lois, votre administration, votre politique ; la religion, inviolable dans ses préceptes et dans ses traditions, leur dit : Ne changez pas une lettre de votre loi, car votre loi fait partie de moi-même! Ainsi dépérissent et meurent les peuples théocratiques qui n'ont pas séparé le pouvoir religieux et le pouvoir civil. Les théocraties sont les plus forts des gouvernements à leur origine, les plus retardataires et les plus incorrigibles à leur décadence.

L'islamisme n'était pas seulement un *théisme* proclamant Dieu dans la raison et ne l'honorant que par les bonnes œuvres ; il était de plus une théocratie, c'est-à-dire le règne sacré et perpétuel d'un pontife souverain sur la terre. C'est par là qu'il devait s'étendre et se perpétuer comme religion, mais qu'il devait s'affaiblir comme empire.

CI

Mahomet sentait désormais végéter et fructifier par toute l'Arabie la vérité de l'unité, de l'immatérialité de Dieu qu'il avait semée avec sa parole; partout les idoles faisaient place au Dieu unique. Il sentait que sa mission était accomplie et que le temps ferait le reste. Des symptômes d'affaiblissement dans ses forces lui annonçaient la fin de sa carrière. Il voulut faire, avant de mourir, un pèlerinage d'adieu à la Mecque (en 632). Suivi de tous les chefs de ses armées et d'un peuple innombrable, il y parla pour la dernière fois aux Arabes rassemblés autour de leur pontife sur la colline de Sàfa. Monté sur son chameau pour être vu de plus loin par la multitude qui couvrait les flancs de la colline, il parla du haut de cette chaire, tribune appropriée à l'oracle du désert. Comme sa voix, quoique toujours grave et sonore, était affaiblie par ses longues prédications, des disciples, choisis au retentissement de leurs voix, étaient échelonnés de distance en distance pour se redire les uns aux autres les paroles proférées par le prophète et pour les répéter à ces milliers de croyants en les répercutant jusqu'aux extrémités de cet immense auditoire. La tradition a conservé textuellement ce dernier discours du prophète de l'Arabie.

« O hommes, dit Mahomet, retenez mes paroles, car je ne sais si l'année qui va naître me reverra encore dans ce lieu sacré au milieu de vous!

» Soyez cléments et équitables entre vous!

» Que la vie et les biens de chacun soient sacrés pour tous, comme ce mois et ce jour sont sacrés pour les croyants!

» Sachez que vous comparaîtrez tous devant le Seigneur, et qu'il vous demandera compte de vos actions!

» Que tout homme qui a reçu un dépôt le restitue fidèlement quand on le lui redemandera!

» Que celui qui prête à son frère ne demande point de salaire de son argent! Le débiteur ne rendra que le capital reçu!

» L'intérêt des sommes prêtées est supprimé à commencer par l'intérêt des sommes dues à ma famille!

» On ne poursuivra plus la vengeance des meurtres, à commencer par celui de mon cousin Rabia fils de Harith fils d'Abdelmotaleb !

» Il y aura douze mois dans l'année ; quatre de ces mois seront spécialement sacrés !

» O hommes ! vous avez des droits sur vos épouses, et elles ont également des droits sur vous ! Leur devoir est de ne point déshonorer votre maison par l'adultère ; si elles y manquent, Dieu vous permet de vous éloigner d'elles et de les châtier, mais non pas jusqu'à la mort. Vous devez les traiter avec indulgence et avec tendresse ! Souvenez-vous qu'elles sont dans vos maisons comme des captives qui sont soumises à un maître, et qui n'ont rien réservé à elles ! Elles vous ont livré leur corps et leur âme sous la foi de Dieu ! Elles sont un dépôt sacré que Dieu vous a confié !

» O hommes ! écoutez encore mes paroles et gravez-les bien dans vos esprits ! Je vous laisse une loi qui, si vous y restez fermement attachés, vous préservera à jamais de l'idolâtrie, de l'impiété et de l'erreur ; une loi lumineuse, intelligible à tous, formelle : un Coran inspiré par le ciel !

» O hommes ! écoutez mes paroles et gravez-les dans vos esprits. Sachez que tous les musulmans sont frères ! Nul ne doit s'approprier ce qui appartient à son frère, à moins qu'il ne le reçoive de lui, de son plein gré ! Gardez-vous de l'injustice, elle entraînerait votre perte éternelle ! »

Prenant ensuite tout ce peuple à témoin des grands changements qu'il avait opérés dans leur foi et dans leurs mœurs en détruisant le culte des idoles : « O mon Dieu ! s'écria-t-il comme un homme qui interroge avec confiance son juge ; ô mon Dieu ! ai-je bien rempli ma mission ?

» — Oui, prophète, tu l'as bien remplie, répondirent des milliers de voix dans le peuple.

» — O mon Dieu! reprit avec plus d'assurance le prophète, entends, en ma faveur, ce témoignage de tes créatures! »

Il descendit de son chameau, fit la prière et s'écria en se relevant : « Aujourd'hui, ô croyants! j'ai terminé l'œuvre de votre foi religieuse ; ce que j'avais à vous donner est donné ; l'islamisme est la foi que Dieu et son prophète attendent de vous. »

Un barbier lui rasa la tête, et ses cheveux furent partagés entre ses disciples.

Il rentra à Médine comme un homme qui n'a plus qu'à se décharger du poids de son œuvre. Il y distribua ses conquêtes morales entre tous ses compagnons de foi. Il semblait se hâter de régler après lui l'empire des âmes qu'il allait laisser à la merci de Dieu. Il ne désigna pas son successeur au gouvernement et à la prédication, ne voulant pas, dit-il, empiéter sur le choix que Dieu inspirerait au peuple.

CII

Son mal s'aggravait ; l'insomnie agitait ses nuits ; il était plongé dans cette mélancolie qui affaisse les grandes âmes quand le ressort tendu par l'action ou par la pensée n'a plus rien à porter. Une nuit qu'il était couché dans la chambre d'Aïché, il se leva sans qu'elle s'en aperçût et se rendit seul hors des murs au cimetière des musulmans de

Médine : « Salut! dit-il, habitants des tombeaux! Reposez en paix à l'abri des épreuves qui attendent vos frères! » Il pria jusqu'à l'aurore, d'une tombe à l'autre, pour les âmes de ses disciples et de ses guerriers ensevelis.

Une fièvre ardente le consumait quand il rentra chez Aïché. Aïché elle-même se sentait malade, elle se plaignit de sa langueur à son mari. « Ah! dit-il, ce serait bien plus encore à moi de me plaindre! » Puis, mêlant, dans ses consolations à sa jeune épouse, la tendresse à un mélancolique enjouement : « Aïché! lui dit-il (d'après ce qu'elle raconte), n'éprouverais-tu pas une certaine consolation de mourir avant que je quitte moi-même cette terre, et de penser que ce serait moi qui t'envelopperais de mes propres mains dans ton linceul, qui prierais sur toi et qui te coucherais dans ta tombe? — Oui, répondit en souriant et en réfléchissant la jalouse Aïché, j'aimerais assez cette perspective, si je ne pensais pas qu'au retour de ma sépulture tu viendrais peut-être te consoler de m'avoir perdue auprès de Maria ou de quelque autre de tes femmes! »

Mahomet sourit de l'épigramme et du badinage de sa favorite.

La fièvre ne lui enlevait pas son énergie. Un Arabe, qui voulait rivaliser avec lui et qui embauchait quelques sectateurs, osa lui envoyer des ambassadeurs porteurs d'un message. Il répondit par une lettre de mépris ainsi conçue : « Mahomet, l'apôtre de Dieu, à Mosseïlmah l'imposteur! Salut à ceux-là seulement qui marchent droit! La terre n'est ni à moi ni à toi, elle est à Dieu; il la donne à qui il lui plaît! Ceux-là seuls prospèrent qui craignent le Seigneur! » Ces révoltes, entées sur la jalousie, furent étouffées en un moment.

En même temps, il organisa une expédition formidable contre les Arabes et les Romains de la Syrie, et il en donna le commandement, de préférence à tous ses généraux, à un jeune homme de vingt ans, nommé Ouçamà. On murmurait. « Obéissez, dit-il à ses vieux guerriers, je connais ce jeune homme pour le plus digne! »

CIII

Il avait jusque-là habité tour à tour l'appartement de l'une ou de l'autre de ses femmes, pour ne témoigner à aucune de préférence injurieuse aux autres. Mais, sentant la mort s'approcher, il les réunit toutes et leur demanda leur consentement à ce qu'il ne changeât plus désormais d'appartement, à ce qu'il fît porter jusqu'à sa guérison ou jusqu'à sa mort sa natte chez Aïché : « L'instant de notre séparation approche, leur dit-il, soyez fidèles à Dieu, j'implore ses bénédictions sur vous! » Ses femmes pleurèrent sur lui et il pleura sur elles. « Prophète de Dieu, lui demandèrent ses serviteurs, si tu meurs, comment devons-nous t'ensevelir? — Dans les vêtements que je porte, répondit-il, ou dans les étoffes grossières de l'Yémen. — Et qui sera appelé à prier sur toi? » ajoutèrent-ils. Mahomet leur dit: « Quand vous aurez lavé et enseveli mon corps, vous me placerez sur ce tapis, au bord de ma tombe; on la creusera dans cette chambre même, sous la place où ma natte est étendue, puis vous me laisserez seul avec les esprits célestes qui ont daigné entrer en communication avec moi pendant ma vie, et qui viendront prier sur moi après ma mort! Vous viendrez ensuite prier vous-mêmes, par groupes successifs, sur mon corps, d'abord les hommes de ma famille, puis leurs femmes, enfin les fidèles musulmans. Je vous donne ma paix à vous tous qui m'écoutez, je donne ma paix à mes compagnons absents, je la donne à tous ceux qui suivront ma religion dans les siècles à venir! »

Il fit ensuite un effort pour obtenir lui-même le pardon et la paix des vivants avant de se présenter devant son juge. Soutenu sous les bras par ses deux disciples chéris, Ali et Aboubekre, il se traîna jusqu'à la chaire de la mosquée et dit d'une voix éteinte :

« Musulmans! si j'ai jamais frappé quelqu'un d'entre vous, me voici, qu'il me frappe à son tour! Si j'ai outragé quelqu'un de parole, me voici, qu'il me rende injure pour injure! Si j'ai pris à quelqu'un son bien, me voici, qu'il prenne tout ce que je possède en propre sur la terre! Et ce ne sont pas là de vaines paroles ; que nul, en se faisant ainsi justice, n'appréhende ma colère! La colère et la vengeance ne sont pas dans mon caractère! »

Un homme osa sortir de la foule et lui réclamer une dette cachée. « Prends, dit le prophète ; mieux vaut rougir dans ce monde devant les hommes de son injustice, que d'en rougir devant Dieu dans l'autre monde. »

CIV

Il pria alors à haute voix pour tous ses compagnons morts avant lui dans la lutte ou dans le martyre pour l'unité de Dieu. Faisant un retour sur lui-même et sur sa fin prochaine et prématurée : « Dieu, dit-il, a donné à son serviteur le choix entre le monde et le ciel, et le serviteur a choisi le ciel! — Est-il donc vrai? s'écria en pleurant Aboubekre. Que ne pouvons-nous racheter vos jours par les nôtres! » Trop affaibli pour continuer la prédication quotidienne et la prière au peuple, il chargea Aboubekre de remplir à sa place les fonctions du sacerdoce et du gouvernement.

La fièvre le dévorait de plus en plus pendant trois jours, et lui donnait des songes et des délires. Pour rafraîchir son visage brûlant, il trempait ses mains dans un vase d'eau froide et les égouttait sur son front. Il continuait cependant, pendant les heures lucides, à s'entretenir des choses surnaturelles avec ses disciples. La préservation de sa doctrine l'inquiétait par-dessus toutes choses. Il ne voulait pas que son peuple glissât jamais dans l'idolâtrie. Il ne croyait jamais avoir assez prévenu les hommes contre la déification de leurs sens. « Apportez-moi encore de l'encre et des feuilles de palmier, leur dit-il un jour, je veux vous écrire un livre qui vous garantira à jamais de ces fictions! — Le maître est en délire, se dirent entre eux les disciples; n'avons-nous pas le Coran? »

Le troisième jour, se sentant plus calme, il voulut aller

encore une fois entendre la prière du matin qu'Aboubekre disait à sa place, à la mosquée. Il permit ensuite à Aboubekre de s'absenter pour aller vers la nouvelle femme qu'il avait épousée à Médine, et qui demeurait dans un jardin de dattiers du faubourg.

En rentrant dans sa demeure, il se coucha sur son tapis, et demeura immobile, silencieux et comme assoupi plusieurs heures. Sa tête reposait sur les genoux d'Aïché, qui veillait de l'œil et de l'oreille sur le départ de son âme. Tout à coup il ouvrit les yeux et balbutia quelques mots sans suite parmi lesquels Aïché ne distingua que cette invocation : « O mon Dieu!... oui, là-haut!... avec l'ange inspirateur... l'ami céleste!... »

Aïché, à ces mots, sentit sa tête plus pesante s'affaisser sur ses mains. Elle regarda : le souffle avait fui de ses lèvres, et la lumière de ses yeux (l'an 632). Elle déposa la tête du prophète sur le coussin, lui jeta un voile sur la figure, se déchira le visage et appela les autres femmes pour commencer les lamentations autour du mort.

Le peuple, averti par les sanglots qui sortaient de la maison, accourut, en se refusant de croire à sa mort. « Non, leur dit Omar, il n'est point mort, il est allé visiter Dieu, comme Moïse, qui revint, quarante jours après sa disparition, se montrer vivant à son peuple. »

Aboubekre accourut à la fatale nouvelle de son maître expiré. Il souleva, en pleurant, le manteau qui couvrait ce visage, baisa les jambes froides et s'écria : « O toi qui m'étais plus cher que mon père et ma mère, tu as donc goûté la mort destinée à tous les mortels! » Puis, se tournant vers la foule incrédule : « Musulmans, dit-il, si c'était Mahomet que vous adoriez, apprenez que Mahomet est mort! Mais si c'est Dieu que vous adorez, sachez que Dieu est vivant et qu'il ne meurt pas! Oubliez-vous donc déjà ce verset du Coran, où le prophète dit de lui-même : *Mahomet n'est qu'un homme chargé d'une mission de vérité pour la terre; avant lui ont vécu d'autres hommes chargés aussi de messages célestes! Tu mourras, Mahomet, et eux aussi ils mourront!* »

Aboubekre fut élu le jour même, dans l'assemblée des croyants, pour succéder à Mahomet. Malgré quelques rivalités d'Omar et d'Ali, un esprit de concorde donna l'unanimité à ce choix. Omar et Ali le ratifièrent les premiers devant le peuple.

« Je ne suis pas le meilleur d'entre vous, dit modestement Aboubekre en montant dans la chaire vide du prophète! Si j'agis bien, secondez-moi; si je m'égare, redressez-moi; si je commande quelque chose contre la loi de Dieu et contre le sens de son prophète, désobéissez-moi! Le Coran règne! »

CV

Son premier acte fut de célébrer les funérailles du prophète.

Le vieillard Abbas, frère d'Aboutaleb et oncle de Mahomet, présidait le deuil. On plaça le corps sous un dais. Son fils Ali lui fit, par-dessus ses vêtements, les lotions et les embaumements funèbres. On pria autour du dais, jusqu'à ce que la nation entière eût passé en revue devant le catafalque. Ali et ses cousins creusèrent ensuite une fosse dans la chambre d'Aïché, et y couchèrent le corps à la place même qu'occupait sa natte pendant ses sommeils, à côté de la natte de sa favorite.

Cette tombe devint une chaire d'où retentit le dogme de l'unité de Dieu sur l'Arabie.

La mort enleva Mahomet dans toute sa force et avant que la vieillesse eût profané, en les émoussant, aux yeux de ses sectateurs, aucune de ses facultés de corps et de sens, et surtout son éloquence.

Il était dans sa soixante-troisième année. A l'exception de ces visions extatiques, maladie nerveuse qu'il se déguisait à lui-même sous le nom d'assomption dans le monde des esprits et d'entretiens avec les anges, son corps était sain comme son intelligence. La majesté douce de son visage accréditait naturellement autour de lui une supériorité de nature et de prédilection divine sur le vulgaire des hommes. Il avait la taille élevée, la stature imposante que Michel-Ange a donnée, sous son ciseau, à Moïse; moins qu'un dieu, plus qu'un homme, un prophète! Ses mains et ses pieds, toujours nus, étaient larges, fortement noués de muscles, mordant bien le sable de l'orteil, serrant bien le sabre du pouce. Une peau fine, blanche, colorée sur les joues, laissait transpercer le réseau des veines pleines d'un sang calme quoique généreux. Sa poitrine, sans poil, respirait à longue haleine. Sa voix, grave et vibrante, y résonnait comme dans une voûte pleine d'échos. Ses yeux étaient noirs, pénétrants, humides souvent de volupté, plus souvent d'enthousiasme. Sa barbe était noire, rare et sans ondes comme ses cheveux; sa bouche grande, mais habituellement fermée, semblait également taillée pour sceller les mystères ou pour épancher les inspirations au peuple, comme tous les hommes qui conversent souvent avec le monde supérieur, et qui respectent en eux l'instrument de l'inspiration. Il y avait plus d'indulgence que de gaieté dans son sourire. Une gravité compatissante était l'expression habituelle de sa physionomie. Cependant il aimait, comme on l'a vu, les jeunes gens, les femmes, les enfants, tout ce qui est beau et innocent dans la nature. La beauté régnait sur ses sens, et les félicités éternelles ne se présentaient à son imagination que sous les traits de femmes. Les anges mêmes de son paradis étaient des apparitions féminines. Ce n'est pas lui cependant qui a inventé, comme on l'a cru, les houris, ces vierges du paradis musulman. Les houris, anges féminins, étaient avant lui une voluptueuse superstition des Arabes.

A l'exception de cet invincible attrait vers la beauté dans ses épouses, attrait qui lui fit oublier la sainteté de l'union des sexes dans sa loi, sa vie était sobre, austère, même ascétique, pleine de méditations, de prières, de jeûnes, d'abstinences, de présence de Dieu, d'attention à ses pas, d'assistance au temple, d'ablutions pénibles, de prosternements dans la poussière, de prédications; il n'affectait dans ses rapports avec le peuple aucune supériorité que celle de la sainteté prophétique. Rien n'annonçait en lui ou autour de lui le souverain ni le conquérant; tout était d'un prophète.

Ses vêtements étaient ceux du pauvre : les grossières étoffes de laine de mouton, les ceintures de cordes tressées de poil de chameau; il rejetait, comme un luxe et comme un orgueil, les turbans de coton blanc des Indes portés par ses guerriers. Il vivait de dattes et du lait de ses brebis, qu'il ne dédaignait pas de traire lui-même; il n'empruntait que rarement la main de ses esclaves pour les services les plus pénibles de la domesticité ; il allait puiser l'eau au puits, il balayait et lavait le plancher de sa maison ; assis à terre, sur une natte de paille, il raccommodait lui-même ses sandales et cousait ses vêtements usés. La propreté du corps, dont il a fait dans son Coran une image de la pureté de l'âme, était sa seule délicatesse ; il peignait sa barbe avec soin ; il se teignait en noir les sourcils et les cils ; il se colorait les ongles avec le henné, teinture qui donne un reflet de pourpre aux doigs des pieds et des mains des femmes chez les Arabes. Il se servait, au lieu de glace ou de miroir, d'un seau rempli d'eau, dans lequel il se regardait pour rouler avec décence les plis de son turban. Il n'entassait aucun trésor ; il distribuait tout le produit de la dîme qu'il avait établie sur les biens et sur les dépouilles entre ses guerriers et les indigents. Il avait fait pour lui-même vœu de pauvreté. Il donnait à garder aux mains et au cœur des pauvres tout ce qu'il recevait, comme à des dépositaires chargés de lui rapporter tout dans le ciel.

Les alentours de sa maison, les portiques adjacents de la mosquée, les cours de l'édifice étaient un vaste hospice où les pauvres, les veuves, les orphelins, les malades, venaient attendre leur nourriture ou leur guérison. On les appelait les *hôtes du banc*, parce qu'ils passaient leur vie assis ou couchés sur les bancs de la demeure du prophète. Chaque soir Mahomet les visitait, les consolait, les vêtissait, les nourrissait de son orge ou de ses dattes. Il en amenait tous les jours un certain nombre dans sa maison pour prendre leur repas avec lui. Il distribuait les autres, comme des hôtes de Dieu, chez les plus riches de ses disciples. Sa politesse, avec les hommes de toute condition qui s'adressaient à lui, était douce et respectueuse. Il ne retirait jamais, dit Aboulféda, la main le premier de la main de ceux qui le saluaient. Il jouait, comme on le raconte d'Henri IV, avec les enfants d'Ali, mari de sa fille Fatimà, à défaut des siens. Un de ces petits enfants d'un âge tendre, nommé Hosseïn, ayant grimpé sur son dos, pendant qu'il était prosterné, le front dans la poussière, pour faire sa prière, le prophète resta dans cette attitude, pour complaire à l'enfant, jusqu'à ce que sa mère vînt le délivrer de ce fardeau.

Un autre jour qu'il tenait sur ses genoux, en la caressant, une de ses petites-filles, un Arabe idolâtre du désert le surprit dans ce badinage. « Qu'est-ce que cette petite brebis que tu caresses ainsi de tes lèvres? ô prophète! lui dit avec une rude plaisanterie le barbare; j'en ai eu beaucoup chez moi de ces brebis-là, mais je les ai toutes enterrées vivantes sans jamais les effleurer de mes lèvres.

» — Misérable! lui dit Mahomet, révolté de cette infâme pratique des Bédouins pour leurs filles, il faut que ton cœur ait été privé de tout sentiment de la nature! Tu ne connais pas la plus douce jouissance qu'il ait été donné à l'homme d'éprouver. »

Il disait souvent : « Les choses de ce monde qui flattent le plus mon cœur et mes sens sont les enfants, les femmes et les parfums; mais je n'ai jamais goûté de félicité complète que dans la prière. »

Il consacra des droits de propriété aux femmes, jusquelà déshéritées de tout droit et de toute possession d'ellesmêmes dans la communauté conjugale. Il légua les veuves aux enfants. « Un fils, dit le Coran, gagne le paradis aux pieds de sa mère ! »

Son troupeau de chameaux et son troupeau de brebis, son seul héritage, devinrent à sa mort propriété commune, à la charge par le trésor public de faire une pension alimentaire à ses quatorze veuves et à ses serviteurs. « Un prophète, dit-il, ne laisse point d'héritage à sa famille sur la terre. Ses biens appartiennent à sa nation ! »

CVI

Telles furent la vie, la mission et la mort de Mahomet.

Jamais homme ne se proposa volontairement ou involontairement un but plus sublime, puisque ce but était surhumain : saper les superstitions interposées entre la créature le Créateur, rendre Dieu à l'homme et l'homme à Dieu, restaurer l'idée rationnelle et sainte de la Divinité dans ce chaos de dieux matériels et défigurés de l'idolâtrie.

Jamais homme n'entreprit, avec de si faibles moyens, une œuvre si démesurée aux forces humaines, puisqu'il n'a eu, dans la conception et dans l'exécution d'un si grand dessein, d'autre instrument que lui-même et d'autres auxiliaires qu'une poignée de barbares dans un coin du désert.

Enfin jamais homme n'accomplit en moins de temps une si immense et si durable révolution dans le monde, puisque, moins de deux siècles après sa prédication, l'islamisme prêché et armé régnait sur les trois Arabies, conquérait la Perse, le Khorasan, la Transoxiane, l'Inde occidentale, la Syrie, l'Égypte, l'Éthiopie, tout le continent connu de l'Afrique septentrionale, plusieurs des îles de la Méditerranée, l'Espagne et une partie de la Gaule.

Si la grandeur du dessein, la petitesse des moyens, l'immensité du résultat sont les trois mesures du génie de l'homme, qui osera comparer humainement un grand homme de l'histoire moderne à Mahomet? Les plus fameux n'ont remué que des armes, des lois, des empires ; ils n'ont fondé (quand ils ont fondé quelque chose) que des puissances matérielles écroulées souvent avant eux. Celui-là a remué des armées, des législations, des empires, des peuples, des dynasties, des millions d'hommes sur un tiers du globe habité ; mais il a remué de plus des autels, des dieux, des religions ; des idées, des croyances, des âmes ; il a fondé, sur un *livre* dont chaque lettre est devenue loi, une nationalité spirituelle qui englobe des peuples de toute langue et de toute race, et il a imprimé, pour caractère indélébile de cette nationalité musulmane, la haine des idoles et la passion du Dieu unique. Ce patriotisme vengeur des profanations du ciel fut la vertu des enfants de Mahomet. L'idée de l'unité de Dieu, proclamée dans la lassitude des théogonies fabuleuses, avait en elle-même une telle vertu, qu'en faisant explosion sur ses lèvres elle incendia tous les vieux temples des idoles et alluma de ses lueurs un tiers du monde.

CVII

Cet homme était-il un imposteur? Nous ne le pensons pas, après avoir bien étudié son histoire. L'imposture est l'hypocrisie de la conviction. L'hypocrisie n'a pas la puissance de la conviction, comme le mensonge n'a jamais la puissance de la vérité.

Si la force de projection est en mécanique la mesure exacte de la force d'impulsion, l'action est de même en histoire la mesure de la force d'inspiration. Une pensée qui porte si haut, si loin et si longtemps, est une pensée bien forte; pour être si forte, il faut qu'elle ait été bien sincère et bien convaincue. L'inspiration intérieure de Mahomet fut sa seule imposture. Il y avait deux hommes en lui, l'inspiré de la raison et le visionnaire de l'extase. Les inspirations du philosophe furent aidées à son insu par les visions du malade. Ses songes, ses délires, ses évanouissements pendant lesquels son imagination traversait le ciel et conversait avec des êtres imaginaires, lui faisaient à lui-même les illusions qu'il faisait aux autres. La crédulité arabe inventa le reste.

Mais sa vie, son recueillement, ses blasphèmes héroïques contre les superstitions de son pays, son audace à affronter les fureurs des idolâtres, sa constance à les supporter quinze ans à la Mecque, son acceptation du rôle de scandale public et presque de victime parmi ses compatriotes, sa fuite enfin, sa prédication incessante, ses guerres inégales, sa confiance dans les succès, sa sécurité surhumaine dans les revers, sa longanimité dans la victoire, son ambition toute d'idée, nullement d'empire, sa prière sans fin, sa conversation mystique avec Dieu, sa mort et son triomphe après le tombeau, attestent plus qu'une imposture, une conviction. Ce fut cette conviction qui lui donna la puissance de restaurer un dogme. Ce dogme était double, l'unité de Dieu et l'immatérialité de Dieu; l'un disant ce que Dieu est, l'autre disant ce qu'il n'est pas; l'un renversant avec le sabre des dieux mensongers, l'autre inaugurant avec la parole une idée !

Philosophe, orateur, apôtre, législateur, guerrier, conquérant d'idées, restaurateur de dogmes, fondateur de vingt empires terrestres et d'un empire spirituel, voilà Mahomet.

A toutes les échelles où l'on mesure la grandeur humaine, quel homme fut plus grand ?

Il n'y a de plus grand que celui qui, en enseignant avant lui le même dogme, avait promulgué en même temps une morale plus pure, qui n'avait pas tiré l'épée pour aider la parole, seul glaive de l'esprit, qui avait donné son sang au lieu de répandre celui de ses frères, et qui avait été martyr au lieu d'être conquérant. Mais celui-là, les hommes l'ont jugé trop grand pour être mesuré à la mesure des hommes, et si sa nature humaine et sa doctrine l'ont fait prophète, même parmi les incrédules, sa vertu et son sacrifice l'ont proclamé Dieu !

LIVRE DEUXIÈME

I

L'esprit de Mahomet sembla lui survivre sur la terre et éteindre après lui les rivalités qui devaient saper son œuvre en divisant les compétiteurs à sa succession. Son âme les gouverna encore quelque temps après lui. La foi, le zèle, l'abnégation de toute prééminence personnelle, étouffèrent l'ambition des imans. Ils immolèrent pieusement ce qu'il y avait d'humain dans leur cœur à ce qui était vérité dans la mission du prophète : l'abolition de l'idolâtrie, l'adoration du Dieu unique.

A peine Aboubekre avait-il été nommé calife, c'est-à-dire vicaire ou successeur du prophète de Dieu (*kalifet resoul Allah*), qu'il ordonna aux combattants arabes de Médine, rassemblés pour une expédition en Syrie, de marcher pour exécuter l'ordre posthume du prophète.

Omar, qui avait été désigné par Mahomet pour marcher avec cette expédition, hésitait à obéir, dans la crainte que l'absence de Médine des meilleurs soldats de l'islam pendant l'agitation causée en Arabie par la disparition du prophète ne compromît la ville, la religion et le gouvernement du calife. Il représenta fortement ce danger à Aboubekre. Mais le calife, indigné, le prenant par la barbe et lui reprochant son peu de foi dans les promesses du Révélateur : « Non, dit-il, dût Médine succomber sous l'invasion des animaux féroces, je ne révoquerai pas un ordre donné par le prophète. Il faut que sa volonté s'accomplisse après sa mort comme elle s'exécutait pendant sa vie. »

L'armée partit sous les ordres du jeune Ouçama, nommé commandant de l'expédition par Mahomet, malgré son inexpérience. Aboubekre accompagna les troupes jusqu'à leur première halte, à cheval, à côté du jeune général, pour lui assurer le respect de l'armée. Au moment où il le quittait pour retourner à Médine : « Je désirerais, lui dit-il avec une déférence respectueuse, garder avec moi Omar pour me conseiller dans les périls où Médine va se trouver pendant l'absence de ses meilleurs guerriers. Considère si tu peux me laisser Omar sans péril pour toi. »

Ouçama s'empressa de dispenser Omar de faire la campagne. Aboubekre, alors, faisant ranger l'armée en cercle autour de lui : « Guerriers de l'islam, dit-il, arrêtez-vous un instant et écoutez bien les préceptes que je vais vous promulguer pour les temps de guerre! Combattez avec bravoure et loyauté! N'usez jamais de ruse ni de perfidie envers vos ennemis; ne mutilez pas les vaincus; ne tuez ni les vieillards, ni les enfants, ni les femmes; ne détruisez pas les palmiers, ne brûlez pas les moissons, ne coupez pas les arbres fruitiers, n'égorgez pas les animaux, si ce n'est ce qui sera nécessaire à votre nourriture. Vous trouverez sur votre route des hommes vivant dans la solitude et dans la méditation à l'adoration de Dieu, ne leur faites aucun mal ni aucune injure! »

Il n'excepta de cette inviolabilité des faibles et des ermites chrétiens par la guerre que ceux qui fanatisaient les populations contre la doctrine de l'unité de Dieu.

Cet ordre du jour du chef réputé barbare d'une horde de Bédouins du désert contraste encore aujourd'hui par sa tolérance et son humanité avec les manifestes de guerre des généraux d'une religion plus fraternelle et d'une civilisation plus avancée.

II

Cependant, ainsi qu'Omar l'avait prévu, le bruit de la mort de Mahomet, que la superstition populaire croyait doué de l'immortalité sur la terre, fit jeter un premier cri d'incrédulité aux Arabes. « S'il eût été véritablement prophète, comment serait-il mort? » disaient-ils. Et un grand nombre abjura sa foi. La Mecque se souleva contre le gouverneur de Mahomet, nommé Attab. « Mahomet est mort, dit Attab aux révoltés, mais sa foi subsiste et son empire va s'étendre, et il vous exterminera. »

Les tribus du désert flottèrent dans l'incertitude et dans l'anarchie; de faux prophètes les parcoururent pour hériter de la vénération et de l'autorité de Mahomet. Il se forma pendant quelques semaines autant de partis que de tribus. Ces rebelles cernèrent Médine et envoyèrent des députés dans la ville pour déclarer qu'elles ne payeraient plus de tribut. Omar et les politiques de Médine, appelés en conseil par Aboubekre, conseillèrent de temporiser et de transiger en attendant le retour de l'armée qui rétablirait l'autorité du calife. « Non, non, s'écria de nouveau l'inflexible Aboubekre, la loi nous défend de pactiser avec ceux qui l'abjurent et de douter du secours de Dieu dans les combats qu'on livre pour lui; dussé-je combattre seul ces nuées de rebelles, je ferai comme le prophète, qui n'a jamais compté ses ennemis. »

Les politiques, confondus par le fanatisme, rougirent de leur faiblesse et congédièrent le négociateur de transactions. « Aboubekre, s'écria Omar, a plus de foi à lui seul que nous tous ensemble. » On combattit. Aboubekre, vainqueur, refoula ces révoltés dans le désert et les fit poursuivre par ses cavaliers. Les fugitifs inventèrent une ruse qui les préserva des sabres des musulmans. Ils gonflèrent de vent des outres de cuir et les laissèrent traîner derrière eux retenues par de longues cordes. L'aspect insolite et les bonds retentissants de ces ballons faisaient cabrer les chevaux et effrayaient les chameaux de l'armée d'Aboubekre. Les animaux, épouvantés, emportèrent les cavaliers et les chameliers vers Médine. Mais plusieurs autres victoires remportées par Aboubekre rétablirent le prestige du calife. L'armée d'Ouçama, triomphante aussi, rentra à Médine, doubla ses forces, et soumit tout autour de lui dans le Nedjed.

Mais, pendant qu'il triomphait ainsi dans le fond de l'Arabie, une femme arabe de la Mésopotamie, nommée Théjiah, se déclarait saisie de l'esprit prophétique, et, soumettant les Arabes de la Syrie à ses inspirations, marchait, à la tête d'une armée fanatisée par son éloquence et par sa beauté, contre l'Yémen.

Mosseïlamah, qui s'était aussi érigé en prophète, tremblant de voir sa province submergée par cette invasion, s'enferma dans la ville d'Hedjer. Il envoya de là des présents à la prophétesse et lui demanda une conférence pour traiter de la paix. On dressa pour cette entrevue une tente magnifique entre la ville et le camp. Le général rebelle et la jeune guerrière s'y entretinrent sans témoins pendant une partie du jour. Un mariage scella la paix. Théjiah adopta la foi de son mari et ramena en Syrie ses troupes chargées de dépouilles. Son mariage avec Mosseïlamah n'altéra ni le prestige ni l'obéissance dont cette sibylle du désert avait su s'entourer. Elle vécut et mourut en paix dans les tribus qu'elle avait menées à la gloire.

III

Vers 633, Aboubekre soumit le reste par ses lieutenants. Khaled, un des plus braves, parcourut l'Arabie en frappant et en pardonnant tour à tour. Un des chefs révoltés, nommé Malik, mari d'une des plus belles femmes du désert, que Khaled avait jadis aimée, se soumit et demanda son pardon. « Tirez vos sabres du fourreau, dit Khaled à ses cavaliers. » La femme de Malik, nommée Leïla, se jeta aux pieds du vainqueur, le visage découvert et les cheveux épars, pour implorer la vie de son mari. « Ah! s'écria l'infortuné Malik, en voyant sa femme découvrir ainsi ses charmes, voilà la véritable cause de ma mort! — La cause de ta mort, repartit Khaled, c'est ton abjuration de la foi du prophète; c'est la main de Dieu qui te frappe, ce n'est pas la mienne! » Et la tête du mari roula aux pieds de la femme.

Le lendemain, il démentit ces paroles en épousant Leïla, veuve de sa victime. L'armée poussa un cri d'indignation, plusieurs désertèrent et allèrent l'accuser à Médine. « Il a massacré des prisonniers, et tué le mari pour épouser la veuve, » répandirent-ils autour du calife. Omar le conjura de punir le coupable. « Non, dit Aboubekre; je réparerai les maux qu'il a causés, mais je ne remettrai pas dans le fourreau le glaive que Dieu a tiré lui-même contre les infidèles. »

Bientôt Khaled rentra vainqueur dans Médine pour venir se disculper auprès du calife. Sa tunique était noircie par la rouille de sa cuirasse et de ses armes, son turban hérissé des flèches qui l'avaient atteint dans les combats. Des groupes de musulmans, indignés de sa cruauté, l'attendaient aux portes de la ville. Omar, en l'apercevant, ne put retenir sa colère; il porta la main sur le turban de Khaled, en arracha avec mépris les flèches, et les brisa sur son genou. « Te voilà donc, toi qui as tué un musulman pour jouir de sa femme! lui cria-t-il; va! il ne dépendra pas de moi que tu ne sois lapidé pour avoir déshonoré la foi du prophète! » On voit combien la prétendue férocité d'Omar est un préjugé historique démenti par ses actes et par ses paroles à Médine. Khaled ne répondit rien jusqu'à ce qu'il eût reçu sa condamnation ou son absolution de la bouche du calife. En sortant de l'entretien, absous par Aboubekre, il s'avança avec défi vers Omar. « Fils d'Oumm-Schamlà, lui dit-il, as-tu maintenant quelque querelle à vider avec moi? » Omar garda le silence à son tour, n'osant punir ce que le calife avait pardonné; mais il resta toujours l'accusateur de l'inhumanité de Khaled.

IV

Aboubekre le renvoya avec des renforts subjuguer les restes de la rébellion. Dans une de ces batailles, Leïla, devenue, comme on l'a vu, femme de Khaled, sauva un prisonnier du glaive de son mari, en lui donnant l'hospitalité sous sa tente. Le lendemain, le camp de Khaled fut forcé par un groupe de cavaliers ennemis. Les cavaliers entrèrent le sabre nu à la main dans la tente de Khaled, et allaient frapper Leïla, quand le prisonnier qu'elle avait protégé la protégea à son tour.

Khaled, vainqueur à la fin du jour, laissa dix mille cadavres de ses ennemis dans la poussière.

Le nègre Wahchi, converti à l'islamisme, y perça de son javelot embardé de fer le général ennemi. « Voilà, disait l'Éthiopien en montrant son javelot, l'arme avec laquelle j'ai tué le meilleur et le pire des hommes. » Il faisait allusion, par ces paroles, au meurtre d'Hamza, l'oncle vénéré de Mahomet, qu'il avait frappé sur le mont Ohud, à l'instigation des femmes, à l'époque où il adorait encore les faux dieux. Khaled entra en triomphe dans Hedjer, capitale des révoltés, pardonna aux habitants, et épousa la fille de Modjaa, chef de la tribu de Hanifà. « N'as-tu pas honte, lui écrivit Aboubekre, de chercher des voluptés dans un nouveau mariage quand le sang de tant de musulmans morts pour ta victoire fume encore autour de ta tente? »

Parmi ces morts, on pleurait plus de six cents habitants de Médine, et parmi eux un grand nombre de disciples de Mahomet, dont la mémoire était jusque-là la seule édition avec commentaire du Coran. Aboubekre craignit que les préceptes et les entretiens du prophète ne périssent avec les souvenirs des survivants qui avaient entendu l'interprétation de la bouche du prophète. Il fit recueillir tous les fragments de ce livre, écrits les uns sur des feuilles de palmier, les autres sur des peaux de mouton ou de gazelle, quelques autres qui n'avaient jamais été écrits. Il institua une sorte de concile de rédaction et de coordination du Coran, concile composé des auditeurs les plus assidus et les plus vénérés des prédications de Mahomet. Il les chargea de rédiger un exemplaire complet et type du Coran, qui servirait de modèle à toutes les autres copies du livre. Il confia cet exemplaire unique à la fille d'Omar, *Hafsa*, une des veuves du prophète.

V

Maître de l'Arabie jusqu'à Aden par ses généraux, Aboubekre lança ses lieutenants et ses armées vers l'Euphrate et vers le Tigre dans la province d'Irak, dépendante de la monarchie des Perses. Khaled, après avoir contourné une partie du golfe Persique, à la tête de vingt mille musulmans recrutés par la foi dans les tribus du désert, marcha contre la grande ville de Hira, capitale de ces Arabes, vassaux des rois de Perse.

Hormouz, gouverneur de l'Irak, l'attendit pour lui livrer bataille à El-Hafir. La bataille commença par un duel chevaleresque, à la vue des deux camps, entre les deux généraux. Hormouz, tué dans ce combat par Khaled, laissa son armée sans chef. Les Persans, décidés à mourir ou à vaincre, s'étaient enchaînés par les pieds les uns aux autres afin de s'enlever d'avance les moyens de fuir. Ils périrent en masse sous les cimeterres et sous les flèches des Arabes.

La dépouille des morts fut partagée entre les vainqueurs. Khaled eut pour sa part la tiare persane d'Hormouz, décorée de pierreries d'un prix inestimable. Les musulmans, qui avaient jusque-là combattu des peuples nomades et pauvres, commencèrent à chercher dans la victoire un autre prix que le ciel. Cette victoire, qu'on appela la *journée des chaînes*, par allusion aux anneaux de fer dont les soldats persans s'étaient liés entre eux, ouvrit la Babylonie et la Perse à l'armée de Khaled. Il s'avança en respectant partout les propriétés et les mœurs, et en ne demandant qu'un léger tribut, signe de soumission, aux habitants.

Une seconde armée persane le rencontra vers Médhar. Il la défit, et précipita trente mille Persans dans le fleuve. Cette seconde journée s'appela, de ce souvenir, la *journée de la rivière*. Hira se soumit sans résistance. La terreur du nom de Khaled volait devant lui. Les chrétiens étaient nombreux à Hira. Khaled fit venir leurs chefs devant lui et leur donna l'option entre trois partis : ou payer le tribut, ou embrasser la loi de Mahomet, ou combattre jusqu'à l'extinction d'une des deux religions. Les chrétiens préférèrent de payer le tribut en conservant leur culte.

Pendant la conférence, Khaled portait souvent ses regards sur un sachet de soie et d'or suspendu à la ceinture du fils du gouverneur d'Hira. Après avoir accordé les conditions de l'amnistie, Khaled, prenant curieusement ce sachet, l'ouvrit et en vit rouler dans sa main des pilules dont il ignorait la substance. « Qu'est-ce que cela ? demanda-t-il au jeune homme. — C'est un poison rapide et mortel, lui répondit celui-ci. — Qu'en voulais-tu faire ? reprid Khaled. — Me soustraire à toi par la mort si nous t'avions trouvé sans pitié. — La mort, reprit Khaled, son moment est fixé pour chacun de nous ; nul ne peut l'avancer ou la retarder. » Puis, prononçant avec foi le nom d'Allah clément et miséricordieux, il avala toute la dose de poison, malgré les efforts des assistants pour retenir sa main. « Rien ne saurait nuire à l'homme qui invoque avec une foi absolue le nom du Tout-Puissant, » leur dit-il. On s'attendait à chaque instant à le voir tomber inanimé aux pieds des Persans ; déjà une sueur froide et une pâleur mortelle couvraient son front, signes avant-coureurs de la mort. Mais ces symptômes disparurent en peu d'instants. Il essuya avec la main la sueur glacée de son visage, et reprit le teint de la santé.

Cet acte de témérité et de fatalisme confondit les Persans. « Si tous les musulmans, lui dit leur satrape, sont des hommes semblables à toi, le monde est à vous. »

Khaled, après avoir organisé Hira et toutes les provinces adjacentes, envoya aux grands de la Perse un message ainsi conçu :

« Au nom d'Allah clément et miséricordieux, Khaled,

fils de Walid, aux seigneurs persans, gloire à Dieu qui fait tomber votre empire, et qui brise la gloire de votre puissance ! Unissez-vous à nous dans la foi nouvelle de l'islam, et reconnaissez-vous nos sujets. Que vous le vouliez ou non, vous recevrez notre loi, parce qu'elle vous sera portée par des hommes qui aiment la mort autant que vous aimez la vie. »

VI

La Perse, en 634, décomposée par les dissensions des satrapes, était en interrègne. Les généraux persans demandèrent secours aux Romains campés aux extrémités de la Mésopotamie, sur les frontières de Perse. Les Romains, unis aux Persans, passèrent l'Euphrate pour arrêter Khaled dans ses conquêtes. Khaled anéantit les deux armées le même jour.

Pendant que son armée victorieuse se rapprochait de Hira chargée de dépouilles, Khaled, par un scrupule de dévotion que ses triomphes lui permettaient de satisfaire, résolut d'aller accomplir le pèlerinage de la Mecque. Il se déroba à ses soldats, sous prétexte de les devancer à Hira, et, traversant seul sur un dromadaire le désert en ligne droite, il arriva à la Mecque, fit ses stations autour de la Kaaba sans être reconnu, vit le calife Aboubekre sans lui parler, remonta sur son dromadaire, retraversa l'Arabie entière, et rejoignit son armée le jour même où elle entrait à Hira.

VII

Pendant que Khaled se préparait à Hira, à une invasion plus générale de la Perse, Aboubekre proclamait la guerre sainte à Médine contre les Romains, maîtres de la Syrie. Ses lieutenants marchèrent cette même année (634), en plusieurs colonnes sur les différentes provinces de la Syrie.

L'empereur Héraclius, las de guerres et écrasé du poids d'un empire qu'il fallait étayer si loin, désira traiter avec ses envahisseurs. Les chrétiens fervents de sa cour lui firent un crime de sa mollesse. Les efforts des Romains ne firent que ralentir la conquête. Les musulmans s'avancèrent, dans la première campagne, jusqu'au cœur de la Mésopotamie, au bord des fleuves qui arrosent la plaine fertile de Damas. Cette terre, ces eaux, ces vergers, ces murs de Damas éclatants de blancheur à travers les ombres des saules, parurent aux Arabes du désert une image du paradis terrestre que les traditions retrouvaient dans cette oasis.

Aboubekre, avant de poursuivre jusqu'au Liban et jusqu'à la mer samission et sa conquête, écrivit à Amrou, un de ses apôtres les plus résignés ; il lui ordonnait de rassembler des guerriers dans les tribus, et de les conduire à Damas pour y grossir le torrent de l'islamisme. Amrou, qui gouvernait en paix des tribus pastorales, reçut ces ordres avec peine ; mais il n'hésita pas à obéir.

« Je suis, dit-il dans sa réponse au calife, une des flèches de l'islam; Dieu a mis l'arc dans ta main, c'est à toi de lancer la flèche vers le but que tu as choisi. »

VIII

Toutes ces troupes, commandées par Abou-Obéïdah et Yézid, ayant fait leur jonction dans la longue et large vallée de l'Arabie, où le Jourdain coule vers la mer Morte, y attendirent le choc de soixante mille Romains commandés par les généraux d'Héraclius. Aboubekre, instruit de leur danger, écrivit à Khaled, le vainqueur de la Perse, d'abandonner un moment ses conquêtes pour venir renforcer en Syrie l'armée musulmane. Khaled obéit. Il partagea son armée en deux corps; l'un chargé de garder sa conquête, l'autre de marcher avec lui vers la Syrie. Le désert qu'il avait à franchir avec dix mille hommes était immense et inconnu. Les étoiles devaient seules le guider. Un Bédouin s'offrit à le conduire. On devait marcher cinq jours et cinq nuits sans trouver un suintement d'eau dans ces vallons de sable. Les outres manquèrent pour porter le breuvage des hommes et des animaux. Le Bédouin, expérimenté dans ces détresses, conseilla à Khaled une ressource cruelle mais nécessaire au salut de l'armée. On choisit les plus grandes et les plus fortes des chamelles de Perse; on les priva d'eau pendant quelques jours, puis on les mena au bord d'un fleuve où elles burent avec l'avidité de leur longue soif. Ces chamelles, devenues ainsi des outres vivantes, suivaient l'armée déchargées de tous fardeaux. Chaque soir on en immolait un certain nombre, et l'eau contenue dans leur estomac désaltérait les soldats et les chevaux de l'armée musulmane.

IX

Mais pendant que Khaled franchissait le désert pour obéir à Aboubekre, Aboubekre mourait à Médine d'une maladie soudaine, dictait son testament à ses officiers et nommait Omar pour son successeur (634).

« Omar sera trop sévère aux musulmans, lui représentaient ses amis. — Non, répondait Aboubekre, il n'est sévère que quand je suis moi-même trop doux ; mais j'ai remarqué que quand je suis sévère, il me demande toujours la grâce des coupables. » On introduisit Omar.

« Je te nomme calife, » lui dit Aboubekre.

Omar le supplia de désigner un autre plus digne que lui, ajoutant qu'il n'avait aucune ambition de cette suprême responsabilité. « Je le sais, et c'est pour cela que je te désigne, répondit Aboubekre, tu n'as pas besoin du califat, mais le califat a besoin de toi. » Appuyé sur le bras d'Esma, sa femme, Aboubekre s'avança péniblement vers une fenêtre ouverte sur la place de Médine, couverte de peuple qui attendait sa dernière parole avec anxiété. « Musulmans, dit-il d'une voix éteinte, je désigne Omar pour mon successeur, l'acceptez-vous ? — Nous l'acceptons, » répliqua unanimement le peuple. Il expira au bruit des bénédictions qui louaient son règne.

« Ma nourriture et celle de ma famille, dit Aboubekre dans ses adieux au peuple, pendant que j'ai été calife, a coûté huit mille dirhems (petite pièce de monnaie) aux musulmans. Je leur lègue la portion de jardin que je possède dans la campagne de Médine, pour les indemniser des frais que je leur ai coûté. »

Tel était le scrupule d'un homme qui disposait déjà des dépouilles de l'Arabie, de l'Irak, de la Syrie, d'une partie de la Perse et de l'empire romain.

X

On connaît Omar : miséricordieux de cœur, absolu de foi, sans ambition pour lui-même, ambitieux de conquêtes à son Dieu, il convenait merveilleusement à l'établissement d'une religion qui ne prétendait encore rien pour ses sectateurs, mais qui prétendait l'univers pour son Dieu.

Aussitôt qu'Omar eut accepté le gouvernement (634), il se rappela cette parole du prophète : « Ne laissez pas subsister deux religions dans l'Arabie. » Il exila les chrétiens et les juifs hors du territoire. Il leur assigna, en compensation, des terres et des demeures dans la partie de l'Irak, de la Perse et de la Mésopotamie déjà conquise.

Pendant qu'il s'efforçait d'éloigner ainsi de l'Arabie tout élément de discorde, le brave Khaled, arrivé par le désert en Syrie, avec son détachement de l'armée de Perse, livrait bataille aux Romains, à la tête de cinquante mille Syriens qui avaient adopté la foi nouvelle près d'Aiznadin. Cent vingt mille soldats ou auxiliaires d'Héraclius, suivant les historiens arabes, quarante mille, suivant les chroniques byzantines, tombèrent sous le fer des musulmans. Le général et les principaux officiers d'Héraclius s'enveloppèrent la tête de leurs manteaux, comme César, pour mourir.

Le vent de l'Arabie abattait tout. Khaled, vainqueur, reçut sur le champ de bataille un courrier de Médine qui lui apportait la nouvelle de la mort d'Aboubekre et sa destitution. Le ressentiment d'Omar, son ennemi personnel à cause du meurtre du mari de Leïla, ne l'étonna pas. Sans hésiter il remit le commandement à Abou-Obéïdah, désigné pour commander à sa place par Omar, aussi heureux de descendre que de commander en première ligne les chefs des croyants.

Les restes de l'armée romaine, réfugiés dans le vallon du Jourdain, auprès de Tibériade, lac fameux par les miracles du Christ, couvraient encore Jérusalem et l'entrée de l'Égypte. Abou-Obeïdah voulait y marcher; Omar consulté répondit : « Frappez au cœur. » Le cœur, c'était Damas, vaste et opulente capitale de la Syrie et clef de la Mésopotamie. Constantinople et Alexandrie ne l'égalaient ni en population, ni en industrie, ni en fertilité de sol, ni en opulence. Les murailles embrassaient trois fleuves et des jardins délicieux.

XI

Héraclius envoya, par les portes de fer du Taurus, une nouvelle armée pour la défendre. Les musulmans arrêtèrent cette armée dans les défilés de Homs, pendant que leurs principales tribus bloquaient la ville (en 636). Damas se défendit quatre mois avec l'intrépidité du désespoir. Quatre armées campaient à ses quatre portes sans pouvoir les forcer. Khaled, devenu général lieutenant, commandait un de ces corps d'armée. Irrité de ces lenteurs, il épiait l'heure d'un exploit digne de son nom. Une nuit qu'il se promenait seul autour des remparts, il entendit dans l'intérieur des murailles le son des instruments de musique. C'était le gouverneur de Damas qui avait ouvert des négociations avec Abou-Obeïdah et qui célébrait la naissance d'un fils. Les troupes de garde sur les remparts participaient à ces réjouissances et négligeaient leur poste. Khaled choisit quelques-uns des braves compagnons de ses victoires en Perse. Il fait lancer des cordes à nœuds coulants aux créneaux abandonnés ; il monte, suivi des plus intrépides, par ces échelles flottantes, sur le rempart, égorge les gardes de la porte, l'ouvre à l'armée, se précipite dans la ville et l'inonde de flamme et de sang. Les habitants, réveillés par le cri terrible : « Dieu est grand et Mahomet est son prophète ! » se prosternent devant les vainqueurs pour implorer la vie et l'extinction des flammes. La fermeté d'Abou Obeïda fait prévaloir les conseils de la clémence. Tout ce qui est romain devient la dépouille des musulmans. Les habitants de Damas conservent leur liberté, leurs maisons, leurs terres, à la condition d'un léger tribut annuel en orge et en blé, égal seulement à la semence de leur culture. Les musulmans ne demandaient à la terre conquise que de nourrir eux et leurs chevaux.

XII

L'armée d'Omar, après la conquête de Damas, marcha sur la vallée du Jourdain. Une seconde bataille, livrée par eux à l'armée romaine de quatre-vingt mille combattants, sur les bords de l'Yermouk, leur ouvrit la Palestine. Le lac engloutit tout ce que le fer avait épargné. Les musulmans, libres d'ennemis, divisèrent leur armée en plusieurs colonnes pour aller de la Palestine au Taurus, et de la mer au désert, assujettir tout ce qu'ils avaient vaincu.

Omar amnistia tous les Arabes qui, après la mort de Mahomet, avaient hésité dans sa foi. Cette amnistie et le bruit de ses triomphes ramenèrent des milliers de musulmans sous ses drapeaux. Amr, chef de ces révoltés, guerrier d'une taille colossale et d'un bras de fer, lui amena deux mille combattants. « Quelle solde demandes-tu, lui dit Omar, en plaisantant, puisqu'à toi seul tu vaux plusieurs hommes ? — Mille dirhems pour ceci, répondit Amr en frappant de sa main sur son flanc gauche ; mille pour ceci, ajouta-t-il en frappant sur son flanc droit ; et enfin mille pour cela, continua-t-il en frappant sur son cœur. — C'est bien, dit Omar en souriant, je t'assigne trois mille dirhems. » Puis, le mesurant de la tête aux pieds et admirant sa taille gigantesque : « Louange à Dieu, qui a créé Amr ! » s'écria le calife. Il l'envoya rejoindre l'armée qui se formait au bord de l'Euphrate pour attaquer la Perse.

Des envoyés du roi de Perse vinrent au camp conférer avec les musulmans. « Quel motif, dirent les Persans, vous pousse à nous faire la guerre? — Dieu nous a ordonné, répondirent les négociateurs arabes, par la bouche de son prophète, de porter l'islamisme chez tous les peuples; nous obéissons à cet ordre. Devenez nos frères, en répudiant vos idoles et en adorant le Créateur un et infini, ou soumettez-vous à nous payer tribut pour nous aider à propager cette vérité dans le monde.

» — Qui êtes-vous? nation indigente et disséminée comme de vils insectes sur le sable, pour prétendre imposer des lois à un empire comme le nôtre?

» — Ce que tu dis de notre indigence, de notre barbarie, de notre anarchie, de notre ignorance, était vrai hier, répondit un des orateurs musulmans. Oui, nous étions si misérables, que l'on voyait parmi nous des individus apaiser leur faim en mangeant des insectes et des serpents, quelques-uns faire mourir leurs filles pour ne pas partager leurs aliments avec elles. Plongés dans les ténèbres de la superstition et de l'idolâtrie, sans lois et sans frein, toujours ennemis les uns des autres, nous n'étions occupés qu'à nous piller, à nous détruire mutuellement. Voilà ce que nous avons été. Nous sommes maintenant un peuple nouveau. Dieu a suscité au milieu de nous un homme, le plus distingué des Arabes par la noblesse de sa naissance, par ses vertus, par son génie, et l'a choisi pour être son envoyé et son prophète. Par l'organe de cet homme, Dieu nous a dit :

« Je suis le Dieu unique, éternel, créateur de l'univers.
» Ma bonté vous envoie un guide pour vous diriger. La voie
» qu'il vous montre vous sauvera des peines que je réserve
» dans une autre vie à l'impie et au criminel, et vous con-
» duira près de moi dans le séjour de la félicité. »

» La persuasion s'est insinuée peu à peu dans nos cœurs, nous avons cru à la mission du prophète ; nous avons reconnu que ses paroles étaient les paroles de Dieu, ses ordres les ordres de Dieu, la religion qu'il nous annonçait, et qu'il nommait l'islamisme, la vraie religion. Il a éclairé nos esprits ; il a éteint nos haines, il nous a réunis en une société de frères sous des lois dictées par la sagesse divine. Puis il nous a dit :

« Achevez mon œuvre, étendez partout l'empire de l'isla-
» misme. La terre appartient à Dieu, il vous la donne. Les
» nations qui embrasseront votre foi seront assimilées à
» vous-mêmes ; elles jouiront des mêmes avantages et seront
» soumises aux mêmes devoirs. A celles qui voudront con-
» server leurs croyances, imposez l'obligation de se déclarer
» vos sujettes et de vous payer un tribut en échange duquel
» vous les couvrirez de votre protection. Mais celles qui
» refuseront d'accepter l'islamisme ou la condition de tri-
» butaires, combattez-les jusqu'à ce que vous les ayez exter-
» minées. Quelques-uns d'entre vous tomberont dans la
» lutte ; à ceux qui y périront, le paradis ; aux survivants,
» la victoire. »

» Telles sont les destinées de puissance et de gloire vers lesquelles nous marchons avec confiance. A présent tu nous connais ; c'est à toi de choisir : ou l'islamisme ou le tribut, ou la guerre à mort. »

XIII

Omar, dirigeant de Médine la double campagne qu'il menait de front contre les Romains et contre la Perse, ordonna à l'armée de Syrie de se joindre à l'armée de l'Euphrate pour livrer une bataille décisive aux Persans près de Cadésiah (637). Cette bataille dura trois jours. Les éléphants, citadelles mouvantes des Persans, étonnèrent d'abord les Arabes ; mais le troisième jour les soldats du désert s'aguerrirent contre ces animaux bardés de fer, les frappèrent au ventre, aux yeux, à la trompe, et les firent retourner sanglants et furieux contre les Persans. L'élite de la Perse périt dans cette bataille, et dépeupla l'empire des guerriers. Les dépouilles furent dignes de l'opulence et de la renommée de la Perse. Après le prélèvement de trésors immenses pour la part du trésor public de Médine, chaque cavalier reçut six mille dirhems et chaque fantassin deux mille.

Le lieutenant d'Omar qui remporta cette victoire décisive s'appelait Saïd. Saïd demanda à Omar ce qu'il fallait faire de ce qui restait des dépouilles après cette distribution. « Donnez-en une part supplémentaire, répondit le calife, à tous ceux qui pourront réciter de mémoire les plus longs passages du Coran. Amr, un de ses lieutenants, quoiqu'il fût poëte, n'en put réciter que la première ligne : « *Au nom du Dieu clément et miséricordieux.* » On rit de son ignorance. Amr s'indigna de ces railleries.

« Nous autres enfants des tentes de Zobayd, dit-il en

vers improvisés devant Saïd, si nous sommes tués dans le combat, on ne nous pleure pas. On nous admet à l'égalité de partage quand il y a des blessures et la mort à recevoir ; mais quand ce sont des dinars d'or, l'égalité cesse, et on nous demande si nous savons réciter le Coran. »

Omar, informé de ces plaintes d'Amr, lui fit faire justice. Amr, ancien compagnon et rival d'Antar, l'Achille et l'honneur des Arabes, avait vécu plus d'un siècle à l'époque de la guerre de Perse. Il combattit plusieurs années encore, et ne déposa les armes qu'avec la vie.

La capitale de la Perse, Madaïn, *les deux villes*, parce que l'on comprenait sous ce nom Ctésiphon et Séleucie, fut prise et détruite, et l'on vit bientôt s'élever les nouvelles villes de Koufah et de Bassorah ; tout céda à l'ascendant des musulmans, après la bataille de Néhavend, ou *victoire des victoires*, les Persans reconnurent le prophète, ou se soumirent au tribut.

XIV

Khaled, resté en Syrie pour la contenir, s'était avancé de son côté jusqu'à l'Oronte ; les Arabes étaient maîtres d'Antioche, cette rivale de Constantinople. Amr marcha sur Jérusalem à la tête d'une autre armée. Jérusalem, quoique berceau et capitale du christianisme, fut forcée de se résigner à subir le joug des musulmans. Elle demanda pour tout honneur, dans sa défaite, de n'ouvrir ses portes qu'au calife lui-même. Amr consentit à cette condition des vaincus.

Omar, fier d'apporter la loi de Mahomet à la ville du Christ, mais pénétré de vénération pour cet autre prophète à qui l'islamisme reconnaissait devoir les plus purs de ses dogmes et les plus pures inspirations de sa morale, n'hésita pas à satisfaire le vœu des habitants de la ville sainte des chrétiens.

Il partit de Médine (638), non en conquérant, mais en pèlerin; suivi d'un seul esclave, vêtu d'un manteau de poil de chèvre, monté sur un chameau qui portait deux sacs sur son cou, l'un rempli de dattes, l'autre rempli d'orge, une outre pleine d'eau devant lui, un grand plat de bois derrière sa selle, il traversa le désert. Quand son esclave était fatigué, Omar le faisait monter à sa place sur le chameau et marchait pieds nus sur le sable. Ses généraux, instruits de son approche, s'avancèrent à cheval couverts de leurs plus brillants costumes de guerre au-devant de lui. Omar, voyant ces premiers symptômes de luxe, de vanité et de corruption dans ses troupes, s'indigna.

Il descendit à cet aspect de son chameau, et, ramassant des cailloux sur le chemin, il les lança avec des malédictions sur ces cavaliers vêtus d'or et de soie, comme les Syriens et les Persans. « Osez-vous bien, leur dit-il, vous présenter à mes yeux sous ces ornements infidèles? — Sous ces tuniques d'or, répondirent-ils, nous portons des armes de fer! » Le calife se tut et entra dans ses humbles habits à Jérusalem.

XV

Le calife fit le pèlerinage à la tombe du Christ (638). Le patriarche Sophronius, chef des chrétiens, conduisit lui-même Omar dans l'église de la Résurrection. Il s'assit au milieu du temple et médita longtemps en silence; puis, l'heure de la prière des musulmans étant venue, il demanda avec déférence au patriarche une place dans un coin de l'édifice où il pût s'étendre et prier pour ne pas manquer de respect au lieu saint. Le patriarche lui dit de prier à la place où il était assis. Mais Omar s'y refusa par scrupule. Sophronius alors le conduisit dans l'église moins auguste de Constantin, mais il refusa également de prier dans ce sanctuaire, et, sortant des portes, il fit ses prosternations et ses prières sous le portique qui regardait l'orient. Le patriarche Sophronius s'étonnant d'une telle modestie et d'une telle réserve chez un conquérant :

« Tu ignores sans doute, lui dit Omar, pourquoi je me suis abstenu de prier dans une église chrétienne? C'est par égard pour vous; les musulmans se seraient emparés à mon exemple de vos temples, et rien n'aurait pu les empêcher de prier eux-mêmes dans des églises où leur calife aurait prié. »

On voit, par ce récit transmis par les chrétiens de Jérusalem eux-mêmes, combien la prétendue persécution d'Omar contre le christianisme est une fraude pieuse inventée après coup, au temps des croisades, pour semer la haine contre les musulmans.

Omar demanda seulement au patriarche de lui désigner une place où il pût construire une mosquée pour les croyants. Le patriarche lui désigna la place où était la pierre *Essakra*, sur laquelle la tradition disait que Jacob avait reposé sa tête pendant son sommeil prophétique. Cette pierre, négligée depuis la construction de l'église du Saint-Sépulcre, était recouverte des balayures de Jérusalem. Omar, appelant les musulmans pour déblayer la place, emporta lui-même dans un pan de son manteau une charge de ces balayures immondes, pour les porter dans le précipice de la vallée du Cédron. Il bâtit la mosquée qui subsiste encore aujourd'hui au bord de ce précipice, comme le Parthénon des mahométans sur l'Acropole d'Athènes, et repartit pour Médine avec la même humilité de costume qu'il avait affectée en venant à Jérusalem.

XVI

Rien ne s'opposait plus à la conquête de l'Égypte. Les Romains vaincus, la Syrie subjuguée, la Judée couverte de ses troupes, lui donnaient une sécurité et une base d'opérations qui permettaient aux musulmans de porter leurs armes et leur loi dans la capitale de l'Afrique.

En passant à Bethléem pour se rendre à Médine par Damas, Omar donna au patriarche chrétien un ordre signé de sa main qui défendait à jamais aux musulmans de profaner le sanctuaire, en s'en emparant pour leurs prières. A Damas, il distribua les principaux de ses généraux sous le nom d'émirs.

Juste enfin envers Khaled, dont les exploits avaient racheté la faute, Omar donna à ce guerrier une de ses souverainetés voisines de Damas. L'immensité des trésors et des revenus, fruits de tant de conquêtes, obligea Omar d'organiser à Médine une administration publique de ces richesses. Des soldes et des pensions régulières furent allouées par lui à ses combattants, à ses magistrats, aux veuves et aux parents du prophète. Aïché, l'épouse bien-aimée du prophète, fut traitée en reine. Quant à lui, il se contenta de la modique rétribution en orge et en dattes que Mahomet et Aboubekre avaient eux-mêmes empruntée pour leur subsistance au trésor public.

« Adieu pour jamais à la Syrie! » s'était écrié Héraclius, en retirant ses troupes derrière le Taurus et en s'enfuyant vers Constantinople. Les musulmans avaient pénétré sur ses pas jusqu'au delà des portes de Fer, dans les vallées de la Cilicie.

Un des princes de la Syrie romaine, Djabalah, avait adopté la foi des vainqueurs. Il vint à Médine apporter au calife la soumission de ses sujets gassanides.

Omar le mena avec lui, à l'époque du pèlerinage, accomplir les rites de l'islamisme à la Mecque. Le prince gassanide, vêtu d'habits de soie, coiffé d'une couronne de perles d'un prix inestimable, qui rappelaient les pendants d'oreilles de *Maria*, dont cette princesse avait fait présent au temple de la Mecque au moment de sa conversion, suivi de magnifiques chevaux du Nedjed, que ses esclaves conduisaient en main, accompagna Omar dans ses stations autour de la maison sainte. Un Bédouin de la tribu de Fézâra, qui marchait derrière lui, posa le pied sur le pan de son manteau, et le fit tomber de dessus ses épaules. Djabalah se retourna courroucé, donna un soufflet à cet homme, et lui mit le visage en sang. Le Fézârien réclama d'Omar satisfaction de cet outrage. « Tu l'as frappé? demanda le calife à Djabalah. — Oui, répondit celui-ci; et, sans ma vénération pour la Kaaba, je lui aurais fendu la tête avec mon sabre. — Tu avoues, reprit Omar; il faut donc que tu achètes de la partie offensée le désistement de la plainte. — Et si je ne veux pas le faire? — Alors tu subiras la peine du talion : j'ordonnerai que ce Bédouin te frappe au visage, comme tu l'as frappé. — Mais je suis roi, et lui n'est qu'un homme obscur! — Les hommes sont égaux devant la loi musulmane; tu n'as sur lui que la supériorité de la force physique. — J'avais cru que je serais plus honoré encore dans l'islamisme que dans ma première religion. — Assez de paroles; apaise le plaignant ou subis le talion. — Je retournerai plutôt au christianisme. — En ce cas, je te ferai trancher la tête, répliqua Omar ; c'est le sort réservé à tout croyant qui abjure! — Eh bien, dit Djabalah, donne-moi au moins jusqu'à demain pour me décider. » Le calife lui accorda la nuit pour réfléchir. Le prince gassanide, incapable de plier son orgueil à cette égalité et à cette humiliation, en profita pour s'enfuir et se réfugier avec ses richesses à Constantinople.

Plus tard, dans son exil, il écrivit ces vers :

« Plût à Dieu que ma mère ne m'eût pas mis au monde, ou que je me fusse résigné à l'ordre d'Omar!

« Plût à Dieu que je fusse simple pasteur de chameaux dans un désert de Syrie, ou esclave des enfants de Modhar! pourvu que je vécusse parmi mes frères de l'Arabie! »

Il mourut en négociant son pardon d'Omar, et en exprimant les regrets de sa patrie.

XVII

Les historiens arabes comptent trente-six mille villes, châteaux, villages ou tribus tombés déjà à cette époque sous la domination d'Omar. Son orgueil ne s'enfla pas de tant de succès de ses armes. Il conquérait pour *Allah*, non pour sa propre gloire. Un satrape persan étant venu à Médine vers ce temps, et s'attendant à trouver autour du calife l'éclat qui entourait les rois de Perse, fut confondu d'étonnement quand on lui montra Omar endormi sur le parvis extérieur de la mosquée, au milieu des pauvres de la ville.

En 641, Amrou, son lieutenant, lui conquérait l'Égypte; Memphis et Alexandrie tombaient en son pouvoir. Les habitants du pays, assouplis à la docilité d'esprit par la servitude, et accoutumés à changer de Dieu en changeant de maîtres, adoptèrent en masse le dogme des musulmans. Omar, consulté, dit-on, par Amrou sur ce qu'il fallait faire de la bibliothèque d'Alexandrie, trésor intellectuel du monde, répondit à son lieutenant qu'il fallait la livrer aux flammes. « S'ils contiennent les mêmes choses que le Coran, ces livres sont inutiles, dit le calife, et, s'ils contiennent des choses contraires au Coran, ils sont funestes! »

Amrou, si l'on en croit quelques chroniqueurs obscurs, aurait obéi en barbare à l'ordre d'un fanatique. Omar, plus impitoyable ce jour-là envers les idées qu'envers les hommes, aurait donc voulu, comme tous les novateurs armés de la force, que toute pensée humaine datât de la pensée de Mahomet. C'est ce crime contre l'intelligence qui fit oublier aux historiens futurs sa mansuétude envers les chrétiens.

Omar fut victime d'un jugement ingénieux dans la forme, inique dans le fond, qu'il rendit lui-même à Médine. Un esclave persan de l'Arabe Mogaïrah, nommé Firouz, vint un jour se plaindre à lui de ce que son maître lui imposait un tribut de deux pièces d'argent par jour, et de ce qu'il ne pouvait, avec le reste du salaire de son travail quotidien, nourrir sa famille. « Combien fais-tu de métiers? demanda le calife à l'esclave. — Trois, répondit Firouz; le métier de charpentier, celui d'architecte et celui de sculpteur. — Eh bien, lui dit Omar, la somme qu'on te fait payer ne me paraît pas excessive, puisque tu vaux trois hommes; on pourrait exiger de toi trois pièces d'argent par journée. Moi-même, ajouta-t-il, je t'emploierai, si tu veux, à construire un moulin à vent pour moudre les grains des greniers publics. »

L'esclave, révolté de cette injustice, lui dit, en se retirant avec des murmures qui grondaient dans son cœur comme un tonnerre intérieur : « Sois tranquille, je te construirai un moulin dont il sera parlé sur la terre, tant que la roue du firmament tournera sur la tête des hommes. — Que dit cet homme? demanda Omar; il me semble que le son de sa voix est une menace à ma vie! »

L'esclave, en effet, rentrant dans sa maison, s'arme d'un ciseau aiguisé pour sa profession, et, épiant le calife au moment où il était presque seul sur la place, lui plongea le fer dans le sein (644); puis, frappant du même fer sanglant ceux qui venaient au secours du calife, et les étendant morts à ses pieds, il se frappa enfin lui-même, et mourut vengé sur le corps de son oppresseur.

XVIII

Othman, élevé au califat, périt lui-même victime des discordes civiles (de 644 à 656). Après Othman, Ali, le disciple chéri de Mahomet, à qui le prophète avait donné sa fille Fatimà pour femme, véritable héros d'Homère, reçut comme calife les hommages des fidèles musulmans. Son règne, d'abord troublé par les intrigues de la belle et éloquente Aïché, veuve de Mahomet, qui remuait l'empire de ses jalousies et de ses ambitions, s'acheva dans des conquêtes. Aïché, vaincue, pardonnée et honorée par son vainqueur, revint vieillir à Médine dans l'opulence. Ali avait la bravoure d'Omar et la constance de Mahomet; il écrivit des vers et des maximes qui sont restés dans la philosophie des musulmans, sinon comme des révélations, au moins comme des inspirations de l'islam. Il y en a dans le nombre qui semblent imités de la sagesse et de l'ascétisme des chrétiens. Il proférait souvent celle-ci dans ses fortunes ou dans ses revers :

« Celui qui veut être riche sans trésors, puissant sans empire, et serviteur sans maître, n'a qu'à mépriser les vanités de ce monde, et se faire serviteur de Dieu; il trouvera ces trois choses en lui! »

Son règne vit naître le premier schisme dans l'islamisme. Moawiah, fils d'Abou-Sofyan, se fit proclamer calife à

Damas, pendant qu'Ali régnait à Médine, et fut le chef de la dynastie des Ommïades. Ali, assassiné, en 661, dans la mosquée par un fanatique de la secte des kharégites, laissa deux fils. L'aîné, Hassan, lui succéda; mais, faible et ami de la paix, il ne tarda pas à abdiquer en faveur de Moawiah, son rival. En 680, le plus jeune, Hosséin, releva le drapeau d'Ali contre le calife Yézid, fis de Moawiah. Il fut tué sur les frontières de Perse dans une embuscade que les partisans d'Yézid lui avaient dressée. Un des meurtriers d'Hosséin fut chargé de porter sa tête coupée au général d'Yézid, à Koufah. Cet homme, trouvant les portes de la ville fermées, revint sur ses pas et entra pour passer la nuit dans sa maison, qui était située en dehors de la ville. Il réveilla sa femme endormie et lui dit : « J'apporte avec moi le présent le plus précieux qu'on ait jamais fait au calife. — Qu'est-ce donc? lui demanda sa femme. — C'est la tête d'Hosséin, répondit le guerrier : la voilà; je suis chargé de la présenter au général d'Yézid. » L'épouse, indignée et épouvantée du sacrilége en pensant qu'Hosséin était le fils de Fatimà et le petit-fils du prophète, s'élança de sa couche, et s'écria avec horreur en se refusant aux embrassements de son mari : « Je n'approcherai jamais d'un homme qui m'apporte la tête du petit-fils du prophète! »

Le guerrier appela une autre de ses femmes pour passer la nuit avec lui; mais cette femme ne put dormir un seul instant dans la chambre, éblouie, disait-elle, par une auréole lumineuse qui sortait des yeux, du front et du sang d'Hosséin.

Zaynad, sœur d'Hosséin, avait été la fidèle compagne des périls et des exploits de son frère. Elle fut conduite captive avec son jeune neveu Ali, encore enfant, devant le lieutenant d'Yézid. Celui-ci ordonna de tuer l'enfant pour couper en lui la racine du schisme. « Commencez par me tuer moi-même! » s'écria Zaynad en couvrant de son corps le fils de son frère. Le vainqueur, intimidé par l'héroïsme de cette femme, n'osa achever son crime. Il se contenta d'envoyer au calife de Damas Zaynad et son neveu Ali enchaînés par des anneaux de fer qui meurtrissaient leurs bras et leurs pieds. Yézid, en recevant ces restes de la famille de son rival, s'indigna contre son lieutenant, fit tomber les fers de Zaynad et de son neveu, et, après les avoir reçus et honorés dans son propre palais, les fit reconduire respectueusement à Médine comblés de présents.

Ce meurtre d'Hosséin fils d'Ali, dont la mort fut célébrée comme un martyre et commémorée d'âge en âge par les partisans d'Ali, devint la date et la consécration du grand schisme qui divise encore les Persans des Turcs sur la légitimité du califat. Les schiites, partisans d'Ali, qu'ils considèrent comme l'héritier légitime du fils d'Abdallah, revendiquèrent longtemps pour les descendants du prophète les droits au pontificat et à l'empire; mais la victoire devait rester aux sonnites ou traditionnaires, qui reconnaissaient l'autorité des trois premiers successeurs de Mahomet et celle des Ommïades.

Les califes de ce dernier parti, maîtres tantôt contestés, tantôt reconnus de tout l'empire, choisirent pour leur capitale l'opulente et voluptueuse ville de Damas, où le luxe et les délices de la Syrie ne tardèrent pas à corrompre la sainteté et l'ascétisme des enfants de l'Arabie. Mais la parole du prophète et leurs armes continuaient de leur conquérir l'Orient et l'Occident. Vers 700, l'Afrique septentrionale, l'Espagne et la Gaule méridionale étaient envahies, et la bataille de Tours, gagnée par Charles-Martel, sauvait seule, en 732 de Jésus-Christ, la chrétienté du joug de l'islamisme.

XIX

En Asie, le nom des Turcs apparaissait d'une manière sérieuse dans les annales musulmanes. Un lieutenant du calife, nommé Kotaïbah, gouverneur du Khorasan, province autrefois persane, qui confine au nord avec le Turkestan, traversa l'Oxus à la tête d'une nombreuse armée, vers 722, près de cent ans après l'hégire ou la fuite de Mahomet à Médine, et s'avança jusqu'à Samarcande. L ville, remplie de milliers de défenseurs, lui ferma ses portes. « Les oracles, crièrent les hérauts de Samarcande en raillant l'impuissance des Arabes, ont annoncé que Samarcande ne serait jamais prise avant qu'un conducteur de chameaux puisse y entrer en vainqueur. » On rapporta ce défi à Kotaïbah. « Eh bien, dit-il, rendons grâce à Allah, c'est moi qu'il a désigné pour conquérir cette capitale, car dans ma jeunesse on disait que je ne serais jamais qu'un chamelier. » Ces paroles ranimèrent ses soldats, et, répandues parmi les Turcs, abattirent une superstition par une autre. Samarcande se soumit et paya le tribut annuel d'un million de pièces d'or et de trois mille esclaves.

Kotaïbah, clément pour les populations, implacable à l'idolâtrie, sema l'islamisme dans le Turkestan. Les peuplades de ces contrées, accoutumées à voir la loi de Dieu dans la victoire, portèrent bientôt dans le culte du Dieu unique le fanatisme qu'elles avaient si longtemps nourri pour leurs idoles. Sans patrie fixe dans ces steppes où elles chassaient indifféremment leurs troupeaux, elles choisirent le paradis des musulmans pour véritable patrie, et devinrent les apôtres sauvages mais invincibles de leur foi nouvelle.

XX

Tandis que Kotaïbah subjuguait la Transoxiane, un autre lieutenant des Ommïades se rendait maître de la vallée de l'Indus. Mais là devaient s'arrêter les conquêtes des Arabes. Vers 715, le calife *Soliman*, successeur de Walid, jaloux de la gloire des généraux que son frère avait choisis, leur ôte le commandement, et condamne leurs troupes victorieuses à l'inaction. Au tumulte de la guerre étrangère succède le feu de la rébellion; les Alides prennent de nouveau les armes contre les Ommïades, et, au milieu de ces luttes funestes, ce sont les descendants d'Abbas, oncle de Mahomet, qui usurpent l'autorité souveraine.

Le règne d'Yézid II, neuvième calife ommïade, en 720, montre à quel degré de faiblesse étaient descendus ces princes, naguère encore si vaillants.

A toutes ses femmes, Yézid préférait deux jeunes Syriennes, l'une nommée Sélamah, l'autre Habbha. Un jour d'automne, qu'il se délassait de l'empire avec elles dans un de ses jardins au bord du Jourdain, Yézid s'amusa à lancer de loin, dans la bouche ouverte de ses favorites, des grains de raisin de Palestine plus gros et plus ovales que ceux de l'Europe. Habbha recevait en riant les grains de raisin dans sa bouche, et le calife admirait sa grâce et son adresse. Malheureusement un de ces grains s'arrêta dans la gorge de la belle musulmane, et ferma tellement la voie à la respiration, qu'elle expira étouffée dans le rire presque subitement entre les bras du calife.

Le désespoir de la perte de son idole porta jusqu'à la démence la douleur du calife. Il emporta lui-même le corps d'Habbha dans son appartement, la coucha sur ses tapis, et refusant de laisser recouvrir ses restes adorés par la terre, il s'enferma avec son cadavre. Ce ne fut qu'après huit jours et huit nuits de cette contemplation passionnée et funèbre, que ses courtisans purent enlever de force le cadavre de son palais, et ensevelir Habbha dans le tombeau. Le calife ne put lui survivre et mourut de cette séparation, en 724, en demandant à rejoindre dans la même tombe cette poussière qui, depuis qu'elle manquait à la terre, avait tout anéanti à ses yeux.

Avec la chute des Ommïades de Damas (750 de Jésus-Christ) commence le démembrement de l'empire des Arabes; tandis que les Abassides fondent Bagdad, fixent dans cette ville leur résidence, et, tournant toute leur attention vers la culture des sciences et des lettres, donnent la plus vive impulsion aux écoles arabes, qui relient l'école grecque d'Alexandrie à l'école moderne, on voit s'élever le califat de Cordoue en Espagne, celui du Caire en Égypte, et c'en est fait de l'unité musulmane. Aux règnes brillants d'Haroun-al-Raschid et d'Almamoun, l'Auguste des Arabes, succèdent des princes incapables qui forment leur garde particulière d'esclaves turcs, et cette garde, renouvelant bientôt les excès des prétoriens de Rome, dispose du trône par des révolutions de palais; aussi, lorsqu'au onzième siècle les Turcs seldjoukides, maîtres de la Transoxiane et du Khorasan, s'empareront de la Perse et de l'Asie Mineure, ils trouveront des frères au milieu des rangs ennemis. Après eux viendront les Mongols et Gengis-Khan, puis enfin les Turcs ottomans, dont nous allons retracer les conquêtes.

Nous ne poursuivrons pas plus loin l'histoire des califes et les règnes de ces guerriers, législateurs et pontifes qui, en prêtant un corps, des armes, des lois, des mœurs, des arts, une politique à l'idée d'un prophète du désert, avaient conquis une grande partie des trois continents à l'idée d'un Dieu unique, et combattu partout l'idolâtrie. Nous abandonnons le récit, à ce point de jonction entre la foi de Mahomet et la race turque, pour concentrer l'intérêt tout entier sur les nouveaux conquérants qui apparaissent à leur tour sur la scène des événements.

XXI

Les Turcs étaient, à leur origine, une de ces tribus pastorales, sorties de cet immense réservoir d'hommes que la nature semble avoir multipliés sur le plateau de la haute Tartarie, comme pour les tenir en réserve, afin de les faire écouler à son heure en Chine, dans l'Asie occidentale, en Europe et même en Afrique. Ce bassin, qui s'étend presque inculte des frontières de la Chine au Tibet, du pied du Tibet jusqu'à la mer Caspienne, ne produit, depuis l'origine connue du monde, que des hommes et des troupeaux. C'est le plus grand champ de pâturage que le globe ait étendu sous les pas de la race humaine, pour y multiplier le lait qui abreuve l'homme, le bœuf qui le nourrit, le cheval qui le porte, le chameau qui le suit en portant sa famille et sa tente, le mouton qui le vêtit de sa toison. Aucun arbre n'y ombrage la terre et n'y prête son ombre aux animaux malfaisants. L'herbe y est le seul végétal. Nourrie par un sol profond et sans pierres, semblable au lit limoneux et salé de quelque océan vidé par un cataclysme, arrosée par les suintements des alpes du Tibet, les plus hauts sommets de l'Asie, préservée pendant de longs hivers par un tapis de neige propice à la végétation, réchauffée au printemps par un soleil sans nuages, entretenue par une température froide qui ne la brûle jamais, l'herbe y a trouvé son climat natal. Elle y supplée tous les arbres, tous les fruits, toutes les moissons. Elle y a attiré les animaux ruminants, les animaux ruminants y ont attiré l'homme. Ils paissent, ils s'engraissent, ils donnent leur laitage, ils épaississent leur poil, leurs fourrures ou leur laine pour leur maître. Après leur mort ils lèguent leur cuir à ses usages domestiques. L'homme, dans de telles contrées, n'a besoin ni de culture pour se nourrir et s'abreuver, ni de demeures fixes, ni de champs enclos et divisés pour s'approprier le sol. L'espace incommensurable sur lequel il est obligé de suivre les pérégrinations de ses troupeaux l'entraîne à leur suite. Il ne lève que des tentes qu'il emporte de steppe en steppe, à mesure qu'une zone d'herbe est broutée ; ou bien il attelle ses bœufs à des chariots couverts de cuir, foyers mobiles de sa famille. Comme les Scythes, il change de ciel avec les saisons. L'oisiveté d'une telle vie, où les idées sont aussi peu sollicitées que les besoins sont bornés et facilement satisfaits, ne laisse à l'homme qu'un petit nombre d'occupations et de passions compatibles avec la civilisation pastorale : l'amour, la rêverie, la religion, quelquefois mais rarement la guerre, quand l'espace devient trop étroit pour les essaims qui demandent à déborder de la ruche humaine trop remplie. L'astronomie, qui regarde le ciel pendant des nuits sereines; la poésie épique, qui raconte, en les mêlant de fables, les traditions de la tribu, sont les seuls arts de ces peuples. L'autorité paternelle, cette monarchie de famille, est leur unique autorité; leur soumission volontaire est un instinct plutôt qu'une soumission à une tyrannie. Le pouvoir, dont l'hérédité est dans le sang et non dans des conventions sociales, se transmet de génération en génération. Quand la famille s'étend, elle devient tribu; le chef de la tribu devient alors un pouvoir politique, un cheik comme en Arabie, un khan comme en Tartarie; une réunion de tribus forme une race, une nation; mais ces chefs de tribus, de races, de nations, quoique investis de l'autorité paternelle absolue, résumée en eux, ne l'exercent jamais qu'à l'imitation des mœurs de la famille, c'est-à-dire en conseil avec les principaux chefs de tentes ou de tribus. Ils ne deviennent dynasties et monarchies qu'après de grandes émigrations armées qu'ils ont menées à la victoire, et après s'être établis dans les contrées conquises par leurs armes. Alors ils changent peu à peu de mœurs; les tribus disparaissent, les peuples commencent, les monarchies se fondent, les dynasties se consacrent et deviennent presque des divinités du pouvoir politique, des ombres de Dieu. Voilà ces Tartares de la grande Tartarie, dont sortirent successivement, par diverses routes et pour divers essaimements, les vingt-quatre tribus turques, tartares de naissance, nomades de mœurs, idolâtres de religion, pasteurs de vie, guerriers de circonstance et de cœur.

Laissons les divers groupes de ces pasteurs guerriers se diviser et se répandre au loin, les uns dans le Turkestan, auquel ils donnent leur nom, les autres jusqu'aux bords de la mer Caspienne et dans les vallées de l'Arménie.

Bornons le récit à ceux de ces Turcs qui, après avoir adopté l'islamisme et traversé la Syrie, vers l'année 627 de l'hégire, au treizième siècle de Jésus-Christ, conquirent pas à pas l'Asie Mineure et fondèrent l'empire ottoman (vers 1249).

XXII

Vers l'année 1285 de l'ère chrétienne, le sultan seldjoukide d'Iconium céda à *Ertogrul*, chef d'une de ces peuplades de Turcs disséminés, un territoire inculte appelé le *pays des pâturages*, dans les *montagnes Noires*, ramification du mont Taurus, entre la Méditerranée et la mer Noire, non loin de la ville d'*Angora* (Ancyre). Cette concession de patrie fut faite à Ertogrul et à ses cinquante mille compagnons en récompense du secours que ces guerriers pasteurs avaient porté aux princes seldjoukides contre les Tartares ou Mongols. Il ajouta à ce don la souveraineté de la ville de Seraïdjak. C'était tout le territoire de l'ancienne Phrygie. On y voit encore aujourd'hui, sur une pente de jardins et de vignes, aux environs de *Dorylée*, ville célèbre dans l'histoire des croisades, le tombeau d'Ertogrul, ce pasteur des Ottomans, qui les conduisit dans leur terre promise. Non loin de ce sépulcre, on aperçoit le village d'*Itbourni* (*museau de chien*), où vivait la belle *Malkatoun*, amante d'Othman ou Osman, fils d'Ertogrul et père des *Osmanlis*, autre nom des Turcs. Plus loin, auprès d'*Inœni*, est le village turc d'*Akbiit* ou de la *moustache blanche*, du nom d'un vieillard turc compagnon d'Othman.

Ertogrul, établi dans cette oasis de pasteurs, au milieu des montagnes de la Phrygie, eut un songe comme le patriarche Jacob. Il rêva qu'il était en voyage sur une terre étrangère, et qu'il recevait l'hospitalité chez un ermite aimé de Dieu. Un livre était sur une planche clouée au mur de la chambre où il allait dormir. « Quel est ce livre, demanda-t-il au solitaire. — C'est la parole de Dieu ou le Coran, » répondit-il. Quand le vieillard se fut retiré, Ertogrul prit furtivement le livre et le lut debout pendant toute la nuit sans fermer les yeux. Au lever de l'aurore, il s'assoupit un peu, et il entendit pendant ce demi-sommeil une voix céleste qui lui disait : « Puisque tu as lu avec tant de respect ma parole éternelle, tes enfants et les enfants de tes enfants seront à jamais honorés sur cette terre! »

Ertogrul en turc signifie *l'homme au cœur droit*.

Peu de temps après naquit Othman, fils aîné d'Ertogrul.

Quand il fut en âge de combattre et d'aimer, Othman se fit admirer par sa bravoure et par sa bonté, héritage de son père. Un savant cheik arabe, natif d'Adana, ville du Taurus syrien, vint habiter le village d'*Itbourouni*, voisin de la résidence d'Ertogrul, pour enseigner les lois du pays aux Turcs. Othman, qui allait souvent visiter ce sage, aperçut un jour sa fille *Malkatoun*, nom qui veut dire le *trésor des yeux*. La beauté de Malkatoun, célèbre depuis dans tout l'Orient, éblouit Othman. Il la demanda pour épouse à son père, le cheik *Édébali*. Le cheik, redoutant pour le bonheur de sa fille le mépris de la famille d'Othman, trop supérieur à son obscurité, lui refusa Malkatoun. D'autres princes voisins, attirés par le bruit de la beauté de la jeune fille, la demandèrent tous sans l'obtenir. Othman combattit pendant deux ans pour la disputer à ses rivaux. Sa constance touchait cependant le cœur d'Édébali. La patience, selon les Arabes, est le prix que Dieu met à toute félicité.

Un jour qu'Othman, plus triste, mais aussi persévérant qu'à l'ordinaire, était venu demander l'hospitalité à son maître Édébali pour une nuit, espérant toujours apercevoir au moins Malkatoun, il eut un songe comme Ertogrul. Dans ce songe, le globe de la lune, sortant du sein d'Édébali, vint se poser sur son propre sein ; puis un arbre commença à végéter devant lui et couvrit en peu d'instants de ses rameaux les terres et les mers, jusqu'à l'extrémité de l'horizon des trois continents, l'Europe, l'Asie, l'Afrique. Quatre énormes montagnes, le Caucase, l'Atlas, le Taurus, l'Hémus, supportaient comme quatre piliers les branches trop chargées de l'arbre. Des flancs de ces montagnes ruisselaient quatre fleuves : le Tigre, l'Euphrate, le Nil, le Danube. Leurs lits, en s'élargissant, arrosaient des plaines vertes de pâturages, jaunes de moissons, noires de forêts, et portaient des vaisseaux aux quatre mers. Des tours, des villes fortes, des dômes, des coupoles, des minarets, des obélisques, des pyramides couronnées du signe du croissant de la lune, s'élevaient au-dessus des vallées parmi les roses et les cyprès. D'harmonieuses invitations à la prière, semblables à des mélodies des bulbuls célestes, se répandaient du haut de ces monuments dans les airs. Tout à coup les branches des arbres et leurs feuilles brillèrent comme des fers de lance et des lames de sabre, et se tournèrent au souffle du vent vers Constantinople. Puis cette capitale, située entre deux mers, étincela comme le saphir d'un anneau entre deux émeraudes. C'était l'anneau nuptial du mariage d'Othman avec la capitale du monde. Il allait le porter à son doigt quand il s'éveilla.

XXIII

Le jeune guerrier raconta, à son réveil, le songe de la nuit au père de Malkatoun. Le vieillard ne put méconnaître, dans la lune fantastique sortie de son sein pour se perdre dans le sein d'Othman, l'image de sa fille, et dans l'arbre aux rameaux universels, la prophétie de la grandeur de la race d'Othman. Il accorda Malkatoun à cette intervention surnaturelle de Dieu; bien qu'Othman ne fît pas encore profession complète de l'islamisme, l'amour acheva de le convertir. Le mariage du jeune Turc avec la belle Syrienne fut célébré selon le rite mahométan par un derviche nommé Touroud, ami d'Édébali. Othman, en récompense, promit à Touroud une mosquée pour Allah et une maison pour lui, dans un vallon au bord d'une rivière, quand la destinée promise par le songe s'accomplirait. Devenu puissant, Othman se souvint de sa promesse et l'accomplit. La mosquée, la maison, le nom et la race de Touroud subsistent encore dans les environs d'Erméni.

XXIV

Peu d'années après l'union des deux amants, le songe prophétique commença à s'accomplir par les premières hostilités entre les Turcs et les Grecs. Les pâturages qui se touchaient, et que les bergers se disputaient et s'arrachaient tour à tour, en enlevant les troupeaux par représailles, furent les premières occasions de contact et de lutte entre les deux races. Les longues guerres des conquérants commencèrent par des querelles entre les pasteurs.

Avant de raconter les exploits d'Othman et les nouvelles conquêtes de l'islamisme sur l'empire byzantin, jetons un regard sur la caducité de cet empire.

XXV

Depuis que Constantin avait changé de capitale, vers 330, l'empire romain, trop lourd pour être porté dans une seule main, n'avait pas tardé à se dissoudre. Partagé par les fils de Théodose en deux empires, l'empire byzantin, à qui sa capitale Byzance donnait son nom, avait conservé longtemps contre les barbares de l'Orient quelque chose de cette terreur superstitieuse que Rome conservait de son côté contre les barbares de l'Occident. Ses limites, longtemps respectées, s'étendaient depuis le Tigre jusqu'à la mer Adriatique, et depuis les confins de la Scythie, aujourd'hui la Russie, jusqu'à l'Éthiopie, où se cachent les sources du Nil. Parmi les nombreuses populations hétérogènes soumises aux lois de cet empire, la population grecque dominait par le nombre, par la noblesse de son origine, par la religion chrétienne primitivement adoptée, organisée, propagée, interprétée, gouvernée en Orient par les arts, par l'éloquence, par la richesse, par la politique. En transplantant l'empire de Rome à Byzance, Constantin n'avait pas seulement changé de religion et de capitale, il avait changé de race. Tout était devenu grec en Grèce, et asiatique en Asie. Les empereurs et les Romains d'Orient n'avaient gardé des Romains de l'Italie que l'orgueil et le despotisme. Les mêmes vices coulaient, mais dans un autre sang. On eût dit, à Byzance, une colonie des Perses. Les surnoms de César ou d'Auguste, conservés au possesseur, aux héritiers ou aux collègues à l'empire, affectaient en vain, avec ces titres romains, une ressemblance qui n'existait plus dans les mœurs. Les disputes théologiques sur les mystères du culte étaient devenues l'unique texte des entretiens et des discussions, les factions du cirque substituées aux grandes factions du forum. Le luxe, la licence des mœurs, la mollesse, l'empire des eunuques et des femmes dans le gouvernement, avaient, de règne en règne, efféminé les bras et les caractères. Les palais de Constantinople surpassaient en magnificence ceux de Néron à Rome et ceux des rois à Persépolis. La pompe des cérémonies publiques avait remplacé celle des triomphes. Le costume même des derniers empereurs, décrit par saint Jean Chrysostome, rappelait moins les descendants de Romulus que les successeurs de Xerxès.

« L'empereur, dit cet écrivain, porte sur sa tête ou un diadème, ou une couronne d'or enrichie de pierres précieuses d'une valeur inestimable. Ces ornements et les vêtements teints en pourpre sont réservés à sa personne sacrée. Ses robes de soie sont ornées d'une broderie d'or qui représente des dragons. Son trône est d'or massif; il ne paraît en public qu'environné de ses courtisans, de ses gardes et de ses serviteurs. Leurs lances, leurs boucliers, leurs cuirasses, les brides et les harnais de leurs chevaux sont d'or, ou en ont au moins l'apparence. La large plaque d'or qui brille au centre de leur bouclier est entourée de plus petites, qui représentent la forme d'un œil. Les deux mules attelées au char de l'empereur sont parfaitement blanches et toutes couvertes d'or. Le char, d'or pur et massif, excite l'admiration des spectateurs; ils contemplent les rideaux de pourpre, la blancheur des tapis, la valeur des diamants, et les plaques d'or qui jettent l'éclat le plus éblouissant, lorsqu'elles scintillent agitées par le mouvement du char. Les images de l'empereur sont peintes en blanc sur un fond d'azur. Le monarque est représenté assis sur son trône, revêtu de ses armes; ses chevaux et ses gardes à côté de lui et ses ennemis vaincus enchaînés à ses pieds. »

Les peuples avaient perdu sous cette discipline toutes les mémoires de l'antique liberté : la servilité était devenue une gloire des sujets, corrigée seulement quelquefois par la révolte et par l'assassinat. L'esclavage asiatique avait passé dans les mœurs. Les princes ne mesuraient leur élévation qu'à l'abaissement de leurs sujets. De tels peuples asservis à tous les caprices du maître, des eunuques, des favoris, des épouses ou des courtisanes, étaient également incapables de se respecter eux-mêmes et de se défendre contre l'insolence des barbares qui se rapprochaient d'eux. Des eunuques, esclaves élevés dans les plus abjectes fonctions du palais, recevaient le commandement des armées et les titres de patrice, de consul et de père de la patrie. On élevait leur statue en marbre et en bronze dans le sénat, vaine ombre du sénat romain conservée à Constantinople comme un palladium de la liberté.

« L'un, dit l'historien, indigné de ces turpitudes, brocante l'empire, morcelle, détaille, vend les provinces romaines, depuis l'Euphrate jusqu'au mont Hémus; l'autre obtient le proconsulat de l'Asie en échange de sa délicieuse maison de campagne; le troisième achète la Syrie entière avec les diamants de sa femme; un autre encore se plaint d'avoir sacrifié tout son patrimoine pour acquérir le gouvernement de la Bithynie. On voit sur une grande pancarte, publiquement exposée sur les murs du palais, le tarif de toutes les provinces à vendre aux enchérisseurs; et comme l'eunuque a été vendu lui-même, il voudrait revendre l'humanité. Tels sont, ajoute l'écrivain, les fruits de la valeur des Romains, de la défaite d'Antiochus et des triomphes de Pompée. »

Un gouvernement si vénal et si corrompu encourageait depuis deux siècles les barbares. Les Huns ravageaient la Perse, Attila subjuguait la Sarmatie et la Germanie (434). Ses hordes s'avançaient jusque sous les murs de Constantinople. Les empereurs achetaient le salut avec de l'or au lieu de l'acheter avec leur sang. Ils enrôlaient les Bulgares, les Goths, les Turcs, dans leur garde, afin de coïntéresser les ennemis des Grecs à la défense de ce qui restait de l'empire, par la possession de ses dignités et de ses trésors. La mer ne leur était pas plus sûre que la terre. Des aventuriers normands, des Esclavons, tantôt rivaux, tantôt alliés des sauvages peuplades du lac de Ladoga, fondaient plus tard à Kief, vers le neuvième ou le huitième siècle, la monarchie russe, descendaient le Borysthène au sud et venaient déboucher sur la mer Noire. Nowogorod et Moscou, ces Samarcandes du Nord, sortaient des forêts de sapins; les flottes de ces Cosaques étaient formées d'une nuée de canots creusés dans d'immenses troncs de bouleaux ou de hêtres. Ces canots, bordés de planches élevées, mais sans pont, portaient de quarante à soixante guerriers, avec les armes et les provisions nécessaires pour leurs expéditions. Deux mille de ces canots, longeant les rives de la mer Noire, forçaient quelquefois l'entrée du Bosphore, et venaient jusque dans le port de Constantinople imposer des menaces et des rançons aux empereurs. Le feu grégeois, dernière arme des Grecs, dont le secret s'est perdu avec eux, incendiait en vain ces flottes. Elles renaissaient au printemps suivant comme des végétations marines. Les Grecs achetaient la paix par des tributs. « Contentons-nous, disaient les vieillards russes à qui les jeunes gens reprochaient de consentir aux traités, des tributs de Byzance. Ne vaut-il pas mieux obtenir sans combat l'or, l'argent, la soie, les pierres précieuses, les esclaves? Sommes-nous toujours sûrs de la victoire? Pouvons-nous signer un pacte avec la mer et les vents de l'Euxin? Nous flottons sur l'abîme des lacs, et la mort est souvent suspendue dans une vague sur nos têtes! »

On ne sait quel pressentiment prophétique annonçait de loin aux Grecs que ces peuples mystérieux, cachés encore derrière les marais du Borysthène, et que ces flottes, qui semblaient descendre du cercle polaire, étaient les usurpateurs menaçants de la possession de leur patrimoine oriental. Une inscription obscure, gravée sur le piédestal d'une antique statue équestre, à Byzance, signifiait, disait-on, que les Russes régneraient un jour sur l'empire grec de Byzance, dont ce cavalier de bronze prenait possession tant de siècles avant nos jours.

XXVI

Déjà, en 1038, les Turcs seldjoukides, maîtres de la Perse, avaient relégué les califes arabes au rang de pontifes dont ils adoraient les dogmes, mais dont ils prenaient les armes et les provinces, forts du titre de lieutenant temporel du vicaire du prophète. Togrul-Beg, à la tête de trois cent mille hommes de sa race, était entré à Bagdad sous le nom de sultan. Respectueux dans sa toute-puissance, il avait tenu à pied la bride du cheval du calife, en le conduisant de la prison où ses ennemis l'avaient enfermé à son palais.

Le calife, pour cimenter cette alliance forcée avec les Turcs, avaient pris au nombre de ses épouses une sœur du sultan; mais il lui avait, par orgueil de race, refusé sa propre fille en mariage tant qu'il avait vécu. Togrul, petit-fils de Seldjouk, chef de la famille des Seldjoukides, était mort dans ses triomphes vers 1063. *Alp-Arslan* ou le *lion généreux*, neveu de Togrul-Beg, lui avait succédé. Impatient du repos, et peu content de l'empire de l'Asie, soumise sans murmures à sa race, Alp-Arslan avait passé l'Euphrate, et avait inondé d'un déluge de Turcs toute l'immense contrée comprise entre la mer Caspienne, le Taurus et la mer Noire. L'Arménie, la Géorgie et le Caucase avaient subi le joug. Les Grecs avaient évacué ces provinces, et s'étaient réfugiés dans les provinces d'Europe.

L'impératrice Eudoxie, sentant qu'il n'y avait plus de salut à attendre de la race énervée des Grecs, avait épousé un soldat barbare, mais brave et fidèle, nommé Romain Diogène, pour l'intéresser au salut de sa souveraine par le partage du trône.

Romain refoula d'abord avec succès les hordes tartares, et leur arracha à force d'héroïsme la Phrygie, la Cappadoce, le royaume d'Arménie. Mais Alp-Arslan, accourant au secours de ses tribus refoulées, avec l'élite de ses cavaliers, retroussa lui-même la queue de son cheval, jeta son arc tartare et ses flèches persanes comme une arme indigne de l'extrémité du péril, saisit une massue et un sabre, se revêtit d'un costume blanc pour appeler sur lui les regards, et parfuma ses membres de musc, cordial oriental qui donne le courage aux Tartares ; le lieu de la bataille devait être celui de sa victoire ou de son sépulcre. Tout un long jour d'été, il vit couler le sang des deux races. A la fin du jour, l'Asie Mineure était de nouveau perdue pour les Grecs (1071). Romain ne se rendit que couvert de blessures et couché près du cadavre du dixième cheval mort sous lui dans le combat. Un esclave et un soldat barbares, transfuges de ses gardes, qui le reconnurent pour l'avoir vu sur le trône d'Eudoxie à Constantinople, le conduisirent au sultan. Alp-Arslan lui ordonna de baiser la terre devant lui, et posa son pied sanglant sur la nuque de l'empereur. Les Grecs témoins fondirent en larmes ; mais Alp-Arslan, après ce signe de sujétion imposé au vaincu, le releva, lui prit la main, l'embrassa, et le consola de sa défaite : « J'ai appris, dit-il, à respecter la dignité de mes égaux en courage, et les vicissitudes de la fortune. A quel sort vous attendez-vous de moi? demanda-t-il à Romain.

» — Si vous êtes cruel, répondit l'empereur vaincu, vous me ferez mourir ; si vous êtes superbe, vous me traînerez enchaîné derrière votre char ; si vous êtes sage et clément, vous me ferez payer une rançon, et vous me rendrez à mon empire! » Alp-Arslan était digne de son nom.

Un million de pièces d'or fut la rançon de Romain Diogène, et les Grecs s'engagèrent à payer annuellement un tribut de quatre cent mille pièces d'or au sultan.

Arrivé aux portes de Constantinople, Romain apprit que l'empire s'était soulevé contre lui au bruit de sa défaite. Il ne put rassembler que mille pièces d'or pour sa rançon : il les envoya à Alp-Arslan. Le sultan, touché de cette fidélité impuissante, n'exigea que ce qui était possible au vaincu. Il s'arma de nouveau pour venir délivrer et couronner Romain ; mais Romain avait péri dans sa prison avant l'arrivée du sultan. L'Anatolie, Antioche, l'Arménie, la Colchide, les bords asiatiques de la mer Noire, suffirent à l'ambition d'Alp-Arslan. Ses tentes couvraient désormais toute l'Asie occidentale. Douze cents princes ou fils de princes tartares entouraient son trône ; deux cent mille guerriers se portaient, à sa voix, de Bagdad à Trébizonde. Ayant voulu repasser l'Oxus pour exterminer, dans le Turkestan, son premier domaine, le sultan du Kharisme, on jeta par ses ordres un pont sur le fleuve ; et la multitude de ses soldats était telle que le passage de ses troupes d'une rive à l'autre dura sans interruption vingt jours et vingt nuits.

Le sultan du Kharisme, vaincu, fut amené devant son vainqueur. Alp-Arslan, oubliant sa générosité ordinaire, ordonna de l'attacher par les quatre membres à quatre poteaux, et de le laisser mourir dans ce supplice. Le prisonnier, indigné de cette barbarie, échappa à ses gardes, s'élança vers le trône, et tirant son poignard de son sein, le plongea dans le cœur de son bourreau (1072).

« Je l'ai mérité, dit Alp-Arslan frappé à mort ; dans ma jeunesse, un sage m'a conseillé de m'humilier devant Dieu, de me défier de ma force, et de ne jamais dédaigner le moindre de mes ennemis. J'ai négligé ces avis ; je suis justement puni de mon orgueil. Lorsque, hier, du haut de mon trône, je contemplais les innombrables bataillons, la discipline et le courage de mon armée, la terre entière paraissait trembler sous les pas de mon cheval. Je me disais : « Tu es sûrement le plus puissant monarque de l'uni-« vers et le plus invincible des guerriers, » et maintenant ces troupes ne sont plus à moi. Je meurs !... »

On l'ensevelit dans le sépulcre des sultans seldjoukides, et on grava sur sa tombe cette épitaphe de toutes les grandeurs et de tous les orgueils d'ici-bas :

« *Vous qui avez vu la gloire d'Alp-Arslan s'élever jusqu'aux astres, venez ici, et vous verrez sa poussière !* »

Les Turcs seldjoukides, après la mort d'Alp-Arslan, continuèrent à se répandre dans l'Asie occidentale sous le règne glorieux de Maleck-Schah (vers 1080) et de ses successeurs, et à resserrer de plus en plus l'empire grec dans les murailles de sa capitale. Les fils d'Eudoxie donnaient des festins aux émirs dans le faubourg de Scutari, en face de leur palais d'Europe. Les frontières des barbares et des Grecs se touchaient à Nicomédie. Les empereurs chrétiens se liguaient secrètement avec les sultans musulmans contre les croisés accourus pour venger le christianisme (1096). Les croisés, poussés, à contre-sens de la nature, des mœurs, du climat, vers la Palestine, mus par un pieux enthousiasme, avaient semé de leurs ossements les terres et les mers de l'Orient. Ils n'avaient conquis que le sépulcre du Christ. Le flot de l'islamisme, un moment refoulé, revenait de toutes parts sur eux. La race grecque, trop vieille et trop usée pour porter une religion nouvelle et sévère comme le christianisme, le décomposait en arguties théologiques trop semblables à des idolâtries. Le christianisme, vicié par les Grecs, florissait au contraire en Occident, et allait vivifier l'empire des successeurs de Charlemagne.

L'Orient avait trouvé son prophète en Arabie. La race romaine était épuisée à Constantinople; la race des conquérants était jeune. Il ne lui manquait qu'un héros pour la conduire d'une rive du Bosphore à l'autre en Europe. Othman allait paraître. Reprenons l'histoire du patriarche des Ottomans ou Osmanlis.

LIVRE TROISIÈME

I

La contrée alpestre habitée par la tribu d'Ertogrul et d'Othman, son fils (vers 1285), était située à l'embouchure des profondes et sauvages vallées qui ouvrent leurs défilés et qui versent leurs torrents sur le vaste bassin de Nicomédie, de Nicée, de Brousse, de Gallipoli et de Constantinople. La mer intérieure de Marmara, semblable à un lac semé d'îles, s'étend dans ce bassin entre l'Europe et l'Asie, resserrée d'un côté par le Bosphore, de l'autre par le détroit des Dardanelles.

Par le Bosphore, qui serpente sous les collines de Constantinople, la mer de Marmara se déverse dans la mer Noire ; par le détroit des Dardanelles, elle se déverse dans la Méditerranée. Ses rivages nivelés et fertiles étaient bordés, comme un vaste quai, de rades, de ports, de villages, de villes. Des voiles innombrables portaient sans cesse d'une rive à l'autre les marchandises et les passagers que le commerce intérieur ou extérieur de la Grèce échangeait de l'Europe à l'Asie, et de l'Asie à l'Afrique. Ces provinces étaient le cœur de l'empire grec. A mesure qu'il s'était retiré par la perte de l'Égypte, de la Mésopotamie, de la Syrie et de l'Anatolie, il s'était resserré dans ce jardin et autour de ce lac de Byzance. Du haut des terrasses de son palais, l'empereur grec Andronic, qui régnait alors, pouvait embrasser désormais d'un regard tout l'espace soumis à sa domination. Une mer, cent villes et deux capitales lui laissaient encore les illusions de sa grandeur passée.

La première de ces capitales, plus semblable à un empire qu'à une ville, était Constantinople, répandue à ses pieds sur les collines, dans les vallées d'Europe, et débordant jusqu'en Asie à Scutari. La seconde de ces capitales, dont on pouvait apercevoir les blanches murailles crénelées, les noires forêts au pied du mont Olympe de Bithynie éblouissant de neiges éternelles, était Brousse, ancienne ville royale de cette province. Brousse, dont les traditions attribuaient l'origine à Annibal réfugié chez le roi Prusias pour fuir l'ingratitude de ses concitoyens, s'élevait à quelque distance du détroit des Dardanelles, sur une des croupes du mont Olympe, comme la citadelle avancée de l'Asie, commandant à la fois à la mer et à la terre. Sa situation culminante, son climat tempéré, les forêts qui s'élevaient derrière elle pour l'abriter, les ruisseaux écumants dont les neiges fondues de ses montagnes arrosaient l'été ses coteaux, les sources chaudes qui attiraient de toutes les contrées de l'Orient et de l'Europe les étrangers à ses bains, l'ombre de ses platanes, la feuille de ses mûriers, le pourpre de ses vignes, la fécondité de sa plaine en épis et en pâturages, avaient attiré immémorialement dans ses murs et dans ses campagnes une immense et active population. Elle surpassait Constantinople par le site ; elle l'égalait presque par le nombre et par l'opulence des habitants. Les empereurs grecs y possédaient un palais d'été qui rivalisait de délices avec ceux d'Andrinople et de Constantinople. Brousse était de plus pour eux la clef et le boulevard de leurs possessions d'Asie. Les défilés qui se creusent entre les racines du mont Olympe du côté de l'est et du nord, défilés qui, après avoir contourné les plaines de Nicée et de Nicomédie, s'enfoncent dans les provinces montagneuses de Lydie, de Phrygie, de Caramanie et du mont Taurus, avaient été fermés avec prévoyance, par Bélisaire, de villes fortes, de citadelles, de châteaux réputés inexpugnables pour endiguer les flots de barbares qu'on attendait par ces vallées.

Ces citadelles, ces châteaux, ces défilés, avant-postes de l'empire derrière l'Olympe de Bithynie, étaient possédés héréditairement en fief par des vassaux grecs qui répondaient de la sûreté de ce côté. Mais, après le débordement des tribus seldjoukides, dont Alp-Arslan avait inondé l'Anatolie, les villages turcs étaient mêlés confusément dans ces vallées aux villages grecs. Les deux races contiguës, quoique ombrageuses l'une envers l'autre, vivaient tantôt en bonne harmonie, tantôt en inimitié et en guerres locales, selon que le génie de leurs chefs inclinait plus à la vie pastorale ou à la conquête. Chaque contrée, chaque ville, chaque château fort était livré à ses propres forces. Les empereurs grecs, menacés de tous les côtés par les Bulgares, par les Serbes, par les Russes en Europe, et par les Turcs et les Mogols en Asie, menacés de plus par les factions qui agitaient leur capitale, n'avaient pas assez de troupes pour secourir leurs vassaux abandonnés. Le seul obstacle à une plus rapide et à une plus universelle invasion des Turcs était leur petit nombre. La différence de races et l'horreur de la religion nouvelle combattaient seules du côté des populations grecques contre la race et la religion des pasteurs de la Tartarie.

II

Une de ces forteresses qui couvraient les défilés du mont Olympe se nommait Angelocoma, Elle observait la route de Brousse à Kutaïah. Tous les ans. dans la saison où les troupeaux d'Ertogrul montaient pour chercher des pâturages frais sur les croupes élevées des montagnes et dans la saison où ces troupeaux redescendaient des montagnes dans la plaine, les habitants de cette forteresse insultaient les bergers et dispersaient les moutons des Turcs. Ertogrul, vieilli et enclin à la paix, se plaignit au seigneur d'Angelocoma. Celui-ci récrimina contre les bergers des Turcs qui provoquaient, disait-il, les bergers grecs, et qui les frappaient de leurs arcs. Ertogrul, dans une intention de concorde, offrit au seigneur byzantin de désarmer ses bergers pendant la saison des pâturages dans les montagnes. Il offrit de plus de faire déposer par ses bergers, dans le château d'Angelocoma, tout ce que ces Turcs possédaient de précieux, en gage de bonne conduite, et de ne reprendre ces gages qu'à leur retour des hauts lieux.

Le Grec accepta ces conditions, faites de bonne foi par Ertogrul, l'*homme au cœur sincère*. Seulement, par excès de prudence, il exigea que ces gages seraient apportés dans son château, non par des hommes armés, dont il redoutait quelque surprise, mais par des femmes de la tribu, dont la faiblesse le rassurait contre toute violence.

Ertogrul accepta encore cette condition humiliante. Les gages furent déposés et rendus de part et d'autre pendant plusieurs saisons avec une fidélité qui honorait les deux races. Othman, le fils d'Ertogrul et l'époux de la belle Malkatoun, reconnaissant de la fidélité du seigneur byzantin, lui apportait chaque année, au retour des troupeaux, un présent composé de tapis aux riches couleurs, tels que les femmes des Turcomans en tissent encore aujourdhui sous leurs tentes, en poils de chèvre, des fourrures d'agneaux noirs, des harnais de chevaux en cuir tressé, des laitages durcis et du miel produit de ses troupeaux et de ses ruches. Mais l'insolence avec laquelle le seigneur du fief recevait ces présents volontaires, comme un tribut de vassalité, souleva à la fin la fierté d'Othman. Il s'ouvrit à quelques-uns de ses compagnons de guerre et à quelques vieux conseillers d'Ertogrul son père, du nombre desquels étaient les trois Alp ou héros de la tribu.

Sous prétexte de porter comme à l'ordinaire, par la main des femmes, au châtelain grec d'Angelocoma, les présents accoutumés, soixante guerriers couverts de longs manteaux et de voiles de femmes, et ayant des armes au lieu d'étoffes, de miel et de fruits, dans des sacs suspendus aux flancs des chameaux, s'introduisirent dans la forteresse. Ils devaient, à un signal donné, dépouiller leurs voiles, tirer leurs sabres et s'emparer du château.

Pendant cette surprise, Othman, caché dans une forêt de pins voisine à la tête de cent cavaliers d'élite, devait attaquer l'escorte du seigneur d'Angelocoma, qui revenait cette même nuit d'une expédition contre d'autres Turcs. Le subterfuge trompa la garnison; le combat entre Othman et l'escorte s'engagea dans le défilé d'Ermeni. Othman fut vainqueur à la fois dans le château et dans la plaine. Mais le combat acharné coûta la vie à plusieurs de ses guerriers. Un de ses neveux, nommé Baïkodschah, resta au nombre des morts. On lui éleva une coupole funéraire auprès d'un ruisseau.

III

Cette conquête encouragea Othman à plus d'ambition et à plus d'audace. Il marcha avec tous ses guerriers contre les Grecs maîtres du château de Kara-Hissar (la forteresse Noire), bâti à l'issue des défilés sur les derniers mamelons qui ferment la plaine de Bithynie sous le mont Olympe. Vainqueur à la bataille d'Agridjé, il établit sa capitale à Kara-Hissar (en 1299). La victoire, cette fois encore, avait coûté à Othman la vie du plus jeune de ses frères, nommé Savedji. On l'ensevelit au pied d'un pin sous lequel il avait reçu la mort.

Les pleureuses et les parents du jeune héros suspendirent pendant de nombreuses années des lampes allumées aux rameaux de l'arbre, en sorte que les lueurs jaillissant des feuilles donnaient de loin à ses branches l'apparence d'un arbre lumineux. Les traditions conservent encore à ce lieu le nom de *Kandilli Tscham*, ou le pin flamboyant. Ce phénomène des regrets de l'adolescent passa plus tard pour un phénomène de la nature.

Cette même année 687 de Mahomet, 1299 de Jésus-Christ, Ertogrul expira de vieillesse au milieu des présages de la gloire de son fils. Comme pour consoler Othman de la perte de son père, Malkatoun donna, en même temps, le jour au premier-né d'Othman, qui fut nommé Orkhan.

Le sultan des Turcs seldjoukides, le troisième Alaeddin, qui était encore le suzerain nominal de tous les Turcs répandus dans la Syrie et dans l'Anatolie, donna à Othman la ville de Kara-Hissar, sa conquête, avec le titre d'émir ou de prince, qui l'égalait à tous les émirs de sa race. Othman reçut avec respect, en signe d'investiture, un drapeau, une timbale et une queue de cheval. Les gorges de la Bithynie entendirent pour la première fois les instruments de musique tartares retentir pendant les cinq prières que le Coran impose aux musulmans. L'église de Kara-Hissar fut convertie en mosquée. Othman, conseillé par le sage Édébali, son beau-père, rendit lui-même tous les vendredis la justice sur la place du marché et se montra non-seulement impartial, mais politiquement favorable, dans ses jugements, aux chrétiens. Cette justice et cette faveur que les chrétiens trouvaient auprès d'Othman appelèrent la population et le commerce grecs à Kara-Hissar. Les émirs turcs des autres provinces de l'Anatolie portèrent envie à sa prospérité et à sa gloire. Ces rivalités ne l'enchaînèrent pas longtemps. Il s'avança lentement mais continûment, d'étapes en étapes, de Kara-Hissar sur Yenidjé-Tarakdji (*ville où se fabriquaient les peignes et cuillers de bois*), de là, à Modreni, ville bâtie entre deux montagnes sans ombre, où l'on fabriquait des aiguilles pour les travaux de femmes. En contournant ainsi le pied du mont Olympe, il sema, de cités en cités, la terreur et l'estime de son nom jusqu'à Brousse. Il revint chargé de dépouilles et de renom à Kara-Hissar. La trahison le rappela un moment de cette ville à l'ancienne résidence de son père Ertogrul, qu'Othman avait confiée au commandant turc de Biledjik. Ce vassal infidèle et jaloux conspira contre lui. Il invita Othman à ses noces avec la fille d'un seigneur grec nommée la belle Nilufer (Nénufar), dans l'intention de profiter du désordre de sa fête pour assassiner Othman. Mais Othman, averti par son ami Mikhal, qui avait feint d'entrer dans la conjuration, prévint le traître, s'empara par ruse de Biledjik et tua le futur époux de Nilufer pendant qu'il amenait sa fiancée dans sa forteresse. Othman donna la jeune fille à son jeune fils Orkhan, âgé de douze ans, en récompense de la valeur qu'il avait montrée avant l'âge dans le combat.

Il marcha ensuite contre la forteresse de Iar-Hissar, qui appartenait au père de la belle Nilufer, cause et dépouille de cette guerre, et réunit plusieurs provinces montagneuses de la Phrygie à ses conquêtes. La mort d'Alaeddin III, le dernier des sultans seldjoukides, en rendant l'anarchie générale, laissa Othman sans maître en Syrie, sans égal parmi les émirs turcs et bientôt sans ennemi devant lui jusqu'au mont Olympe et jusqu'à Nicée. Il affecta de dater de ce jour les titres et les droits à la souveraineté indépendante et frappa la monnaie à son effigie dans Kara-Hissar. La prière publique à la mosquée, faite jusque-là pour Alaeddin, fut faite au nom d'Othman. Il distribua les villes et les territoires qu'il laissait en arrière entre ses frères et ses généraux ; il donna à Orkhan, son fils, le gouvernement de Kara-Hissar, sous la tutelle de Malkatoun, sa mère. Quant à lui, accompagné de ses plus braves guerriers, il se porta toujours plus avant vers le mont Olympe et vers la plaine que baigne au pied de l'Olympe la mer de Marmara.

IV

Les Grecs, de tous ces noms d'émirs turcs qui les enveloppaient, ne savaient que celui d'Othman. « Les noms, dit le Coran, viennent du ciel, ils sont les prophètes de la destinée. » Othman signifiait *briseur d'os*. Le ressentiment d'une humiliation de jeunesse le poussa vers la ville de Kœpri-Hissar ou le *château des Ponts*. Le gouverneur de cette forteresse lui avait offert autrefois une fête sous les figuiers au bord du fleuve ; mais, au milieu du festin, il avait tendu sa main à baiser à l'enfant encore sans gloire d'Ertogrul. Othman avait baisé la main, mais gardé le souvenir de l'infériorité. Il voulait à tout prix venger cet outrage. La passion égarait tellement sa raison, qu'ayant éprouvé, dans le conseil où il proposait cette expédition, une réprimande de son oncle Dündar, frère d'Ertogrul, âgé de près d'un siècle et vénéré des Ottomans, Othman ne put contenir sa colère et frappa le vieillard du bois de son arc. Le vieillard mourut du coup porté par son neveu.

Othman pleura sur les suites de sa colère, mais poursuivit son dessein. Kœpri-Hissar tomba devant ses armées. Il régna où il avait été méprisé. Toutes les villes et tous les châteaux des rives du Sangaris reconnurent ses lois. Appuyé désormais sur ces forteresses, il construisit lui-même une forteresse aux portes de Nicée pour bloquer cette ville importante, et livra bataille sous ses murs à l'*hétériarque* qui commandait les gardes de l'empereur de Byzance. La plaine, jonchée de morts, resta libre devant ses pas. Il fit élever un tombeau à un de ses neveux tombé dans sa victoire. Les musulmans, par on ne sait quelle superstition traditionnelle, conduisent encore aujourd'hui dans ce lieu leurs coursiers blessés pour être guéris de leurs blessures en mémoire du sang répandu par les coursiers de leurs pères.

Nicée, entourée de ses épaisses et hautes murailles, resta comme une île au milieu d'un débordement. Une seconde bataille contre l'armée du gouverneur de Brousse livra à Othman toute la plaine bornée par le fleuve Rhyndacus, écoulement de l'Olympe. Othman jura que ses guerriers et ses troupes ne franchiraient jamais le lit du torrent; mais, par une interprétation littérale, ses guerriers et ses pasteurs, s'avançant dans la mer à l'embouchure du fleuve, passèrent sur le bord interdit sans avoir littéralement traversé le lit du Rhyndacus. L'interprétation des traités appartient aux vainqueurs.

V

Les Grecs cédaient pas à pas leur patrimoine aux Turcs, comme ils l'avaient cédé aux Latins. Othman avançait sa capitale à mesure qu'ils reculaient vers Byzance. Il s'était établi alors à Iénischyr, d'où il contemplait, au penchant du mont Olympe, la ville impériale de Brousse, dernier rêve de son ambition. Kara-Ali ou Ali le Noir, fils de son ami Aighoudalp, conquit l'année suivante à Othman la belle île grecque de Kalolimno, montagne dont les pentes adoucies verdissent sous de gras pâturages, et dont les bords étroits mais fertiles tentaient, par leurs vignes et leurs oliviers, la charrue de ses laboureurs. Cette île, en face du golfe de Moudania et de Gallipoli, semblait jeter un demi-pont sur la mer de Marmara pour passer d'Asie en Europe. En récompense de cet exploit, Othman donna en mariage à son lieutenant la plus belle fille grecque de l'île, dont la renommée avait enflammé l'ardeur des Turcs plus que toutes les autres dépouilles de l'île.

Cette conquête, et celle des bateaux grecs qui remplissaient les anses de Kalolimno, servirent aux pirates d'Othman à aborder la belle île de Chio, cette fleur de l'Archipel, située dans la grande mer en face des plaines de Troie et sous l'ombre du mont Olympe. Chio, dont les coteaux, exposés aux deux soleils et aux tièdes haleines de l'Archipel, étaient devenus, ce qu'ils sont encore, l'espalier de la Grèce, le jardin des sultanes, une forêt de lentisques, de grenadiers et d'orangers, était couverte de trois villes et de trois cents villages. Tantôt sauvage, tantôt cultivée, l'ombre noire des sapins et les vastes prairies encaissées dans ses vallons en pente qui descendent avec ses ruisseaux vers la mer y contrastaient avec la feuille pâle ou jaune des oliviers et des citronniers, et avec la blancheur du marbre de ses édifices et de ses terrasses. De distance en distance, l'île, élevée en pente douce mais continue au-dessus des flots, semblait ouvrir des brèches profondes dans ses murailles naturelles pour laisser entrer et sortir les barques du continent chargées, comme des corbeilles flottantes, de ses gerbes, de ses fleurs et de ses fruits d'or. La beauté des filles de Chio, dont les formes rappelaient la Vénus païenne et dont les travaux, semblables à une perpétuelle fête, ne consistaient, comme aujourd'hui, qu'à recueillir la gomme odorante de l'arbre à mastic pour parfumer l'haleine des femmes de Constantinople et de Smyrne, ajoutait un prestige de plus à la possession de ce jardin de l'Orient.

Une nuit suprême couvrit de meurtres, de pillage, de sang et de flamme cette délicieuse contrée. Trente barques, sorties la nuit des Dardanelles et se glissant dans l'ombre de l'île, débarquèrent dans une anse de Chio quelques centaines de pirates turcs. Ils gravirent, le sabre et la hache à la main, les gradins étagés de l'île, forçant les postes, pillant les trésors, enlevant les femmes et les enfants, massacrant les hommes, incendiant les toits et les jardins. La population, réveillée en sursaut, n'eut que le temps de se réfugier à demi nue sur les montagnes, de se précipiter sur la rive opposée qui regarde la pleine mer, de détacher les navires et les barques de pêcheurs endormis dans les rades et de fuir sans provisions sur les flots. La nature ne leur fut pas plus douce que la guerre. Une tempête, qui s'éleva dans la même nuit, les brisa sur les écueils de l'île de Sciros, où ils périrent tous en contemplant de loin les lueurs de l'incendie de leur patrie. Un petit nombre d'habitants de la côte qui regarde l'Asie eut le temps de se jeter dans la citadelle et d'en fermer les portes aux pirates d'Othman.

VI

Ce pillage des îles disséminées de l'archipel depuis le golfe de Satalie jusqu'au fond du golfe du mont Athos, et l'enlèvement nocturne des femmes et des enfants de ces populations sans défense, couvrirent la mer de flottilles turques parties de la côte de Caramanie, possédée déjà par d'autres princes tartares rivaux d'Othman. On nommait parmi ces émirs indépendants le prince de Castemouni, celui de Kermian, celui de Mentesché, celui de Caraman, le plus redouté de tous. Ces flottilles ravagèrent tour à tour Samos, Rhodes, Lemnos, Carpathos, Mitylène, rivale de Chio par son climat, son étendue, son opulence, ses délices, enfin Malte et Candie et les autres Cyclades.

Sur le continent, ces tribus turques, conduites par leurs émirs indépendants, débouchaient également de toutes les gorges du mont Taurus, soumettaient la Lydie, saccageaient la ville encore opulente de Sardes, brûlaient Larisse, ravageaient Éphèse, déjà ensevelie par les chrétiens sous les ruines de son temple. Les empereurs ne pouvaient plus se défendre que par la main de leurs ennemis. Andronic, qui régnait alors, offrit la main de la princesse Marie, sa propre sœur, à un émir turc nommé Khodabendé, qui promettait à ce prince de refréner ses compatriotes et Othman lui-même.

Marie, fière de la protection de son futur époux, s'avança avec sa suite nuptiale jusqu'à Nicée et somma de là Othman de respecter en elle l'épouse d'un Turc supérieur à lui en nombre et en puissance. Othman ne répondit à ces sommations qu'en marchant lui-même de Iénischyr sur les Mongols ses rivaux jusqu'aux rives de la mer Noire. Aidé par son fils Orkhan et par les compagnons de son père, il refoula les Mongols d'une main, en écrasant de l'autre les dernières convulsions des Grecs. A l'exception de Nicée, de Nicomédie et de Brousse, il assit partout sa domination dans l'Asie Mineure en face de Constantinople. Ses forteresses, bâties au pied du mont Olympe, interceptaient toutes les communications de cette capitale avec l'intérieur du pays.

VII

Vieilli avant le temps par la guerre et par la maladie, mais se voyant revivre dans son fils Orkhan, Othman, après tant d'exploits, se retira pour mourir en paix à Iénischyr. Les douleurs de la goutte l'empêchaient depuis longtemps de monter à cheval, ce trône des Tartares. Son génie, toujours libre et toujours conquérant, lança de là Orkhan armé sur le but de sa vie, Brousse. Orkhan, gravissant pas à pas les flancs de l'Olympe, redescendit ensuite comme une avalanche sur cette capitale et campa son armée dans un site culminant nommé la Tête des Sources. C'est là que les nombreux ruisseaux découlant du mont Olympe se réunissaient pour abreuver la vaste cité.

La ville, quoique défendue par un commandant intrépide et par une forte garnison grecque, sentit que sa défense ne ferait qu'aggraver sa ruine en la retardant. Le faible Andronic, incapable de se mesurer en plaine avec les Turcs, pour débloquer la seconde capitale de son empire, autorisa son général à capituler avec Orkhan au prix d'une rançon annuelle de trente mille ducats d'or que les chrétiens payeraient aux successeurs d'Othman pour en acheter une trêve, et qu'ils ont payée pendant trois cents ans. La population et l'armée de Brousse obtinrent de se retirer avec leurs trésors à Kemlic (*Cius*). Orkhan vainqueur entra sans combat dans la nouvelle capitale des Ottomans (1326). Il respecta la vie, les biens, la religion de tous les habitants de cette immense ville, qui avait préféré le joug des Turcs à l'exil éternel de ses foyers.

Mais, au moment où il envoyait à Iénischyr les courriers porteurs de la nouvelle de ce triomphe, un courrier parti d'Iénischyr lui apportait à lui-même la nouvelle de la mort prochaine d'Othman. Orkhan, plus affligé de la perte d'un père vénéré que réjoui de sa conquête, laissa son armée sous les ordres de Mikhâl, son lieutenant, et courut à Iénischyr recevoir la bénédiction et le dernier soupir d'Othman.

Othman n'avait plus rien à regretter ni à désirer dans la vie. Sa belle épouse, Malkatoun, l'avait précédé au tombeau, où il se réjouissait de la rejoindre.

Son beau-père, le sage Édébali, lumière de ses conseils,

venait de mourir à l'âge de cent dix ans, toujours écouté comme un oracle de l'islamisme et de la politique ; enfin, son fils Orkhan, aussi obéissant que brave, venait d'accomplir la pensée de toutes ses guerres en donnant dans Brousse un centre et une tête à la puissance désormais invincible des Ottomans. Il mourut comme meurent les hommes qui ont fini leur tâche avec leurs jours, sans se plaindre ni de la vie ni de la mort. Il rassembla autour du feutre étendu à terre, qui lui servait de lit, ses enfants, ses lieutenants, ses conseillers, et, s'adressant d'une voix encore ferme à Orkhan, son successeur, il prononça ces belles paroles, retenues d'âge en âge par les Ottomans.

L'historien Saadi a transmis à la postérité, dans sa solennité orientale, ce dernier entretien du père mourant et du fils vainqueur.

Au moment où ces deux princes furent l'un devant l'autre, les yeux attendris et le cœur pénétré de la plus vive affection, Orkhan, jetant un profond soupir, dit ces paroles :

« Ah ! Othman ! est-ce donc toi, source des empereurs et seigneurs du monde, toi qui as conquis et soumis tant de nations ? »

Cet excellent khan, tournant vers son fils des yeux mourants et soutenant à peine une voix presque éteinte, lui dit :

« Ne te lamente point, toi qui fais les délices de mon âme : tu me vois aux prises avec la mort, soumis au sort commun qui nous maîtrise, tant jeunes que vieux, depuis que nous respirons tous le même air de ce monde rempli de maux. Je passe à la véritable vie ; puisse ta vie être comblée de gloire, de prospérité et de bonheur. Près de me séparer de toi, je meurs sans regret, puisque je te laisse pour me succéder. Écoute cependant mes dernières instructions.

» Bannis loin de toi les soucis de cette vie. Couronné de la félicité qui t'environne, ne cherche point, je t'en conjure, ton appui dans la tyrannie et détourne tes regards de la cruauté. Cultive au contraire la justice et fais-en l'ornement de la terre. Donne à mon âme séparée de ce corps le plaisir d'une suite de victoires que tu remporteras. Et quand tu auras conquis le monde, sers-toi de tes armes pour étendre la religion.

» Entretiens une amitié juste avec les royaumes chrétiens. Répands les honneurs sur tous les savants; c'est le moyen d'affermir la loi divine; et, quelque part que tu apprennes que se trouve un homme doué de la science, comble-le de biens, de distinctions et de tes grâces.

» Que tes armées ne te rendent point présomptueux, et ne t'enfle point de tes richesses.

» Tiens près de ta personne ceux qui sont éclairés dans la loi; et, regardant la justice comme le plus ferme support des royaumes, écarte tout ce qui peut y donner atteinte. La loi divine doit être notre unique objet, c'est notre seule fin; et tous nos pas doivent tendre vers le Seigneur.

» Ne t'aventure point dans de vaines entreprises ni dans des querelles infructueuses, car ce serait une fausse ambition de ne chercher qu'à jouir de l'empire du monde. Quant à moi, je n'ai aspiré à rien autre chose qu'à la propagation de la foi : c'est à toi qu'il convient de donner l'accomplissement à mes désirs.

» Le rang que tu vas tenir t'oblige à une grande douceur envers tous; il y a des devoirs que tu dois au public, et c'est démentir le nom de roi, que de ne pas prendre sur soi de se distinguer de son peuple par la bonté et la clémence.

» Tu dois te faire une étude constante de protéger tes

sujets, et c'est en agissant ainsi que tu attireras sur toi la faveur du ciel. »

Telles furent les instructions d'Othman, refuge des fidèles; après les avoir prononcées à son fils, son âme s'envola dans les régions de l'éternité.

VIII

Othman, près de rendre le dernier soupir, avait demandé à son fils d'être enseveli à Brousse, afin de posséder au moins dans la mort ce qu'il avait convoité pendant sa vie. Il avait recommandé aussi à ses guerriers de faire désormais de Brousse la capitale des Ottomans. Orkhan et ses soldats accomplirent ce vœu du conquérant. Le corps d'Othman, escorté de ses imans et de ses compagnons de gloire, fut porté à Brousse et déposé dans une chapelle du château de cette ville, nommée la *Voûte d'argent*.

On suspendit dans la salle, auprès du tombeau, le chapelet de bois à grains énormes que le Tartare converti avait continué à rouler entre ses doigts, en énumérant les perfections de Dieu. Le tambour qu'il avait reçu d'Alaeddin, quand ce sultan lui avait donné en souveraineté la principauté de Kara-Hissar, fut placé sur son sépulcre. Un incendie récent du château de Brousse a consumé ces deux monuments grossiers de la piété et de la souveraineté d'Othman. Mais son sabre et son drapeau sont conservés intacts dans le trésor de l'empire. M. de Hammer, le plus studieux investigateur des origines du peuple ottoman, représente ce sabre comme une large épée à deux pointes qui perçait de quelque côté qu'elle frappât. Le calife Omar avait inventé, dit-il, ce sabre à deux têtes et à deux tranchants. La postérité d'Othman fit un symbole brodé sur les étendards des Ottomans de cette arme, dont une pointe menaçait l'Asie, une autre l'Europe.

L'héritage d'Othman ne consistait que dans les armes d'un cavalier et dans les ustensiles d'un pasteur. On ne trouva dans sa maison, à Iénischyr, aucun trésor. Tout ce qu'il avait perçu de tributs avait été distribué à ses compagnons. Une cuiller de bois, une salière, une veste brodée en fil de couleur, un turban de toile de chanvre, quelques couples de bœufs pour le labourage, des troupeaux de brebis et de généreux coursiers d'Arabie étaient toute sa richesse. Ses chevaux passèrent à ses fils; ses troupeaux de moutons de Mésopotamie furent transportés à Brousse, où ils se sont perpétués en propriété des sultans et où ils paissent encore sur les flancs herbeux du mont Olympe.

IX

Son costume était simple comme ses mœurs. Il portait une veste courte (caftan) en gros drap de poil de brebis doublé de la même étoffe. Les manches vides de cette veste pendaient ordinairement derrière ses épaules. Un large pantalon à plis qui se prête à l'attitude des jambes croisées, attitude de repos des Turcs, était noué par un cordon au-dessus des chevilles de ses pieds nus.

Son visage ovale et régulier, bruni par la chaleur d'un sang généreux et par le soleil de l'Anatolie, lui avait fait donner le nom de Kara-Othman, ou d'Othman le Noir, surnom de beauté virile chez les Orientaux. Ses yeux avaient conservé la teinte azurée des enfants des steppes froids de la Tartarie; mais ses sourcils, sa barbe et ses cheveux étaient noirs comme les ailes d'un corbeau du mont Taurus. Ses jambes étaient courtes comme celles des races qui vivent accroupies et dont les selles à courts étriers tiennent le cavalier plutôt assis qu'à cheval sur leurs coursiers; son buste, au contraire, était long; ses bras démesurés tombaient plus bas que ses genoux et portaient ainsi plus loin que les hommes ordinaires les coups de son sabre.

Son esprit était simple, mais juste et droit, tel qu'il suffit au chef d'une horde de pasteurs. Tout son génie était dans sa foi, qui lui ordonnait de balayer devant l'unité du Dieu de Mahomet les idolâtries ou les superstitions qui obscurcissaient ou qui souillaient l'idée d'Allah sur la terre. Cependant, sur la fin de ses jours, ses rapports avec les Grecs de Byzance avaient aiguisé la simplicité patriarcale de son esprit, et lui avaient enseigné la politique des conquérants qui veulent posséder ce qu'ils subjuguent : la marche pas à pas dans la conquête et les haltes après la victoire. Il avança lentement, mais il ne recula jamais; c'est le secret des fondateurs.

Son cœur, bon, franc, sincère, fidèle à l'amour pour Malkatoun, tendre pour ses fils, doux à ses compagnons, jamais cruel envers les vaincus, ne laissait à déplorer dans sa vie qu'un seul crime, le coup du bois de son arc sur le visage de son oncle qui s'opposait à une de ses expéditions; mais ce crime, semblable à la colère d'un Achille sauvage, fut une convulsion de la main plus qu'une férocité du cœur. Il le déplora jusqu'à sa mort; il ordonna à ses secrétaires de le consigner à sa honte dans son histoire, afin de prémunir ses descendants contre ces premiers mouvements de la colère qui deviennent des parricides involontaires, et qu'il faut expier devant les hommes pour qu'ils soient pardonnés devant Dieu. Il laissa, malgré cette violence du sang, une telle renommée de bonté pour ses peuples et de générosité pour ses ennemis parmi les Ottomans, que le surnom d'Othman le Doux lui est resté parmi ses tribus, et qu'au couronnement des nouveaux sultans le peuple, parmi les vœux qu'il adresse à haute voix au ciel pour ses souverains, leur souhaite, parmi toutes les vertus du trône, la la douceur d'Othman.

LIVRE QUATRIÈME

I

Othman laissait deux fils qui semblaient se partager à eux deux le caractère de leur père : l'aîné, Orkhan, la valeur ; le second, Alaeddin, la piété. Tous deux étaient fils de la belle Malkatoun et formés à la science et à la religion par leur grand-père maternel, le sage Édébali, père vénéré de Malkatoun.

Pendant qu'Orkhan, principal lieutenant d'Othman, combattait à la tête des guerriers turcs pour conquérir de nouvelles vallées et de nouvelles capitales à son père, Édébali élevait Alaeddin dans Iénischyr à la vertu, à la science de la législation. Ce jeune prince avait de bonne heure la maturité d'un politique et d'un sage. Les deux frères, à qui leur mère avait recommandé une indissoluble tendresse l'un pour l'autre, ne se portaient aucune jalousie. Orkhan était pénétré de respect pour les talents d'Alaeddin. Alaeddin jouissait des exploits d'Orkhan.

Avant d'accepter l'autorité suprême qu'Othman avait léguée à son fils aîné, Orkhan supplia Alaeddin de partager avec lui l'empire; mais Alaeddin, reconnaissant à la fois dans Orkhan le droit d'aînesse et le droit de la désignation paternelle, refusa obstinément ce partage du gouvernement, qui, en rompant l'unité de la souveraineté sur les compagnons d'Othman, aurait donné aux Ottomans l'exemple et les dangers de l'anarchie du pouvoir. Il ne voulut pas même accepter la moitié de l'héritage privé de leur père dans la moitié des troupeaux de moutons qui lui revenait par l'usage. Il ne consentit à recevoir, pour toute possession en propre, que le petit village de Fatour, dans la vallée retirée de Kété, dans les racines de l'Olympe, pays boisé que les Turcs d'aujourd'hui appellent encore la *Mer de feuilles* et qu'on voit noircir à l'horizon du haut du pont des bâtiments qui voguent sur le détroit des Dardanelles. « Puisque tu ne veux pas, dit Orkhan à son frère, absolument prendre les moutons, les taureaux et les chevaux qui t'appartenaient, sois donc le pasteur de mes peuples, c'est-à-dire mon *vizir!* »

Ce mot signifie en turc porteur de fardeaux, ou *celui qui supporte l'empire.*

Alaeddin se laissa fléchir de tant de tendresse et s'honora d'être le premier esclave de son frère dans l'organisation et dans les soins intérieurs du gouvernement. Nous verrons bientôt avec quelle sagesse de vues et avec quelle simplicité de rouages il organisa l'empire. Orkhan avait à peine déposé le corps de son père dans la *salle d'argent*, qu'il s'occupa d'étendre sa domination.

Ses lieutenants, sortant à sa voix d'Iénischyr, de Brousse et des sombres défilés de la Mer de feuilles, contournèrent le golfe de Nicomédie, et pénétrèrent dans la presqu'île peuplée de villes, de villages et de châteaux grecs qui s'étend de la mer de Marmara à la mer Noire, derrière la montagne des Géants, horizon de Constantinople.

L'un de ces lieutenants était Konour le vaillant; l'autre, Aghdji le vieillard, tous deux formés à la guerre dans les camps d'Othman. Ils surprirent ensemble la forteresse de Semendria, à deux heures de marche de Scutari, faubourg asiatique de Constantinople; profitant du moment où le gouverneur de Semendria faisait ouvrir les portes pour laisser sortir le convoi de son fils qui venait de mourir, les Turcs s'élancèrent à l'assaut de la forteresse, empêchèrent les portes de se refermer à temps et conquirent la ville. Le pays conquis prit et conserva le nom d'Aghdji-Kodja, *Kodja-Ily*, ou terre du vieillard.

Aïdos, forteresse voisine, fut livrée par l'amour à Abderrahman, jeune compagnon d'Orkhan. La fille du gouverneur grec d'Aïdos, éprise de la beauté d'Abderrahman, qu'elle avait vu combattre à cheval sous les murs de la ville, le revoyait en songe toutes les nuits. Sa passion l'emporta dans son âme sur tous ses devoirs. Elle lança au jeune Ottoman un billet attaché à une pierre qui tomba à ses pieds. Abderrahman, instruit par ce billet de l'amour et de la trahison de la jeune Grecque, qui lui indiquait une secrète issue pour parvenir dans la place, attendit la nuit, se glissa avec une poignée de braves par la poterne sur les remparts, fit un signal à son armée et s'empara de la garnison endormie. Il conduisit la jeune Grecque à Orkhan; Orkhan la lui donna pour épouse. Un fils, célèbre par sa beauté, naquit de leurs amours. Il fut nommé Kara-Abderrahman, et son nom, illustré par mille exploits, devint l'effroi des mères et des enfants des Grecs.

II

Les Turcs d'Orkhan furent bientôt maîtres de toutes les petites villes et de tous les châteaux qui formaient la ceinture de Constantinople depuis le golfe de Nicomédie jusqu'au Pont-Euxin. Ils élevèrent sur leurs champs de bataille des pyramides de crânes, telles qu'on en voit encore à présent entre Nissa et Sophia, monuments sacriléges qui prolongent la vengeance au delà de la mort et qui ressemblent à des restes de cannibales plus qu'à des trophées de combats. Nous avons passé nous-même sous de semblables arcs de triomphe que la terre porte avec horreur, et nous avons entendu le vent du désert résonner dans les cavités de ces crânes et siffler dans les cheveux de ces morts.

Nicomédie, siége de l'empire au moment où Dioclétien l'abandonna par dégoût de la toute-puissance, tomba bientôt au pouvoir d'Othman; capitale maritime qui lui donnait un golfe et des vaisseaux pour le porter à l'autre rive.

III

Le modeste Alaeddin, pendant les conquêtes de son frère, constituait l'empire naissant en Bithynie. Ses lois, relatives d'abord à la souveraineté, réglaient l'armée, les monnaies, le costume du souverain. Le souverain ne portait que le titre arabe d'émir; celui de sultan paraissait trop auguste encore à des princes pasteurs si récemment vassaux. La monnaie reçut l'effigie d'Orkhan. Son nom fut prononcé dans la prière; son vêtement resta celui des bergers et des cavaliers tartares; la coiffure seule prit la forme de la couronne ou de la tiare, signe de souveraineté chez les Persans. Les Turcs ne portaient à cette époque que des bonnets de feutre rouge qui couvraient le sommet de la tête tels que le réformateur Mahmoud les a rétablis de nos jours dans ses armées. Les guerriers y ajoutèrent des schalls de mousseline blanche et légère fabriqués dans l'Inde et contournés en cordon sur le front autour du bonnet. Cette coiffure, devenue nécessaire à des combattants, amortissait le tranchant des sabres sur la tête et préservait du soleil brûlant de l'Anatolie. L'émir, et plus tard le sultan, portèrent le turban brodé d'or, et lui donnèrent, selon leur caprice, des plis plus ou moins semblables à la mitre des mages ou à la corde en poil de chameau qui ceint le front de l'Arabe pasteur.

Jusque-là tout Ottoman était soldat; l'armée n'était que la tribu en campagne. Une armée permanente de soldats devint le nerf de l'empire. La cavalerie se composa toujours des Turcs les plus riches en chevaux et en armes; l'infanterie, des hommes choisis parmi les familles les moins opulentes. On assigna à chaque fantassin une solde d'un quart de dirhem d'argent par jour. On en forma un groupe de dix, de cent et de mille combattants commandés par des officiers aguerris dont le titre correspondait au nombre de soldats placés sous leurs ordres. Ces corps, qui se souvenaient de leur récente indépendance et que la discipline humiliait, perdirent par cette organisation quelque chose de cette fougue de courage et de cet héroïsme individuel qui ne recevaient de loi que de l'enthousiasme. Alaeddin et Orkhan craignirent un moment d'avoir affaibli l'esprit militaire de leur race en voulant le régulariser. Un beau-frère du sage Édébali, nommé Tschendereli, appelé au conseil et consulté sur les moyens de raviver et de perpétuer l'héroïsme des Ottomans, se souvint des institutions de la Perse et de l'Égypte, où des classes exclusivement militaires, composées d'étrangers, avaient le monopole des armes et imposaient à la fois à l'ennemi au dehors, à la sédition au dedans. Il proposa de créer parmi les Ottomans une caste semblable. Les éléments de cette caste étaient sous la main des conquérants. Dans ces fréquentes incursions qu'ils faisaient sur le continent européen et dans les îles, des multitudes d'enfants et d'adolescents, arrachés aux familles grecques, étaient ramenés en dépouilles dans les camps des Turcs. Les filles devenaient esclaves ou épouses; les garçons, bergers ou pages des vainqueurs. La prédication, la faveur ou la contrainte les faisaient facilement, à un âge si tendre, abjurer le christianisme pour professer la religion des Ottomans. Une fois convertie à l'islamisme, cette jeunesse, à qui les chrétiens reprochaient son apostasie, adoptait avec un fanatisme irrémédiable le Dieu de ses nouveaux maîtres. Les adorateurs du Christ n'avaient pas de plus irréconciliables ennemis. Sans patrie, sans famille, sans autels dans les villes dont on les avait extirpés, ils ne connaissaient plus de patrie, de famille, de religion que Mahomet. On pouvait, en leur rendant la liberté au prix du service militaire, assurer à l'armée un recrutement de fanatiques dévoués à l'émir, et chez qui l'esprit de famille et d'indépendance ne lutterait jamais contre l'obéissance servile au souverain.

Cette idée, empruntée par le vieux Tschendereli à la cour des califes de Bagdad, qui avaient formé ainsi autour d'eux une garde d'esclaves turcs élevés dans l'islamisme, séduisit Alaeddin et Orkhan.

« Le Coran l'a dit, s'écrièrent-ils ; tous les enfants en naissant apportent du ciel une secrète disposition au dogme pur de l'islamisme. Non-seulement ces étrangers, adoptés par la nation à la charge de la défendre, lui donneront leur sang contre leur liberté ; mais encore l'exemple de cette liberté, de ces armes, de ces grades, de ces honneurs affectés par le souverain à ces enfants adoptifs du prophète, entraînera des milliers d'autres enfants chrétiens à abjurer une religion qui ne les protége plus, pour embrasser une foi qui les affranchit, les récompense et les honore. »

L'institution immédiate de ce corps fut proclamée sous le nom d'iéni-tscheri ou de janissaires, c'est-à-dire nouveaux soldats.

IV

À peine Orkhan avait-il rassemblé autour de lui une poignée de ces jeunes conscrits de l'islamisme, qu'il voulut faire consacrer cette création militaire par la religion, âme de la guerre chez les Ottomans. Un saint derviche, nommé Hadji-Begtasch, vivait en grande renommée de piété au village turc de Sulidjé, non loin d'Amasie. Orkhan conduisit lui-même ses néophytes guerriers chez l'ermite pour le prier d'appeler la bénédiction divine sur sa nouvelle création et de donner un nom et un étendard à ces enfants. Le derviche, approuvant avec enthousiasme une institution qui devait arracher des infidèles à leurs erreurs pour en conquérir un million d'autres au Dieu de Mahomet, se leva, fit approcher de lui un des jeunes soldats de la nouvelle milice, et étendit, pour bénir en lui toute sa troupe, son bras sur la tête de l'enrôlé. Dans cette attitude, la manche du caftan du derviche, se détachant de son épaule, retombait sur la nuque du soldat.

« La face de la milice que tu fondes aujourd'hui, dit l'ermite inspiré à Orkhan, sera blanche et éblouissante comme le jour, son bras sera lourd, son sabre tranchant, sa flèche pénétrante. Elle trouvera la victoire en partant, le triomphe au retour. Va ! »

Orkhan et ses soldats acceptèrent l'augure par une superstition naturelle aux peuples primitifs. Les janissaires virent, dans la bizarre configuration de la manche vide du derviche retombant sur les épaules de leur compagnon, une indication surnaturelle de la coiffure qu'ils devaient adopter à la guerre. En conséquence, ils ajoutèrent à leur bonnet de feutre blanc un morceau d'étoffe taillé en forme de manche flottant sur le derrière de la tête, et ils plantèrent, entre le bonnet et le turban, une cuiller de bois au lieu d'aigrette, se glorifiant ainsi, aux yeux des autres troupes volontaires et sans solde, d'être soldés et nourris par l'*émir*. Ils donnèrent à tous les grades de leur corps privilégié des noms rappelant la subsistance des troupes en campagne. Le colonel reçut le nom de grand distributeur de soupe; les officiers supérieurs ou secondaires s'appelèrent l'un chef de la cuisine, l'autre premier porteur d'eau. Après l'étendard de cette milice, qui portait brodés en laine le croissant et le sabre à deux pointes, la marmite devint le symbole sacré de l'esprit de corps pour les janissaires, le signe du ralliement, du conseil, plus souvent de la sédition. La nation ottomane se retrouvait encore cinq siècles après dans les ustensiles de la tente qui avaient servi aux premières migrations de ces bergers tartares. Les janissaires ne comptèrent que mille hommes sous le drapeau d'Orkhan. Nous les verrons grandir en nombre, en héroïsme et bientôt en faction sous les successeurs de l'émir.

V

Alaeddin affecta pour solde aux autres corps de l'armée des terres conquises par eux sur l'ennemi. Ces fiefs distribués aux chefs conservèrent des devoirs envers le pays. Le principal était d'ouvrir et de réparer les routes. Ce fut l'origine du corps des pionniers, qui s'éleva bientôt à vingt mille hommes. Après ces pionniers, Alaeddin institua les *azabs*, infanterie irrégulière légèrement armée. La cavalerie régulière et irrégulière fut honorée du soin d'entourer l'étendard sacré et de veiller à la garde de l'émir. Chaque fief de la couronne dut fournir en outre, en cas de guerre, un certain nombre d'hommes montés, armés et équipés, nommés les mosselliman, c'est-à-dire les exempts d'impôt. Enfin, l'armée eut pour complément innombrable les *akindjis*, ou cavaliers volontaires sortant de leurs tentes à la voix du souverain et venant, sans autre organisation que leur fanatisme, et sans autre solde que les dépouilles de la campagne, grossir les ailes de l'armée. Le commandement de ces escadrons indisciplinés, mais redoutables, fut longtemps héréditaire dans la famille de Mikhal-Oghli, ami et compagnon d'armes d'Othman. Alaeddin ajouta à tous ces corps un corps de guides de l'armée appelés *tschaouschs*, chargés en même temps des messages de l'émir (1329).

Telles furent les institutions militaires d'Alaeddin et d'Orkhan pour un peuple qui se donnait à lui-même la mission de conquérir l'espace devant lui, et qui ne voulait de trêve avec les peuples limitrophes que quand l'islamisme n'aurait plus d'ennemis sur la terre.

VI

A peine l'armée avait-elle reçu son organisation et ses étendards qu'Orkhan, impatient de descendre du mont

Olympe dans la plaine, la conduisit au pied des remparts de Nicée. Le jeune Andronic, indigné de cette audace, tenta enfin de réveiller le courage des Grecs. Il rassembla les détachements et les garnisons disséminés sur la plaine de la Thrace, entre Constantinople et Andrinople, et, traversant à leur tête le Bosphore, qui baignait les murs de son palais, il passa à Scutari, faubourg asiatique de sa capitale. De là, il s'avança en ordre de bataille vers Nicée pour refouler en plaine les Ottomans, moins nombreux que lui. Mais Orkhan, plus exercé que les généraux grecs aux stratégies et aux manœuvres de la guerre, replia à temps les dix mille hommes qu'il commandait derrière les défilés et les mamelons de la chaîne de montagnes qui vient mourir dans la plaine de Nicée. Ces défilés et ces mamelons, qui couvraient le petit nombre des Turcs, leur permettaient d'éviter ou d'accepter à leur gré les nombreuses mais molles cohortes d'Andronic. L'empereur lança en vain trois fois ses colonnes contre les Ottomans ainsi retranchés. Leur situation et leur courage les rendaient inabordables. Bientôt les Turcs, débouchant des défilés et descendant des collines sur les escadrons grecs les plus avancés, dispersèrent sous leurs flèches les ailes de l'armée d'Andronic, et, se repliant avec la rapidité de leurs chevaux sauvages, enveloppèrent le centre. L'empereur lui-même combattait avec un courage digne d'un autre peuple et d'un autre temps; son historien et son général, Cantacuzène, en le couvrant de son corps, fut renversé de son cheval tué sous lui.

Andronic lui-même, blessé d'une flèche à la cuisse, allait tomber avec le faible groupe de ses défenseurs dans les mains d'Orkhan. Sébastopolos de Mysie, un des soldats étrangers de sa garde, ramena au galop trois cents cavaliers au secours de l'empereur et parvint à relever Andronic. Les Turcs, refoulés un moment par le choc de la cavalerie de Sébastopolos, avaient laissé échapper cette prise.

L'armée d'Andronic, le croyant mort, s'était débandée à ce bruit et fuyait sans être poursuivie vers la mer. L'empereur, blessé et porté sur une litière, la suivait, envoyant message sur message à Constantinople pour demander des bateaux à Scutari afin de sauver ses débris. On eut à peine le temps de l'embarquer enveloppé dans un tapis et baigné dans son sang. Les Turcs d'Orkhan arrivèrent presque aussitôt que lui au rivage. Cette honte donna cependant un remords aux Grecs. Ils repassèrent de nouveau le Bosphore sur les pas de leur empereur et livrèrent une seconde bataille en plaine à Orkhan.

Ce champ de bataille au bord de la mer de Marmara, sous les murs de Philocrène, ne fit qu'attester une fois de plus la lâcheté des cohortes byzantines, qui n'avaient plus de soldats que les armes.

Une charge de trois cents cavaliers turcs commandés par Ali le Vieux, commandant de l'avant-garde d'Orkhan, força le camp des Grecs, les dispersa comme un troupeau de brebis, pénétra jusqu'aux tentes de l'empereur, dont les chevaux de guerre bridés d'or et caparaçonnés de housses d'écarlate devinrent la dépouille des Osmanlis. L'armée fugitive, qui se pressait sous les murs de Philocrène, dont les clefs égarées ne permettaient pas d'ouvrir assez vite au gré de sa terreur, laissa tomber sous le sabre des Turcs un grand nombre de courtisans de l'empereur et de ses principaux officiers. Le reste se rendit prisonnier aux lieutenants d'Orkhan, ou se jeta pêle-mêle dans des barques qui leur prêtèrent l'asile des flots. L'empereur rentra humilié et découragé dans son palais.

VII

Il vit bientôt, du haut de ses tours, les derniers assauts des Ottomans contre les remparts de Nicée. Les pionniers turcs d'Alaeddin creusèrent un fossé de circonvallation autour de cette capitale abandonnée de ses défenseurs. Trois ans de siége avaient épuisé le courage et l'espoir de ses habitants. Orkhan, inondant la plaine d'un débordement de tous ses cavaliers, se présenta à la tête de tout un peuple pour submerger une seule ville. Nicée, ainsi cernée, se rendit sans combat pour sauver au moins sa population du carnage et de la servitude. Plus confiants dans le pardon du khan vainqueur que dans les secours de l'empereur vaincu, les Nicéens, en habits de suppliants, se portèrent en foule au-devant d'Orkhan, qui entra en triomphe dans sa conquête par la route d'Iénischyr en mémoire de son père. Les troupes de l'empereur qui formaient la garnison de la ville furent autorisées à se retirer avec leurs armes à Constantinople. Le plus grand nombre préféra le séjour de Nicée et le joug des vainqueurs au service d'un empire qui ne savait ni vivre ni mourir.

VIII

Ainsi Orkhan, chef d'une petite tribu de pasteurs turcs, venait de conquérir sans artillerie cette capitale de Nicée vers (1097), que cinq cent mille croisés latins, commandés par les premiers princes et les premiers capitaines de la chrétienté, n'avaient pu conquérir, après sept semaines d'assauts, avec toutes les armes de l'Europe. C'est que Nicée, à cette époque, était défendue contre les croisés moins par les Grecs que par les Turcs à leur solde. C'était un Turc d'une taille et d'une force de géant qui lançait du haut des remparts des blocs de rocher sur les soldats de Godefroy de Bouillon. Les croisés dans ce premier siége ne cherchaient que la gloire, les Ottomans cherchaient une patrie dans le sang. L'Orient, qui avait résisté aux uns, cédait aux autres. Orkhan n'abusa pas de sa victoire; il se souvint des dernières paroles de son père.

Il ne contraignit les chrétiens qu'à reconnaître la souveraineté des soldats de Mahomet et à payer le tribut. Il leur laissa le libre exercice de leur religion; mais il réserva à sa propre religion les plus beaux édifices du culte. Il éleva une mosquée à la place où trois cent dix-huit évêques d'Orient et d'Occident, réunis sous le sceptre de Constantin, avaient défini les dogmes du christianisme, où le philosophe Arius, dont la doctrine se rapprochait de celle de Mahomet, avait été condamné, où les images avaient été déclarées le complément sacré du culte de l'esprit. Il annexa le premier des Médressés ou écoles théologiques et scientifiques aux mosquées. Un Kurde, Tadjeddin, et un Turc, Daoud, y furent les premiers professeurs de droit ottoman. Il y fonda, de plus, les premiers hospices chargés de nourrir les pauvres des dons obligatoires aux croyants. Ces hospices, nés de la prescription de Mahomet, qui revendiqua une part des revenus du riche pour l'indigent, s'appelèrent imarets. Orkhan lui-même, à l'exemple du prophète et des califes, y distribuait la soupe aux pauvres de Nicée.

IX

Bientôt cependant le fanatisme de ses imans et les exigences de ses compagnons de guerre pervertirent ses premiers desseins et le poussèrent aux persécutions et aux déprédations envers les chrétiens qui résistaient à son zèle. Il enrôla de force les enfants des Nicéens convertis à l'islamisme par le sabre pour recruter ses janissaires. Il fit brûler les images comme des signes consacrés d'idolâtrie qui scandalisaient les croyants à l'immatérialité de l'essence divine. Il renversa l'autel du synode de Nicée. Il effaça, avec la pointe de son sabre, sur les murailles de ce synode, la profession de foi de Nicée, et il fit graver en lettres d'or la profession de foi des Ottomans : « *Il n'y a pas d'autre Dieu que Dieu, et Mahomet est son prophète.* » Enfin il partagea comme un vil troupeau, entre ses guerriers, les veuves et les filles grecques de la ville, privées par la peste ou par les combats de leurs maris ou de leurs pères. Il donna les unes en esclaves, les autres en épouses aux Ottomans. Il distribua entre ses principaux compagnons les magnifiques palais de la ville conquise. Son fis aîné, Soliman, fils de la captive grecque Nilufer, que son père lui avait donnée à l'âge de douze ans, reçut le commandement de Nicée. Son second fils, Amurat, encore dans l'enfance, fut nommé gouverneur de Sultan-OEni, sa première station montagneuse, à la place de Konour, qui venait de mourir de vieillesse.

Nicée, appelée désormais Isnik par ses nouveaux maîtres, conserva encore quelques années l'importance et la splendeur que cette capitale de la théologie grecque avait dues à ses conciles, à ses symboles et à ses schismes mémorables; puis elle ne garda plus de son antique renommée que les fabriques de faïence de Perse, où l'Orient venait s'approvisionner de luxe céramique.

« Aujourd'hui, dit M. de Hammer, le voyageur qui erre dans l'enceinte de ses fortifications, dont les hautes et épaisses murailles ont été seules respectées par le temps et par la main des hommes, croit errer dans un steppe solitaire semé de loin en loin de quelques cabanes indigentes. Les caravanes de pèlerins n'y distinguent plus que les tombeaux de Gunduzalp, frère d'Othman, et du poëte turc Khiali. L'antiquaire y lit encore, en écartant le feuillage des plantes qui tapissent les tours et les murs, les inscriptions fastueuses des empereurs grecs qui l'abandonnèrent aux Ottomans. »

Alaeddin, le vizir d'Orkhan et le législateur de sa race, mourut dans le village de l'Olympe, où il s'était retiré pour méditer ses lois dans la solitude, peu de temps après la conquête de Nicée (vers 1330). Orkhan pleura ce frère chéri et dévoué qui portait la moitié du fardeau de l'empire. Il nomma son fils Soliman vizir à la place de son oncle Alaeddin. Soliman, plus guerrier que législateur, s'occupa plus à étendre l'empire qu'à l'organiser.

Orkhan désirait posséder un port sur la mer de Marmara, sur la rive asiatique, pour rivaliser avec Gallipoli, située sur la rive d'Europe. Les Grecs avaient construit de toute antiquité, non loin des racines du mont Olympe, au fond du golfe de Moudania, une ville maritime nommée *Brousse de la Mer*, puis *Kibotos*.

C'est de cette ville forte que l'armée des croisés latins avait marché au siége de Nicée, démantelant ainsi eux-mêmes en Orient les remparts de l'empire chrétien. Soliman vit, à l'approche de son armée, la population entière de Brousse de la Mer jeter ses armes et s'embarquer avec ses femmes, ses enfants, ses trésors, pour la rive opposée. La chute de Nicée avait ébranlé toute cette côte d'Asie. Les villes et les châteaux y tombaient d'eux-mêmes. Pendant ces conquêtes sur les Grecs, Orkhan lui-même, rapproché de son fils et de son vizir, à la tête de tous les guerriers de sa race, sortant de Brousse et descendant par les pentes opposées dans les vallées de l'Anatolie, réduisait à la soumission et à la dépendance tous les chefs et toutes les tribus de Turcs jusque-là insoumis qui ravageaient les provinces de l'empire depuis le mont Taurus jusqu'au pied du mont Olympe.

Ce reflux sur eux-mêmes des Turcs nationalisés sous Othman, et disciplinés sous Orkhan, rallia sous un même nom et sous un même chef les neuf émirs et les neuf peuplades détachés jusque-là du trône des sultans seldjoukides. C'est en les combattant et en les ralliant tour à tour à l'unité ottomane sous ses lois qu'Orkhan adjoignit à l'empire Nicomédie, la Mysie, ce royaume légué aux Romains par Attale, et sa capitale, l'antique Pergame, célèbre dans les arts par l'invention du parchemin, à qui le monde doit ses annales.

La bibliothèque de Pergame, qui contenait deux cent mille manuscrits, périt dans cette lutte civile entre les Turcs; ses temples et ses édifices jonchent de leurs ruines le sol que les chrétiens avaient déjà bouleversé pour y ensevelir les dieux d'un autre ciel, et que les Turcs bouleversèrent à leur tour pour y ensevelir les statues et les images des chrétiens. Ce n'est plus qu'une bourgade qui a perdu jusqu'à son nom, où quelques Grecs et quelques Turcs font paître leurs troupeaux sur les fondations du temple d'Esculape.

X

Orkhan, après cette campagne contre sa propre race, et après avoir nommé des gouverneurs de son sang dans toutes ces provinces situées entre les deux mers, sentit le besoin de la paix pour laisser s'enraciner les institutions d'Alaeddin. L'empire grec ne pouvait lui échapper; mais il fallait préparer dans les Ottomans un peuple capable de se transplanter en Europe sans rien abandonner de l'espace qu'il venait de remplir en Asie. Le croissant à deux cornes de son drapeau et l'épée à deux pointes signifiaient ce double empire promis à ses descendants.

Vingt années de paix furent consacrées par lui à peupler, à cultiver, à civiliser, à fortifier l'empire. Brousse, sa capitale temporaire, enrichie des dépouilles des royaumes renversés à ses pieds, et remplie d'esclaves et d'artistes grecs employés à illustrer la ville des vainqueurs, éleva ses remparts, ses mosquées, ses minarets, ses tombeaux, ses édifices, au niveau de ceux de Constantinople, qu'on entrevoyait dans le lointain. Les deux capitales semblaient se défier en attendant que l'une détruisît l'autre.

Des caravansérails immenses élevèrent leurs dômes, creusèrent leurs voûtes, firent jaillir leurs jets d'eau pour les caravanes qui, de tous les points de l'Asie, apportaient et remportaient leurs échanges à Brousse. Des couvents de derviches, de moines mahométans, couvrirent les flancs du mont Olympe de pieux solitaires, parmi lesquels les Ottomans citent Geiklibaba ou le *Père des cerfs,* par allusion à son goût pour l'ombre des forêts, et furent dotés par Orkhan d'ermitages encore aujourd'hui célèbres. Les plus humbles industries pastorales ou agricoles recevaient des encouragements, et même de la gloire, de la munificence d'Alaeddin et d'Orkhan. Ils honorèrent d'un tombeau monumental, encore debout, un vieux pasteur qui avait inventé de durcir le laitage dans des vases d'argile. On appela ce tombeau le tombeau de Doghlibaba ou du *Père des potiers.* Une source, nommée la source du ciel, murmura au pied du monument, sous les platanes. Le peuple, crédule, attacha des traditions merveilleuses à ces sages, à ces ermites, à ces artisans des premiers temps de la conquête. Selon les chroniqueurs populaires des Turcs, le vieux derviche *Père des cerfs* vivait dans les hautes forêts de l'Olympe et n'en descendait que pour dicter à Orkhan les oracles du ciel.

Un jour qu'il était descendu ainsi à Brousse, assis sur le

dos d'un daim apprivoisé et tenant à la main un rameau de platane, l'arbre favori de l'Olympe, le vieillard planta sa branche de platane dans la cour du palais d'Orkhan, annonçant que l'empire s'enracinerait et étendrait ses rameaux comme l'arbre séculaire. L'arbre et le palais ont péri, consumés dans un des incendies de Brousse.

Abd-el-Mourad, autre derviche, guerrier favori d'Orkhan, avait fait le vœu de ne jamais se servir dans les combats que d'un sabre de bois de platane. La vigueur de son bras donnait, dit-on, à cette arme le coup et le tranchant du fer. Orkhan, à la mort d'Abd-el-Mourad, fit déposer l'arme dans le trésor des reliques de l'empire.

XI

Les parents, les ministres, les compagnons d'Orkhan, enrichis par leurs gouvernements et par leurs dépouilles, bâtirent, à son exemple, des palais, des mosquées, des monastères, des caravansérais, dans la capitale. Les alentours se couvrirent de fontaines, d'aqueducs, de jardins délicieux. Les moines de Byzance, qui avaient recherché de toute antiquité les sauvages et ombreuses vallées du mont Olympe, ces Arcadies de l'Asie, cédèrent ces retraites aux solitaires musulmans. Les poëtes et les sages y fixèrent leur séjour, de préférence à toutes les contrées de l'Arabie, de la Syrie et du Taurus.

Scheiki, le premier des poëtes turcs, y écrivit son poëme amoureux des aventures de *Ferhad et de Schirin*, sorte de cantique des cantiques en récit des Orientaux. D'autres poëtes s'y illustrèrent par des odes tour à tour religieuses comme des psaumes, voluptueuses comme des soupirs. Les théologiens, les jurisconsultes, y rédigèrent leurs commentaires et leurs codes.

Des colonies de Bagdad et de Damas semblèrent peupler de science et de littérature la nouvelle Bagdad de l'islamisme. Cinq cents tombeaux élevés à la mémoire de ces théologiens, de ces poëtes, de ces législateurs, de ces vizirs, de ces héros, attestent la magnificence des sultans et la pente du caractère de ces pasteurs guerriers vers la méditation et vers l'enivrement intellectuel de la poésie. Parti du désert, guidé par la foi, illustré par les armes, on sentait dans ce peuple, plus qu'aujourd'hui, le triple génie de la contemplation, de l'adoration et de l'héroïsme.

La paix ou la trêve de vingt ans conclue entre Orkhan et l'empire de Constantinople n'avait profité qu'aux Ottomans. L'empire de Byzance portait en lui-même la guerre intestine, et les factions qui décomposent les États vieillis y avaient remplacé le patriotisme. Remontons le cours de ces années de paix pour contempler le déplorable empire dont Orkhan attendait avec certitude la dernière heure.

XII

Après que l'usurpateur Michel Paléologue VIII eut fait brûler les yeux du jeune empereur Lascaris (1262), et obtenu du clergé asservi ou complice l'absolution de son crime et la reconnaissance de son usurpation, les Andronic Paléologue s'étaient tour à tour partagé ou disputé le trône. Andronic II avait un fils auquel il avait donné aussi le nom de Michel pour perpétuer en lui la mémoire de Michel Paléologue, son grand-père et le fondateur de leur dynastie. Ce second Michel, véritable Britannicus de l'empire croulant, avait été, par Andronic son père, associé à l'empire. Loin d'abuser de cette élévation anticipée; Michel avait combattu avec désintéressement et fidélité pendant vingt ans pour la gloire d'Andronic son père et son collègue. Il mourut avant l'heure de son règne. Il laissait un fils enfant, l'espérance et l'idole de son grand-père. Cet enfant reçut le nom d'Andronic le Jeune, pour le distinguer du vieux Andronic, qui l'élevait pour le trône. Cet enfant, indigne du sang de son vertueux père, fut corrompu avant l'âge par les complaisances et les adulations de la cour de Constantinople.

Ses compagnons de débauche, impatients de dévorer son règne, et trouvant que le vieux Andronic vivait trop longtemps pour leur ambition, lui persuadèrent de demander à l'empereur une province à gouverner par anticipation pour s'exercer à l'empire dans une licence complète d'autorité et de mœurs. Le vieux Andronic s'offensa d'une ambition si pressée de régner et réprima avec une juste sévérité les désordres dont son petit-fils scandalisait la capitale. Un fratricide annonça bientôt à Constantinople le règne d'un Néron de l'Orient. Soupçonnant qu'une courtisane grecque, dont il avait reçu les premières complaisances de l'amour, accueillait les visites nocturnes d'un autre amant, il aposta sous les fenêtres de cette femme des jeunes gens armés, instruments de ses débauches, avec ordre de tuer le premier passant dans lequel ils soupçonneraient son rival. Soit hasard, soit rivalité, le jeune Manuel Paléologue, son frère, passa à cette heure dans la rue et tomba sous le poignard des amis d'Andronic. Ce malheur ou ce crime, qui privait Andronic II d'un de ses petit-fils par le complot ou par le désordre de l'autre, remplit de douleur et de colère le cœur du malheureux prince.

Dans son indignation, l'empereur désigna pour son héritier un troisième fils de Michel. Andronic, héritier naturel et dépossédé, demanda des juges. Sa condamnation et sa déposition du rang d'Auguste étaient certaines si ces juges avaient été libres. Mais la faction du jeune ambitieux intimida par le nombre, par les cris et par les armes, le tribunal et l'empereur lui-même. Les cours du palais étaient remplies d'une multitude ameutée de courtisans qui se sentaient frappés dans le châtiment de leur chef. La popularité, comme dans les époques de décadence des mœurs, ne s'attachait pas à la vertu, mais à l'audace; tous les vices de Constantinople se sentaient couronnés dans Andronic. L'empereur, désarmé, transigea avec son petit-fils, et lui concéda le pardon en attendant qu'on lui ravît le trône. Andronic hâta par une conjuration l'heure de précipiter son aïeul.

XIII

L'âme de cette conjuration de palais était le grand chambellan, Jean Cantacuzène, courtisan politique, écrivain, homme tel que les civilisations vieillies en font surgir entre les peuples et les trônes, qui réunissent en eux l'élégance des mœurs, l'art de la parole, la souplesse des flatteurs, la vénalité des ambitieux, le génie des conspirateurs. Jean Cantacuzène, habile à se préparer un règne en sapant un autre règne, fit évader pendant la nuit le jeune Andronic du palais et s'enfuit avec lui à Andrinople.

Une armée de cinquante mille Grecs, toujours plus prêts à déchirer l'empire qu'à le défendre, se rassembla de toutes les villes voisines autour de la faction d'Andronic le jeune et de Cantacuzène. L'empire, divisé, eut ainsi pendant sept années deux capitales, deux armées, deux maîtres. Cette guerre parricide, entre le grand-père et le petit-fils, suspendue pendant si longtemps par les négociations de Cantacuzène, se dénoua sans choc par un partage des provinces, des honneurs et des trésors du trône. Mais ce partage, qui légitimait la révolte du jeune prétendant, ne lui suffit pas longtemps. Les défaites successives du vieux Andronic par les Ottomans servaient de griefs à son jeune collègue.

« Que ma situation, disait-il à ses peuples, est différente de celle du fils de Philippe de Macédoine! Alexandre se plaignait de ce que son père ne lui laissait rien à conquérir, et moi de ce que mon grand-père ne me laissera rien à perdre! »

XIV

De telles paroles, en promettant un vengeur à Constantinople, détachèrent du vieil empereur la fidélité des soldats et l'amour du peuple. Le palais, surpris et forcé par le jeune Andronic, livra l'empereur à la merci de son petit-fils.

Abandonné de ses courtisans, n'ayant autour de lui qu'une troupe de prêtres et de pages, le souverain détrôné, sans se douter du danger, pendant la nuit, entendit à son réveil le bruit des armes dans ses appartements et les acclamations des troupes qui proclamaient sa déchéance. Prosterné aux pieds d'une statue de la Vierge, il attendit la mort ou l'indulgence de son rival. On lui laissa la vie par dédain plus que par générosité. Cantacuzène n'avait pas besoin d'un sang qui aurait crié vengeance, et il avait besoin de conserver des espérances et des pierres d'attente aux deux grandes factions balancées l'une par l'autre entre ses mains habiles.

On accorda à l'empereur dépossédé et aveugle la résidence dans les appartements reculés du palais, quelques vains honneurs de titre et une pension de dix mille pièces d'or pour sa maison. Il n'avait d'autre distraction à ses regrets et à sa cécité, raconte son historien, que d'errer de chambre en chambre dans la solitude de ses appartements, et d'entendre le gloussement au soleil des poules des cours du voisinage, seul bruit de vie qui montât des cours désertes du palais.

Enfin les partisans de son petit-fils, toujours inquiets d'un retour de justice ou de pitié à ce vieillard, le contraignirent à attester sa renonciation au trône en revêtant l'habit monacal et en prononçant les vœux d'abnégation monastique. Le vieil empereur, sous le nom du moine Antonios, était réduit à supplier son petit-fils pour obtenir de sa munificence une robe fourrée pendant les rigueurs de l'hiver. Son médecin lui interdisait l'eau, son confesseur lui défendait le vin. Obligé de s'abreuver de sorbet d'Égypte, il vieillit négligé dans le palais où il avait si longtemps régné, offrant à son peuple et laissant à l'histoire le plus mémorable exemple de l'ingratitude humaine. Il mourut enfin sous l'habit de moine contre lequel il avait changé la pourpre.

XV

L'ingrat Andronic III, son petit-fils, jouit d'une puissance si indignement convoitée sans relever l'empire. Ses débauches le conduisirent jeune au tombeau (1341). Il laissa pour héritier un fils qu'il avait eu d'une princesse de Savoie. Ce fils se nommait Jean Paléologue. Cantacuzène, le grand chambellan, gouverna pendant la minorité de cet enfant. La puissance de ce grand officier du palais, dont nous avons vu les intrigues contre-balancer le pouvoir de son premier maître, égalait celle des empereurs. Le registre de ses richesses privées rappelle les opulences de Lucullus ou de Crassus à Rome. La confiscation de ses trésors en argent, après son premier exil, suffit à équiper une flotte de soixante vaisseaux. Ses greniers contenaient l'approvisionnement d'une capitale en orge et en froment. Deux mille couples de bœufs labouraient ses terres de Thrace; deux mille cinq cents cavales entretenaient de poulains ses haras; trois cents chameaux, cinq cents mulets, cinq cents ânes, cinq mille génisses, cinquante mille porcs et soixante-dix mille moutons remplissaient ses étables ou couvraient ses pâturages.

Là où un sujet possède de telles richesses l'État ne tarde pas à s'appauvrir. Une telle fortune suffit à solder une ou plusieurs factions. Andronic le jeune avait voulu plusieurs fois l'associer à l'empire. Il s'était contenté jusque-là de la puissance sans s'arroger le titre. Sa régence pendant une longue minorité lui présentait moins d'envie et plus de sécurité.

Mais Anne de Savoie, mère encore jeune de l'empereur enfant, conseillée par un rival de Cantacuzène, revendiqua témérairement la tutelle de son fils. Le clergé et le peuple de Constantinople se déclarèrent pour la mère contre le grand chambellan. Ses biens furent confisqués, sa mère jetée dans un cachot.

A cette nouvelle, Cantacuzène, jugeant qu'il n'y avait plus de refuge pour lui que sur le trône, séduisit son armée et se fit couronner empereur à Démotica, ville de Thrace. Ses officiers grecs et les guerriers croisés qui peuplaient son armée lui chaussèrent les brodequins de pourpre, signe de l'empire.

XVI

Constantinople et les provinces d'Europe ne suivirent pas cette fois la révolte de l'armée, le clergé, les grands, le peuple, espérant mieux du règne débile d'une femme et d'un enfant que du règne impérieux d'un grand politique. Les trésors des palais et des églises achetèrent en Bulgarie des ennemis à Cantacuzène. Son armée, longtemps immobile derrière ses retranchements, s'alanguit dans l'inaction. A la fin, abandonné de ses troupes, l'usurpateur se réfugia vaincu sans combat dans Thessalonique. Il passa de là en Servie pour implorer le secours du despote des Serbes, peuple barbare qui commençait à s'immiscer dans les querelles de l'Orient, où il portait le poids de ses armes. Les Serbes, après l'avoir accueilli, le congédièrent sans insulte, mais sans secours. Cantacuzène revint vers la mer, et implora l'alliance des Ottomans, les conquérants de sa patrie.

Une de ses filles, donnée en mariage à l'émir (vers 1346), fut le gage de cette alliance, qui fit trembler dans Constantinople les ennemis de Cantacuzène. Deux de ses parents, prisonniers dans le palais, ayant aperçu un jour le premier ministre de l'impératrice qui examinait sans suite des travaux ordonnés par lui dans les cours de leur prison, s'armèrent des outils des ouvriers, se précipitèrent sur le ministre, et l'étendirent mort à leurs pieds. Les prisonniers du parti de Cantacuzène, brisant leurs fers à ce signal, et suspendant aux créneaux de leur tour la tête du ministre assassiné, appellent à la liberté le peuple. Mais le peuple, ému par les larmes de l'impératrice et de la veuve du mort, ne répondit à cette provocation qu'en forçant les portes de la prison et en immolant, innocents ou coupables, tous les prisonniers suspects d'attachement au parti de l'usurpateur. Celui-ci s'approchait avec un corps turc de Constantinople.

Anne de Savoie, menacée d'une rivale de puissance dans une autre impératrice qui s'assoirait à son niveau sur le même trône, jurait de s'ensevelir sous les cendres de son palais. Ces serments ne purent balancer la victoire. Cantacuzène, invincible avec ses nouveaux auxiliaires, entra dans Byzance (1347), ménagea respectueusement l'impératrice, donna une autre de ses filles au jeune empereur, et se contenta pour lui-même de la régence pendant dix ans. Les enfants qui naîtraient de l'empereur et de sa fille devaient confondre le sang des deux races prétendant à l'empire, les Paléologues et les Cantacuzènes. L'empire, appauvri par la longue guerre civile, était si ruiné, que le festin impérial du mariage fut servi dans des vases d'étain et d'argile.

XVII

Cette réconciliation fut agitée et courte. Le jeune empereur, échappant à son tour au régent, son collègue, s'enfuit à Thessalonique, appela les Serbes à son parti, et, vaincu encore, se réfugia dans un esquif sur le rocher de Ténédos, en face des Dardanelles.

Cantacuzène, indigné, répondit à cette agression en faisant couronner son propre fils empereur à Constantinople.

Les marchands génois, qui avaient contruit une ville avec l'autorisation de l'empire en face de Byzance, du côté opposé à la Corne-d'Or, conspirèrent avec les partisans cachés des Paléologues contre l'usurpateur. Pénétrant la nuit avec deux galères génoises chargées de soldats et d'armes dans le port, ils se firent ouvrir la porte du palais. Aux cris de : « Victoire et fidélité à l'empereur Paléologue ! » ils entraînèrent la garde même de Cantacuzène à la sédition. Cantacuzène, réveillé par ce cri vengeur et renfermé dans l'intérieur de son palais, abdiqua, pour épargner, dit-il, le sang de sa patrie (1355). Il se retira, dans un monastère sous le nom de père Josaphat, et, ne pouvant plus remuer l'empire, il voulut encore remuer le ciel.

XVIII

Une doctrine mystique, émanée des fakirs de l'Inde, apportée en Asie Mineure par les derviches musulmans, et adoptée avec une superstitieuse stupidité par quelques moines chrétiens grecs, passionnait alors les esprits quintessenciés de ce peuple, plus que les discordes civiles et les catastrophes de l'empire. Un abbé fanatique, supérieur des milliers de moines qui peuplaient les vallées et les rochers du mont Athos, cette ruche de cénobites, avait expliqué ainsi à ses moines la doctrine autour de laquelle le monde théologique s'agitait :

« Quand vous serez seul dans votre cellule, fermez la porte, et asseyez-vous dans un angle. Élevez votre imagination au-dessus de toutes les choses vaines et transitoires ; appuyez votre barbe et votre menton sur votre poitrine, tournez vos regards et vos pensées vers le milieu de votre corps, et cherchez le siége de l'âme. Tout vous paraîtra d'abord désordre, obscurité et confusion ; mais, si vous persévérez jour et nuit, vous éprouverez une jouissance délicieuse. Dès que l'âme a découvert la place du cœur, elle jouit d'une lumière mystique et éthérée. »

Ce rêve des quiétistes modernes, renouvelé des quiétistes orientaux, devait fasciner le génie argutieux des Grecs que la théologie avait aiguisé depuis sept siècles aux controverses sacerdotales. Des distinctions inexplicables qui prétendaient tout expliquer vinrent obscurcir encore ces ténèbres. La passion s'empara de ces fantômes de l'esprit pour diviser les cœurs. Il y eut des factions théologiques plus âpres et plus sanguinaires que les factions du palais.

La fureur des moines du mont Athos menaça la vie d'un autre moine nommé Barlaam, qui niait la divinité de cette émanation lumineuse du corps humain. Un autre moine, nommé Palamos, prétendit que cette lumière était le milieu divin qui avait ébloui les disciples du Christ pendant sa transfiguration sur le mont Thabor. L'empire tout entier prit parti pour ou contre cette hallucination du mont Thabor.

Cantacuzène présida comme empereur le synode qui déclara cette croyance dans la divinité de la lumière article de foi (1351). On priva de la sépulture les incrédules à cette chimère des visionnaires. Il continua de défendre dans son couvent, par ses écrits, ce qu'il avait défendu par sa puissance sur le trône. Il mourut dans l'emploi de ses dernières années à ces puérilités de la polémique.

XIX

L'empire lui dut le premier exemple du mariage d'une princesse chrétienne de la famille impériale avec un émir ottoman. Vers 1346, les ambassadeurs d'Orkhan vinrent prendre à Selymbria, sur la rive d'Europe, la belle Théodora, fille de Cantacuzène et de l'impératrice Irène, sa femme. On avait tendu un immense pavillon en soie sur le bord de la mer pour servir de gynécée à l'impératrice Irène et à ses filles. Elles y passèrent la nuit. Au lever du jour, l'empereur Cantacuzène parut à cheval à la tête de son armée derrière la tente. Les rideaux tombèrent ; la jeune et belle Théodora, victime sacrifiée à la concorde entre les deux races, se montra aux Grecs et aux Turcs assise sur un trône élevé dont le dais en soie et en or étonnait la simplicité des Ottomans. Les eunuques du palais de Constantinople, demi-hommes dont les Turcs empruntèrent bientôt l'infâme usage à la corruption des empereurs de Byzance, étaient prosternés le front dans la poussière, au pied du trône. Les trompettes remplirent les airs de sons belliqueux.

A ce signal, Théodora, pleurant sa mère, son Dieu, sa patrie, fut remise aux ambassadeurs d'Orkhan. Une flottille turque l'emporta sur l'autre rive où l'attendait son époux. Les deux religions s'étaient fait des concessions réciproques pour sauver le double sacrilége aux yeux des deux races. Théodora avait le droit de conserver le culte de son enfance dans le harem de Brousse. Quoique épouse d'un mari qui entretenait d'autres épouses dans son palais, elle y vécut en chrétienne pieuse et irréprochable au milieu des mœurs musulmanes. Elle y conquit l'amour de son mari et le respect des Turcs.

Peu de mois après cet adultère entre les deux empires, Cantacuzène, rentré en possession de Constantinople par le secours de son gendre, rendit visite à sa fille dans le palais de Brousse. Orkhan, accompagné des quatre fils qu'il avait déjà de ses autres femmes, vint au-devant de l'empereur, son beau-père, jusqu'à Scutari. Les festins et les chasses dans le mont Olympe signalèrent cette hospitalité d'Orkhan à Brousse. Théodora obtint de lui la permission de retourner de temps en temps visiter sa mère et ses sœurs dans la patrie et dans les temples de son enfance. Elle revint toujours fidèlement à Brousse, même quand l'ambition d'Orkhan eut fait oublier à ce prince les serments d'éternelle amitié qu'il avait faits au père de sa femme.

Mais l'empereur grec avait été obligé d'accepter de ses vainqueurs, devenus ses protecteurs, une loi plus odieuse et plus antipathique à l'honneur et à la foi des chrétiens. Les Turcs avaient stipulé pour eux le droit de conduire leurs esclaves prisonniers, même chrétiens de race, et de les vendre à leur profit sur les marchés de Constantinople, afin d'en tirer de plus riches rançons.

On vit, disent les historiens byzantins, on vit, à la honte des hommes et des anges, une foule de chrétiens de tout sexe et de tout âge parqués comme des troupeaux sans maître sur les places de Constantinople, et vendus au plus offrant chrétien ou barbare, sans acception de culte. Les Turcs les accablaient de fer et de sévices sous les yeux des Grecs leurs compatriotes, afin d'exciter par la pitié les chrétiens riches à racheter leurs frères; mais, malgré cette émotion publique, un grand nombre d'enfants et de vierges restèrent sans enchères, et furent reconduits dans les provinces turques d'Asie pour y abjurer leur foi ou pour y subir l'esclavage sous des maîtres mahométans.

XX

Orkhan, à qui son père avait donné pour épouse, à l'âge de douze ans, la belle et fameuse Nilufer, avait plus de soixante ans quand il épousa Théodora.

Son fils aîné, Soliman, s'exerçait, sous lui, aux armes et à la politique. Orkhan lui avait donné le gouvernement absolu de l'antique Mysie, où les barbares eux-mêmes admiraient les ruines de la ville opulente de Cyzique, renversée et spoliée par Lucullus. Les ruines de Cyzique sont situées sur une presqu'île de la mer des Dardanelles, en face de la côte d'Europe. Une nuit que Soliman, assis au bord de la mer, contemplait, dans un solennel recueillement, ces débris de temples et de palais éclairés comme des monuments fantastiques par le demi-jour d'une lune à son premier croissant, une brume transparente, chassée par le vent du nord, vint se répandre sur ces ruines et leur imprimer, par ses ondulations, l'apparence de la vie et du mouvement. Il crut que ces fantômes de villes secouaient leur linceul et se relevaient de leur sépulcre. Le bruissement des vagues à ses pieds, ajoutant à ces illusions, lui semblait les murmures d'une grande ville qui se réveille. Il se souvint de cette lune prophétique qui, sortant autrefois en songe du sein d'Édébali, et représentant la belle et féconde Malkatoun, avait apparu à son grand-père Othman dans les gorges de la Phrygie. Cette seconde apparition de la lune, éclairant à la fois l'Asie et l'Europe dans une scène aussi solennelle, lui parut une confirmation de la promesse faite à son aïeul et un reproche de la temporisation de son père Orkhan. Ainsi la simplicité crédule du pasteur se mêle, dans le Turc, à l'héroïsme du guerrier. L'Orient a des songes dans toutes ses histoires. C'est une lune qui conduit les Ottomans, d'abord en Phrygie, puis en Europe.

XXI

Soliman, à peine éveillé de sa contemplation, communique son rêve aux guerriers que son père lui avait donnés pour compagnons de guerre et de politique en Mysie. C'étaient Adji-Beg, Ghazi-fazil, Évrénos, Ilbeki, ancien vizir d'un prince turc, maintenant vassal d'Orkhan. Ces hommes, aussi simples d'esprit que fermes de cœur, ne doutèrent pas d'un prodige dans une apparition naturelle. Le zèle qui les dévore pour la propagation de la foi du prophète ajoute la confiance à l'intrépidité. Ils n'attendent pas le jour pour accomplir l'ordre des astres. Ils s'élancent sur leurs chevaux toujours sellés et bridés autour des tentes; ils galopent vers le petit port voisin de Cyzique nommé Gouroudjouk. Une barque de pêcheurs les porte dans les ténèbres sur la côte d'Europe voisine de Gallipoli; ils parcourent rapidement les campagnes voisines de Tzympé, autre ville de guerre de la Thrace; ils enlèvent un Grec qui sortait des portes, le font monter de force avec eux sur la barque qui les ramène à Gouroudjouk; ils s'informent auprès de leur prisonnier s'il leur sera facile de surprendre les remparts de Tzympé.

Mais les navires manquaient à Soliman et à ses compagnons pour transporter une expédition sur l'autre rive. Le jour suivant ils construisent deux radeaux formés de troncs d'arbres reliés ensemble par des courroies de cuir de bœuf et pourvus de voiles et de rames. A la chute de l'ombre, ils s'embarquent au nombre de trois cents guerriers sur ces grossiers esquifs. Le courant, le vent, la nuit les secondent. Ils descendent en silence sur la plage, s'approchent sans être aperçus des remparts déserts de Tzympé, les escaladent en accumulant dans les fossés des amas de fumier rejeté par les habitants du haut des murailles; la moisson qui retenait la population presque entière dans les plaines de la Thrace les favorise. Ils égorgent le peu de soldats restés dans la ville; ils vont chercher sur la côte de Mysie de nouveaux renforts, et établissent en peu de temps une garnison de trois mille Turcs dans les murs de Tzympé (1350), défiant et menaçant de là la ville opulente et forte de Gallipoli, rempart de la Thrace.

XXII

Dix mille cavaliers d'Orkhan, protégés désormais dans leurs incursions par la possession de Tzympé, fondirent sur la Thrace. Le ciel sembla conjuré avec les Ottomans contre cette malheureuse province, grenier de l'empire. Ses villes et ses villages s'écroulèrent sous de longs tremblements de terre. Les habitants fugitifs tombèrent en fuyant la mort dans l'esclavage des Turcs campés sous leurs tentes à l'abri des écroulements. Une secousse plus violente que les autres ouvrit de deux larges brèches les fortes murailles de Gallipoli. Soliman se précipita avec ses compagnons par ces brèches. Gallipoli, la clef des Dardanelles et de la mer de Marmara, la citadelle et l'arsenal de l'empire, une des premières conquêtes d'Alexandre, tomba au pouvoir de deux chefs de hordes tartares, Adji-beg et Ghazi-fazil. Ils donnèrent leur nom à la riche plaine de Thrace qui entoure la ville; et leurs deux tombeaux, dit le savant Hammer, sont encore visités par les Turcs comme les deux premières bornes que l'empire ottoman planta en Europe.

XXIII

Soliman, revenu en Mysie, inonda coup sur coup la Thrace conquise de hordes turques, arabes, mongoles, qui se supplantèrent partout sur les rives de l'Hellespont aux populations grecques refoulées, ou qui partagèrent avec les vaincus les villes et le sol. A la fin de l'année 1357, les rives de l'Hèbre étaient couvertes de leurs chevaux et de leurs tentes jusqu'aux gorges de Chariupolis. Un courant incessant sembla déverser sans interruption pendant plusieurs années les populations asiatiques sur la côte d'Europe. Des *lettres de victoire*, sorte de manifestes de conquêtes signifiés au monde, selon l'usage oriental, furent adressées coup sur coup par Orkhan, de sa capitale de Brousse, à tous les khans, émirs ou sultans de l'Asie Mineure.

Ces lettres de victoire, en répandant sa renommée et celle de son fils Soliman, assujettissaient de plus en plus à sa maison les émirs de l'Ionie, de la Caramanie, de la Colchide et du Taurus, qui hésitaient encore à reconnaître sa suprématie. Orkhan autorisa Soliman à transporter sa résidence au sein de ses conquêtes d'Europe et lui donna pour capitale Gallipoli.

Les voyageurs, en passant devant les vertes collines

baignées par la mer qui lave les pieds de cette ville, voient encore, dans les brèches des épaisses murailles, dans les coupoles et dans les minarets mêlés aux voûtes et aux tours des églises byzantines, les traces des deux peuples et des deux religions qui se sont combattus, puis confondus sur ce rivage. Les vallées voisines furent données par Orkhan en fief perpétuel aux principaux compagnons de son fils.

XXIV

L'heureux Soliman ne jouit pas longtemps de sa fortune et de sa gloire. Il avait transporté en Europe le goût, le luxe et les exercices belliqueux du désert. Un jour qu'il chassait les oies sauvages de la Thrace dans les marécages de l'Hèbre, près d'un platane célèbre comme celui de Godefroy de Bouillon près de Constantinople, nommé l'*arbre du Seïd* ou *Cid*, son cheval, qui rivalisait d'ardeur avec le vol de son faucon, le précipita avec un tel choc contre le tronc du platane, qu'il expira sans avoir jeté un cri.

Son père, Orkhan, désespéré de perdre dans ce héros le premier-né de Nilufer et la gloire naissante de sa race, lui fit construire un magnifique tombeau sur les bords élevés et toujours murmurants de l'Hellespont, sa conquête. Ce tombeau, fréquenté des pèlerins jusqu'à nos jours, est encore honoré des visites, des éloges et des regrets des Ottomans, qui célèbrent en Soliman le premier envahisseur de l'Europe. Les cyprès qui l'ombragent se réfléchissent aux lueurs de la même lune dont le croissant prophétique fit rêver à Soliman sa navigation dans la même mer qui le porta sur son radeau à Tzympé.

Dans les périls publics, les Turcs invoquent le nom de Soliman. Il apparaît quelquefois, disent-ils, dans les batailles à travers la fumée du canon, monté sur un coursier blanc et entouré de ses héros divinisés, comme les cadavres des monuments de Cyzique lui apparurent à lui-même mouvants et ressuscités à travers la brume de la nuit qui couvrit son passage en Europe.

XXV

Orkhan, au milieu de ses conquêtes, poursuivait l'organisation militaire, civile et religieuse de l'islamisme dans ses vastes possessions d'Asie. Comme Constantin et Charlemagne, il céda beaucoup au fanatisme superstitieux du culte auquel il devait tout. Les derviches, mot qui veut dire *seuils de la porte*, parce qu'ils vivent renfermés dans les murs de la maison, uniquement adonnés aux pensées de la vie future, et les fakirs, mot qui veut dire *pauvres volontaires*, parce qu'ils ne vivent qu'en glanant sur les richesses d'autrui, furent comblés par lui de déférence et de crédulité. Le clergé mahométan, multiplié et quelquefois dominé par de tels auxiliaires dont rien ne réduisait le nombre, commença à contre-balancer tous les pouvoirs et à corrompre la simplicité de la religion du prophète par des traditions populaires et par des pratiques indiennes.

Mahomet, témoin pendant ses voyages en Syrie de l'accroissement démesuré des monastères chrétiens, des miracles fabuleux et des crédulités grossières dont ces solitaires ignorants infectaient les dogmes purs de l'Évangile, avait pressenti ce danger pour son culte. Il avait dit : « Point de moines dans l'islamisme » ; et cette parole avait été au commencement obéie. Mais, sous les califes ses successeurs, moins vigilants que le prophète à prévenir tout ce qui rappellerait les Arabes à leur ancienne idolâtrie, les fakirs s'étaient, comme une lèpre, superposés au mahométisme.

Une autre parole du Coran : « La pauvreté fait ma gloire, » avait été interprétée par les docteurs de Médine, de Bagdad et de Damas comme une incitation à la vie ascétique et à la mendicité pieuse. De là, selon les savantes investigations de M. de Hammer, en Turquie, en Arabie et en Perse, trente-six ordres religieux ne tardèrent pas à éclore. Pour les uns, l'ardeur de la perfection mystique qui s'était propagée des Indes par les rivages du golfe Persique ; pour les autres, l'orgueil de mépriser ce que le commun des hommes désire ; pour ceux-ci, le respect des peuples toujours prêts à s'incliner devant ce qui les étonne ; pour ceux-là, les douceurs de cette oisiveté sédentaire ou vagabonde qui moissonne où elle n'a pas semé, avaient été les mobiles de cette multiplication des moines mahométans. L'exemple des ermites, des cénobites des monastères chrétiens, dont les pays conquis sur les Grecs étaient couverts, leur faisait croire qu'il n'y avait pas de religion sans ces abus ou sans ces excès de la piété. Ils rivalisèrent bientôt de nombre et de délire avec les Thébaïdes de l'Égypte, les grottes du Liban, les cavernes du mont Athos, où des montagnes entières étaient percées comme des ruches par ces abeilles ou par ces frelons du monachisme chrétien. La renommée de sainteté qui s'attachait à ces solitaires s'attacha de même chez les mahométans aux costumes et aux sévérités des derviches.

Le premier monastère de cet ordre avait été fondé en Arabie par un fanatique nommé Ouweïs, qui s'était arraché toutes les dents en mémoire des deux dents que le prophète avait perdues sous le javelot d'un de ses ennemis dans son second combat contre les idolâtres. Cette mutilation, imitée d'abord par quelques compagnons d'Ouweïs, avait été remplacée à Bagdad par d'autres pratiques moins cruelles. Les derviches honorés par les califes y avaient conquis tant d'empire, qu'on appelait Bagdad la ville des saints.

Les derviches tourneurs, qui se donnent le vertige de leurs visions par de furieuses évolutions sur eux-mêmes, comme les moines grecs de Constantinople se donnent le vertige de la vision de la lumière incréée du mont Thabor par l'immobilité contemplative; les derviches hurleurs, qui s'exaltent par leurs hurlements jusqu'à délirer, et qui retombent anéantis comme les pythonisses antiques sous la lassitude de leurs fureurs sacrées; les derviches disciples d'Inder-Baba-Reden, qui s'enivraient du haschisch, extrait de plantes vénéneuses recueillies dans les gorges du Tibet ou du Taurus; les derviches sectateurs d'Aboul-Hassan, qui découvrit le premier les vertus excitantes des grains du café, arbuste des rochers de Moka; les derviches poëtes, apôtres d'Alaeddin, ce David des musulmans, qui chantait en vers les grandeurs et les miséricordes de Dieu, et qui sanctifia la poésie par la piété; tous ces ordres, les uns fanatiques, les autres ridicules, quelques-uns utiles à la renaissance de la littérature arabe parmi les conquérants turcs, avaient pullulé dans le mont Olympe et dans Brousse.

Le règne d'Orkhan en vit naître d'autres. Quelques-uns ne sont que des jongleurs faisant fleurir des branches desséchées plantées en terre, jouant avec le feu ou apprivoisant les serpents comme les psylles de l'Égypte ; quelques autres rappellent les mystérieuses initiations d'Hermès, de Pythagore, des francs-maçons.

Chacun des chefs de ces ordres légua son esprit à quatre apôtres, à l'exemple des quatre évangélistes du dogme chrétien. La littérature sacrée, favorisée, pendant le règne d'Orkhan à Brousse, par les libéralités et les fondations dont il honora les saints, les savants et les poëtes, rivalisa presque avec la littérature arabe et avec la poésie persane. Quelques-uns de ces théologiens, de ces légistes, de ces poëtes, reçurent le titre de *pacha*, titre dérivé de deux mots persans, *païi* et *schah*, qui signifie *pied* du *schah*. Cette dénomination asiatique remonte à Cyrus. Il donnait, par extension de son autorité, à ses grands officiers, le nom d'un des membres de sa personne. Les administrateurs étaient ses *yeux*, les percepteurs d'impôts ses *mains*, les surveillants ses *oreilles*, les juges sa *langue*, les gouverneurs, les vizirs, les inpecteurs de provinces ses *pieds* ou ses *pachas*.

XXVI

La douleur qu'Orkhan ressentit de la perte de Soliman son fils hâta sa mort. Il succomba, en 1360, à l'âge de soixante-quinze ans, à cette tristesse qui saisit les hommes rassasiés de bonheur et de gloire quand ils voient disparaître avant eux de la terre ce qui devait les continuer et les perpétuer ici-bas. Après avoir, pendant la moitié de sa vie, combattu en héros, il avait pendant la seconde moitié régné en législateur. Le génie d'Alaeddin, son frère, et les longs jours de paix passés à Brousse au milieu des saints, des sages, des historiens, des poëtes accourus de la Perse et de l'Arabie à sa splendeur, avaient plus civilisé les Ottomans que les trois siècles de leur marche et de leurs combats de l'Oxus au bord de la mer de Marmara. La horde de pasteurs était devenue un peuple; les tentes s'étaient transformées en palais; les richesses conquises sur les Grecs à Nicée, à Nicomédie, à Brousse, à Gallipoli, à Constantinople même, avaient servi à construire en marbre et en pierre les mosquées, les tombeaux, les hospices, les caravansérais, les écoles, les séminaires, les casernes, les palais, les bains, les fontaines d'une nouvelle Bagdad sur le plateau de Bithynie. Ces trésors avaient été libéralement prodigués surtout à l'encouragement de la foi de Mahomet, à la culture des lettres, à l'éducation du peuple.

Les progrès rapides que les Ottomans firent dans ce long règne de quarante ans dans la jurisprudence, dans la théologie, dans l'éloquence, dans l'histoire, dans la poésie, ont fait comparer Orkhan à un saint Louis barbare des Turcs. Brousse tout entière, encore aujourd'hui, n'est qu'un splendide tombeau construit à sa cendre et à sa mémoire.

La nature, qui voulait faire grandir ce peuple vite, pour occuper le vide que l'épuisement de l'empire byzantin laissait en Asie, en Afrique, en Europe, semblait avoir donné tour à tour et alternativement aux Ottomans un chef belliqueux comme Othman, et un prince législateur comme Orkhan, afin de conquérir pendant un règne et de civiliser pendant un autre règne les conquérants eux-mêmes.

Le portrait que les historiens turcs et chrétiens font d'Orkhan répond au caractère d'intelligence, de douceur et de majesté patriarcale que son règne lui attribue dans la famille des sultans.

Bien qu'il eût, comme son père Othman, le nez arqué de l'aigle du Taurus, les sourcils noirs et épais, les cheveux blonds de sa race, les yeux bleus d'un fils des steppes, le front large, les lèvres fortes, les épaules larges, les bras longs, le buste solide sur des jambes courtes, la rudesse des Tartares avait déjà disparu en lui sous la grâce du visage. La beauté de sa mère Malkatoun transperçait à travers la blancheur et la finesse de son teint. Il avait le geste noble, la voix caressante ; on sentait le roi sous l'émir ; un signe noir et velouté de poils blonds entre la joue et l'oreille, qui lui venait de Malkatoun, signe que les Orientaux considèrent comme un caractère de félicité écrit sur la peau, est comparé par les historiens contemporains à un grain de pavot flottant sur une coupe de lait. Ils attribuent le bonheur de ses entreprises, les conquêtes de son règne, la splendeur de ses dernières années, à ce signe, où les Arabes voient encore un présage. L'histoire les attribue à son génie. admirablement formé aux circonstances par le sage Édébali, son aïeul; génie qui regardait, comme la double pointe de son épée, les deux horizons de Brousse, sa capitale : du côté sauvage, l'Asie et ses intrépides compagnons ; du côté cultivé, l'Europe et ses civilisations raffinées, qu'il allait à la fois conquérir et rivaliser avec la force des armes et avec l'émulation de l'esprit.

Il mourut comme Moïse, les pieds encore sur l'Asie, mais les yeux déjà sur l'Europe, laissant à ses fils le double exemple de son ardeur à subjuguer ce qui résistait, et de sa patience à attendre la décomposition de ce qui cédait devant lui, pressé et lent à la fois à remplacer en Europe cette ombre d'empire qui l'obstruait encore, mais qui ne vivait déjà plus.

LIVRE CINQUIÈME

I

Amurat ou Mourad 1ᵉʳ, second fils d'Orkhan, par sa première femme, Nilufer, fut proclamé émir des Ottomans par droit de naissance (1360). Orkhan, qui destinait son héritage à Soliman, n'avait pas offert à Amurat les occasions de gloire et les grands gouvernements préludes du trône. Jusqu'à la mort de Soliman, il avait redouté entre les deux frères des rivalités et des compétitions de puissance propres à diviser les Ottomans. Quelques-uns de ses conseillers lui avaient même fait envisager la mort d'Amurat comme un sacrifice cruel, mais peut-être nécessaire à la paix de sa race après lui. Orkhan avait heureusement repoussé ces funestes conseils, devenus plus tard la politique barbare de la maison d'Othman, jusqu'à nos jours, où la nature parut avec raison au sultan Abdul-Medjid la plus sûre et la plus sainte des politiques.

Amurat, quoique confiné par la prudence paternelle dans les loisirs ou dans les études de la paix, avait le courage de son père et les grâces de sa mère. Son visage recueilli, fier et doux, n'avait pas besoin d'autre diadème que sa majesté naturelle. Il trouvait son peuple façonné à l'obéissance, des lois acceptées, des gouverneurs fidèles, des armées aguerries, une immense renommée et une terreur universelle répandues en Europe et en Asie devant les pas des Ottomans. L'ambition héréditaire d'Amurat était d'étendre les conquêtes de son frère Soliman dans la Thrace et dans la Macédoine, pour descendre de là dans la Grèce antique, et pour semer le dogme du Dieu unique dans ce berceau de toutes les fables du paganisme.

Cependant tous les historiens de son temps s'accordent à croire que le jeune Amurat, raffiné par les poëtes et par les philosophes persans à la cour de son père, et instruit des dogmes chrétiens par sa mère Nilufer, qui était née chrétienne, n'avait pas dans le fond de ses pensées le zèle de l'islamisme affecté dans ses paroles. On le disait moins intolérant que politique. La religion était le prétexte plus que le mobile de ses guerres; il voulait surtout élargir la patrie de sa race, agrandir son nom et celui de sa maison par un grand règne. Régner, pour un peuple conquérant, c'était vaincre. Les nations jeunes et en marche vers leur destinée ne reconnaissent leur souverain qu'à la victoire.

Un obstacle restait derrière lui et près de lui, dans les gorges du Taurus et sur les côtes de la Méditerranée. C'était l'émir de la Caramanie, chef comme lui d'une des tribus de ces Turcomans, à qui la fin des Seldjoukides avait laissé leur indépendance, et qui s'étaient, comme Othman, fondé des colonies conquérantes dans les différents royaumes de l'Asie Mineure.

II

Amurat, informé des dangers que la rivalité armée du prince de Caramanie commençait à lui susciter à Angora ou Ancyre, capitale de l'ancienne Galatie, replia toutes les troupes de son père au pied du mont Olympe, et, ramenant en arrière ses guerriers indignés d'être ralentis dans leur essor vers l'Europe par la jalousie d'un prince turc, marcha vers Angora.

Cette oasis des montagnes de l'Asie Mineure était célèbre parmi les pasteurs turcs par la laine de ses troupeaux de moutons, dont la queue élargie traîne jusqu'à terre, et par les riches couleurs dont les femmes d'Angora teignaient leurs toisons. Les laboureurs n'estimaient pas moins cette contrée pour ses vergers, arrosés du cours écumant de l'Ayash, et dont les poiriers, les pommiers et les pampres ont fait donner au mont Adoreus, qui domine la ville, le nom d'Elmataghi, *montagne des pommes.*

Des bains célèbres, dont l'eau sort bouillante de ses sources, y attiraient les blessés et les malades de toute la Grèce; les ombrages, les grottes et les rochers pittoresques de la vallée voisine d'Atenosi, y rappelaient Tempé aux peintres et aux amants. Des débris de temples païens mêlés aux clochers et aux nefs des chrétiens, aux minarets et aux premières coupoles du prophète, et revêtus de l'éclat d'un ciel lumineux; enfin, des remparts, des fossés taillés dans le roc, des portes de bronze ciselé, restes de son antique opulence, égalaient presque Angora à Brousse.

Le prince de Caramanie, vaincu sous ses murs, abandonna cette dépouille à Amurat, et se dispersa dans les gorges du Taurus. Amurat fit d'Angora la clef et la citadelle du nord de ses possessions. Les Turcs du prince de Caramanie se fondirent dans son armée; les chrétiens se soumirent à son gouvernement et à ses impôts. Cette courte expédition rétablit l'autorité de son nom sur les tribus plus faibles de Turcomans qui campaient entre les deux mers. Il donna Angora en fief et en garde à un de ses généraux, et reprit triomphant le chemin de Brousse.

III

A l'exemple de son oncle, le vertueux Alaeddin, il organisa avant de conquérir. La plus décisive, comme la plus téméraire de ses institutions, après son retour à Brousse, fut celle du *beglerbeg*, mot qui signifie le prince des princes, l'émir des émirs, le vizir des vizirs : sorte de vice-royauté universelle comprenant la justice, l'administration, l'armée, qui plaçait dans la main d'un seul homme tout l'empire; mais cet homme, qui n'était lui-même que la main visible et responsable du souverain, ne jouissait de cette toute-puissance déléguée qu'à la charge d'en répondre à chaque instant par sa tête. C'était plus qu'un premier ministre, c'était un maître absolu; mais ce maître était en même temps un esclave.

Ce titre de beglerbeg impliquait en même temps, pendant la guerre, celui de grand vizir. Amurat appela à ce poste un vieillard, ancien compagnon de guerre de son père et de son frère Soliman, nommé Lalaschahin, homme étranger à sa famille. Il interdit à ses parents rapprochés et à ses fils les hautes fonctions de l'État qui pouvaient tenter leur ambition et menacer le pouvoir suprême.

Après avoir ainsi constitué la vigueur du gouvernement dans l'unité d'action, et après avoir relégué dans l'impuissance tous les princes de sa famille, il traversa lui-même l'Hellespont, sur les traces de son frère Soliman, et subjugua, ville par ville, forteresse par forteresse, toute la Thrace maritime.

Tandis qu'il s'avançait lui-même vers le nord, où coule l'Hèbre au pied des montagnes, ses généraux Évrénos et Ilbéki s'emparaient de Démotica, ville impériale, fameuse par ses monuments et ses fabriques de faïence. Le commandant grec de Démotica leur livra la ville pour racheter la vie de son fils unique fait prisonnier dans une sortie et menacé de la mort sous les yeux de son père.

Amurat, pendant ce siége, s'approchait de la seconde capitale de l'empire grec en Europe, Andrinople. Rejoint dans la riche vallée de l'Hèbre ou de la Maritza, qui sert à la fois d'avenue, de défense et de site à cette capitale par Évrénos et par Ilbelki, Amurat, après avoir conféré avec eux et compté ses troupes, résolut d'enlever aux Grecs ce boulevard de l'empire au nord. C'était tout enlever à l'empire de Byzance, même la retraite vers l'Europe, d'où cet empire d'Orient était sorti.

IV

Andrinople, fondée par l'empereur romain Adrien sur les vestiges d'une ville primitive barbare, rappelle aux yeux, au pied des montagnes de Macédoine en Europe, le site de Damas au pied des montagnes de l'Anti-Liban en Asie. Comme Damas, elle a pour horizon rapproché les flancs herbeux et gras des cimes dentelées qui se perdent dans les nuages; comme Damas, les eaux limpides et écumantes de trois rivières la baignent; comme Damas, elle est assise à l'issue d'une vallée, à l'ouverture d'une vaste plaine, au milieu de vergers et de jardins de rosiers, de coignassiers, de vignes et de noyers qui la voilent à demi aux yeux. Les historiens et les poëtes l'ont chantée de tout temps comme la grâce de la terre et la force de l'empire.

Une population moins nombreuse, mais plus laborieuse et plus martiale que celle de Constantinople, défendait Andrinople. Ses habitants, déjà un peu énervés par l'oisiveté et par le commerce, pouvaient se recruter contre les Turcs des populations à demi barbares de la Bulgarie, de la Servie et de l'Albanie limitrophes de leur ville. Leurs remparts étaient assez larges pour contenir plusieurs armées. Mais la terreur, le découragement, la trahison, ces symptômes de la décadence des empires, avaient tout avili. Andrinople, sans espoir de secours du côté de Constantinople, sans autre résultat qu'une courte trêve même par la victoire, se résigna à son sort. Son commandant seul, nommé Adrien, après avoir héroïquement défié Amurat en plaine avec une poignée de soldats étrangers, qui conservaient au moins l'honneur, s'embarqua sur des radeaux avec ses guerriers, et, se livrant au courant de la Maritza débordée, arriva jusqu'à son embouchure dans la mer, et se réfugia de là à Constantinople.

V

Si Amurat n'avait pas eu Constantinople en perspective, il aurait établi le siége du nouvel empire à Andrinople. Tout l'y invitait, le site, le fleuve, les pâturages, la fécondité de la plaine, la population riche et active, les monuments, enfin le voisinage des Bulgares, des Serviens, des Albanais, plus faciles à refouler ou à contenir de là que de toute autre ville de l'Europe. Mais il craignit que la possession et les délices de cette capitale n'amortissent parmi ses soldats et parmi ses successeurs l'ardeur qui devait porter sans cesse leurs pensées vers Byzance. Il abandonna Brousse comme une station qu'on laisse derrière soi en levant un camp; il ne voulut pour lui-même et pour ses descendants qu'une capitale précaire et provisoire, un camp, plutôt qu'une résidence fixe, assis sur la côte européenne de la mer. Il choisit Démotica, site intermédiaire entre Andrinople, Brousse et Constantinople.

Il laissa le gouvernement d'Andrinople à Lalaschahin, son grand vizir et son beglerbeg, pour achever la soumission de la Thrace, de la Bulgarie, de la Servie jusqu'au Danube. Lalaschahin conduisit l'armée victorieuse du sultan sous les murs de Philippopolis, grenier de ces provinces. Cette ville opulente et forte, bâtie sur un des contreforts du mont Hémus, sur la pente escarpée d'une colline, dominée par une citadelle dont le site et les ruines attestent la ressemblance avec celle d'Athènes, défendue à ses pieds par le cours large et écumant de l'Hèbre, tomba plus lentement qu'Andrinople sous les assauts du vieux Lalaschahin.

Philippopolis ouvrait au trésor du sultan une source abondante de revenus. Indépendamment du tribut imposé par le Coran aux populations chrétiennes, la dîme prélevée par le gouvernement régulier sur le commerce de grains et de fruits de cette ville s'élevait, sous les empereurs grecs, à quatre millions d'*aspres* par année. Lalaschahin, voulant ouvrir aux armées des Ottomans une route militaire à travers les Balkans, les vallées et les plaines qui s'étendent sur les deux revers de ces Apennins grecs, employa les nombreux esclaves non rachetés, faits à Andrinople et Philippopolis, à tracer cette route et à construire des mosquées et des hospices dans toutes les villes de sa conquête. L'Hèbre, sous les murs de Philippopolis, écume encore sous un pont de rochers de la longueur de deux portées de flèches, bâti par ce vizir.

Ce fut à l'occasion de ces nombreux esclaves de Lalaschahin que l'usage d'exiger des soldats turcs le cinquième de la rançon de leurs prisonniers pour le trésor public s'établit en lui dans le nouvel empire.

Une paix précaire ou plutôt une trêve fut conclue, après la prise de Philippopolis, entre l'empereur grec et le sultan.

Amurat, rentré pour quelques mois à Brousse, expédia de des courriers à tous les émirs turcs et jusque dans l'Irak arabique, pour annoncer ses victoires. Elles furent célébrées par les poëtes arabes dans la cour du sultan de l'Aderbidjan, Ouweïs, fils de la célèbre princesse Dischad ou *délices du cœur*, dont leurs vers ont immortalisé la mémoire comme celle de Nilufer (Nénufar) et de Malkatoun parmi les Ottomans.

VI

Cependant la chute de Philippopolis, d'un côté, qui ouvrait aux Turcs le Balkan et les vallées du Danube, les victoires d'Évrénos, général du sultan, sur les Épirotes et les Albanais, qui livraient tout le bassin de l'Adriatique aux invasions des enfants du prophète, avaient retenti dans la chrétienté d'Occident. Ces mêmes Latins, dont les croisades avaient sapé l'empire byzantin, presque autant que les Turcs étaient appelés par les bulles du pape Urbain V au secours des peuples de Valachie, de Servie, de Bosnie et de Hongrie, menacés à leur tour de la submersion de ce peuple inconnu qu'ils avaient appelé eux-mêmes contre les Grecs. Une ligue de ces peuples demi-barbares, quoique chrétiens, se concluait à la voix du pape.

Vingt mille Serviens, Hongrois, Valaques, Bulgares, s'avançaient pleins d'une ardeur désespérée par les gorges de la Servie et de la Bulgarie pour disputer les Balkans et l'Hèbre au grand vizir Lalaschahin. Lalaschahin ne comptait que dix mille combattants sous ses drapeaux. Mais ces combattants, aguerris depuis leur enfance et accoutumés à mépriser le nombre de leurs ennemis, n'attendirent pas, pour livrer la bataille, les renforts que Lalaschahin avait demandés à Brousse. Ildeki, contemporain et vétéran comme lui des vieilles guerres d'Othman et d'Orkhan, s'avança pendant la nuit à la tête d'une faible élite de l'armée, à travers les marais qui bordent la Maritza ou l'Hèbre. Le camp des confédérés chrétiens, se croyant suffisamment couvert par les débordements du fleuve, se livrait sans défiance aux désordres, aux ivresses, aux sommeils d'une nuit de sécurité. Ildeki fondit sur cette soldatesque brave mais indisciplinée, comme sur un troupeau sans gardien. Ses cavaliers, dont les cris et la course grossissaient le nombre aux oreilles des chrétiens, semèrent la mort, la flamme, la terreur et la fuite parmi cette multitude. Nul homme n'eut le temps de s'armer et de se rallier à un autre. Tous se précipitèrent, pour échapper au sabre des Ottomans, dans les flots rapides et profonds de la Maritza, qui les engloutit en foule et qui roula des miliers de cadavres sous les arches du pont de Philippopolis et jusqu'à la mer. Ce furent les messagers de la victoire d'Ildeki et de Lalaschahin au sultan. La petite plaine où cette victoire, gagnée à peu près sans combat vers l'an 1365, abattit l'espoir des croisés, s'appelle encore *Sirf-Sindughi*, la panique et la disparition des Serbes. Nous avons visité nous-même ce champ de la terreur nocturne où le roi de Hongrie, Louis, échappa presque seul au sabre et aux flots par la rapidité et la vigueur de son cheval.

VII

Le généreux Ildeki, à son retour triomphal à Andrinople, parut trop heureux ou trop populaire à Lalaschahin, qui avait voulu se réserver à lui-même l'honneur et le prix du combat. Le grand vizir lui envoya une coupe de poison, avec ordre de mourir en expiation d'une victoire trop prompte et trop complète. (La vie et la mort appartenaient au grand vizir comme au sultan.) Ildeki obéit, et mourut en reconnaissant l'envie, mais sans accuser l'injustice.

Amurat, qui marchait déjà en personne au secours de son vizir, s'arrêta à la nouvelle de l'anéantissement des croisés du Danube. Il rentra à Brousse, et employa les dépouilles de la Thrace et de la Macédoine à la construction d'édifices religieux dans ses deux capitales de Brousse et de Démotica. Des architectes grecs prisonniers prêtèrent leur génie à ses mosquées et à ses minarets. Ils firent entrer la lumière à grands flots dans les temples. Les voûtes surbaissées des nefs byzantines s'élevèrent en coupoles dans les airs, et des galeries aériennes, d'où les disciples entendaient la parole des imans dans la chaire, circulèrent entre les coupoles et les parvis. D'immenses portiques, soutenus par des colonnes cannelées et rafraîchis par l'ombre des cyprès et par le murmure des fontaines jaillissantes, s'ouvrirent sur des cellules servant d'habitations aux maîtres et aux étudiants.

L'islamisme jaillit du sol, comme toutes les religions

nouvellement acceptées, avec son architecture propre; les architectures sont filles des religions. Il semble que toute autre idée que l'idée de Dieu est insuffisante pour remuer ces masses de pierre par lesquelles l'homme écrit le nom de son Dieu sur le sol. Les Indiens, les Égyptiens, les Grecs, les Romains, les Goths, les Byzantins, avaient tous apporté au monde des architectures selon le génie de leurs croyances sacrées. Les uns, le panthéisme qui adore tout et qui prie en plein air; les autres, les doctrines secrètes qui ensevelissent les vérités sous les pyramides pour les cacher au peuple; les autres, les théogonies imaginaires qui multiplient les dieux par tous les délires de l'imagination, et qui créent des Olympes peuplés de statues dans leurs Parthénons; ceux-ci, les cavernes dans les rochers ou les voûtes souterraines dans les villes, semblables au tombeau du Ressuscité, en attendant que leur culte, triomphant de la persécution, se développât sous la voûte des basiliques; ceux-là, des coupoles simples de forme, éclatantes de jour, pour faire pâlir les idoles devant la lumière, pour prier et commenter la parole d'un inspiré d'Allah. Les traces de ces différentes idées divines, superposées les unes aux autres, ne se lisent nulle part sur la terre mieux que dans les provinces de l'empire ottoman. Depuis la pyramide d'Égypte jusqu'aux ruines d'Éphèse ou d'Athènes, depuis les ruines du Parthénon jusqu'aux catacombes de Jérusalem, depuis les dômes épais de Sainte-Sophie de Constantinople jusqu'aux mosquées de Brousse et d'Andrinople, on lit dans leurs édifices le génie des différents cultes qui se sont disputé la terre; et presque partout, comme à Brousse, les architectes d'un culte vaincu ont prêté leur art au culte vainqueur. De là, les transitions, presque partout visibles, entre les temples d'une religion vaincue et ceux d'une religion naissante ; seulement le peuple nouveau chasse l'ancienne divinité et modifie le temple selon l'autel.

VIII

Amurat, quoiqu'il apportât, à l'exemple de son père et de ses successeurs, un zèle prodigue à la construction des mosquées et à l'enseignement religieux et littéraire de son peuple, ignorait tout lui-même hors de la guerre et de la politique. Propagateur désintéressé des lumières importées de l'Arabie et de la Perse, la tradition affirme qu'il ne savait pas écrire. Cette tradition est contredite par toutes les vraisemblances de sa naissance, de son éducation, de son enfance passée sous la tutelle d'une mère célèbre par son esprit, d'un aïeul illustre par sa sagesse.

Comment le fils de Nilufer, le petit-fils d'Édébali, le successeur d'Orkhan à l'empire, le neveu et l'élève du savant Alaeddin, aurait-il été l'homme illettré que nous désignent les chroniques byzantines ? Comment Orkhan, qui vivait entouré des sages et des poëtes de Perse, et qui consacrait tant de soins à l'éducation des derniers enfants de son peuple, aurait-il laissé ses propres fils croupir dans une ignorance qui offensait le Coran et qui déshonorait sa race ? Les historiens ont évidemment ici adopté des crédulités populaires que le moindre examen sérieux réfute. Amurat, protecteur des imans et des lettrés de son empire, ne pouvait ignorer l'écriture. Ces historiens et M. de Hammer lui-même, le plus érudit de tous, se fondent sur une prétendue signature d'Amurat apposée à un traité que ce sultan venait de conclure avec la république de Raguse.

Ils racontent qu'Amurat, au moment de ratifier cette convention qui engageait la république à payer un tribut de cinq cents ducats d'or au sultan, en échange de la liberté de navigation et de commerce dans les mers turques, trempa l'intérieur de sa main dans l'encre, et l'appliquant sur le parchemin, y marqua la trace de ses cinq doigts, comme le lion enfonce l'empreinte de ses larges pattes sur le sable. Par un hasard, disent-ils, de la disposition de la main du sultan dans ce geste, les trois doigts du milieu étaient réunis et étendus, le pouce et le petit doigt étaient écartés en éventail. Cette signature, disent-ils encore, fut imitée par les successeurs du sultan en signe de force, de dédain et de possession de la terre. Les secrétaires de l'empire, consommés dans la tradition et dans la calligraphie, complétèrent plus tard ce parafe en relief des empereurs ottomans par des lettres majuscules artistement entrelacées, et par des dessins à la plume où les cinq doigts transpercent toujours à travers ces augustes et mystérieuses arabesques. Le chiffre et le nom de l'empereur régnant s'y lisent au milieu de cette signature, appelée le *toughra*. On ajoute au chiffre du sultan le nom de *toujours victorieux*, comme les Romains et les Grecs ajoutaient le nom souverain de César.

Malgré ces traditions et ces usages commémoratifs de la prétendue ignorance du troisième des sultans, on ne peut raisonnablement admettre cette supposition des historiens ottomans. Ils oublient tous que les sujets, comme les souverains, avaient, dans les temps les plus reculés, en Orient, l'empreinte de leur cachet ou de leur anneau pour signature. Si Amurat voulut une fois s'écarter de cet usage et prendre sa propre main pour sceau vivant de l'empire, ce geste ne fut évidemment en lui que le geste d'une volonté plus forte et plus authentique marquée par la main souveraine sur un papier jeté aux infidèles, une affirmation, une précipitation, peut-être un dédain, mais non un témoignage d'infériorité d'éducation. Le Coran commandait à tous les croyants de lire et de copier sans cesse la parole du prophète. Une telle ignorance dans le chef des croyants aurait été un exemple de négligence et presque d'impiété.

IX

Les mathématiciens, les philosophes et les poëtes sortis, sous le règne de ce prince prétendu illettré, des écoles de Brousse, reportaient, au contraire, jusqu'en Perse et en Tartarie les sciences et les lettres arabes qui florissaient dans la récente capitale des Ottomans.

Un fils du juge de Brousse, Cadizadeh, alla professer les mathématiques transcendantes jusqu'à Samarcande, où l'attrait de ses leçons était tel, que, les jours où il prenait la parole, toutes les autres chaires de cette capitale de la Transoxiane étaient vides, et que les professeurs eux-mêmes devenaient disciples. Un autre savant de Brousse, Djemaleddin, savait de mémoire le dictionnaire arabe tout entier, et réformait la langue dans les colléges d'Amurat. Le philosophe Boran-eddin, illustre à la même époque, remplissait les chaires turques de l'Asie Mineure de ses commentaires du Coran et de ses contemplations métaphysiques sur les perfections de Dieu et sur les destinées de l'âme. La sagesse arabe et la théogonie grecque se rencontraient et s'entre-choquaient dans cette Ionie où Mahomet succédait à Platon.

X

Pendant ces loisirs d'Amurat, à Brousse ou à Démotica, ses trois généraux, Évrénos, Timourtasch et Lalaschahin, poursuivaient son plan de conquête rapide de toute la partie de l'Europe comprise entre le Danube, la mer Noire et l'Adriatique. Ces provinces montagneuses, dont la nature semblait avoir fait le rempart de l'empire grec, résistaient plus que les plaines de la Thrace à ses soldats. Ils n'avançaient que pas à pas dans les défilés de la Bulgarie et dans les gorges de l'Épire. Timourtasch, réprimandé de sa lenteur par les reproches d'Amurat, s'élança enfin sur toutes les villes du revers du mont Hémus qui verse ses eaux dans la Tondja, affluent de l'Hèbre; Lalaschahin, sur les vallées des Balkans, où il conquit à son maître des forges célèbres, arsenal intarissable des Grecs, destiné désormais à armer les Ottomans. Enfin, impatient de son repos, Amurat lui-même, sortant de Démotica à la tête d'une armée d'élite, traversa la presqu'île tout entière qui sépare le golfe de Salonique de la mer Noire, en contournant Constantinople, conquit Aïdos, Apollonie, Héraclée et toutes les villes qui bordaient le Pont-Euxin, entre les embouchures du Danube et l'entrée grecque du Bosphore. Aussi aventureux et plus heureux que Darius, qui avait fait graver son nom sur les rochers du Tearos, aux trente sources, en poursuivant jusque-là les Scythes, Amurat, dans une campagne de cinq ans, adjoignit tout ce continent et tout ce rivage à l'empire.

Ces territoires avancés en Europe faisaient forcément d'Andrinople la ville centrale et capitale des Ottomans. Amurat, à son retour, s'y fit construire un palais ou sérail digne de devenir la résidence du rival des empereurs à Byzance. Il y transporta le gouvernement militaire, laissant seulement à Brousse son nouveau grand vizir Khaïreddin, pacha chargé de l'administration et de la justice dans ses provinces d'Asie. Ce vieillard, dont la mémoire est chère aux Ottomans, les gouverna en père jusqu'à l'âge où l'esprit succombe au fardeau des affaires, et mourut en allant chercher le repos à Iénischyr, où il était né sous le premier Othman. Le vieux beglerbeg Lalaschahin reçut pour récompense de son administration et de ses campagnes la possession héréditaire de Philippopolis, presque égal à Andrinople.

Philippopolis ne fut pour Lalaschahin qu'un avant-poste de l'empire d'où il s'élança avec une infatigable ardeur sur les groupes de montagnes et sur les vallées qui règnent entre les deux mers. L'Albanie, la Bulgarie, la Servie, régions boisées, pastorales, belliqueuses, inscrites entre le Rhodope, l'Hémus, les cimes de l'Épire et les Balkans, furent envahies successivement par Lalaschahin. Il établit ses lieutenants dans les villes conquises, et refoula sur les cimes des montagnes les populations indomptées.

Amurat le suivait des yeux et le secondait par moments de son bras. Ayant appris que les villes grecques soumises par lui sur le Pont-Euxin avaient profité de sa lutte avec les barbares pour recouvrer leur indépendance, il traversa une seconde fois la presqu'île de Thrace avec une colonne légère, les reconquit, les châtia de leur révolte, et revint avec la même rapidité assiéger Apollonie.

Lassé d'un siége inutile autour de ses épaisses murailles, il se disposait à replier ses troupes, et il réfléchissait tristement à son revers, le dos appuyé au tronc d'un platane, quand la terre trembla sous ses pieds, et qu'une nuée de poussière lui déroba la ville assiégée. C'était un pan des remparts qui venait de s'écrouler de lui-même, et qui ouvrait passage à ses troupes. Il les précipita dans l'enceinte, et entra sans résistance dans Apollonie. Le platane auquel Amurat était adossé dans ce moment de fortune conserva le nom de *platane heureux*, et la ville changea son nom grec contre un nom turc qui signifie *ville renversée par Dieu*.

XI

Les dépouilles furent immenses. Les temples païens d'Apollonie avaient enrichi les temples chrétiens de leurs trésors et de leurs merveilles. Les coupes d'or et d'argent éblouissaient les yeux sur les autels. Les soldats d'Amurat jouaient avec les chefs-d'œuvre de métaux précieux et de ciselures grecques. Un de ces soldats, qui, pour cacher une coupe d'or en avait coiffé sa tête et l'avait mal recouverte de son bonnet, frappa les regards du sultan. Amurat le fit appeler, et lui reprocha de n'avoir pas payé la dîme de sa riche dépouille. Ébloui néanmoins de l'effet que cette bordure d'or produisait sur le front du soldat en dépassant le bonnet, il pardonna au coupable, et il ordonna qu'une bordure d'or recouvrirait désormais les bords du bonnet militaire de tous ses officiers; lui-même adopta pour coiffure le bonnet d'or à la place du bonnet de laine entouré d'une corde de mousseline qu'il avait porté jusqu'à ce jour. Une veste et un caftan de laine écarlate des fabriques de Kermian complétèrent son costume, imité par les principaux guerriers de sa maison et de ses armées.

XII

Libre de ses mouvements par la reddition d'Apollonie, il marcha avec son armée pour renforcer son lieutenant principal, Évrénos, qui lui conquérait lentement la Thessalie. Il redescendit de là le flanc septentrional du mont Hémus, au bruit des armements du roi ou kral des Serviens, Lazare, ligué avec Sisman, prince des Bulgares. Ces deux ennemis d'Amurat avaient concentré leurs troupes réunies dans le large bassin de Nissa, l'antique Naïssus, berceau du grand Constantin. Elle était la capitale de la Mysie. Ses fortifications restaurées par Justinien, sa situation à l'embouchure d'une vallée qu'elle ferme comme une clef de l'Europe, une rivière rapide qui la couvre sur deux de ses quatre faces, en faisaient un boulevard des Serviens et des Bulgares; mais, à l'aspect des armées d'Amurat qui descendaient des pentes escarpées de l'Hémus sur la plaine, Nissa ne songea plus qu'à capituler, et les deux princes confédérés qu'à la fuite. Amurat leur accorda une paix précaire, assujettit Nissa, et rentra triomphant à Andrinople.

Les charmes de la situation de cette nouvelle capitale, son climat tempéré, ses eaux murmurantes, ses gras pâturages, ses fruits savoureux, ses chasses attrayantes dans les forêts de l'Hémus, enfin le luxe de ses palais et les soins du gouvernement des affaires d'Europe l'y retinrent quelques années, en paix avec l'Europe et l'Asie. Il y compléta l'organisation, la discipline, l'uniforme, les insignes, les drapeaux de ses armées. Pour distinguer les couleurs de l'étendard des Ottomans de celles de l'étendard des Arabes de Mahomet, que le prophète avait prescrites jaunes, couleur du soleil ; les Fatimites, vertes, couleur de la terre ou couleur de la robe du fils d'Abdallah ; les Ommïades, blanches, couleur du jour ; les Abassides, noires, couleur de la nuit ; les Byzantins, bleues, couleur du ciel, Amurat adopta le rouge, couleur du feu et du sang, symbole de sa mission conquérante.

Le vieillard Lalaschahin, investi jusqu'à sa mort du titre de généralissime ou de beglerbeg, ayant succombé aux années, Timourtasch hérita de son autorité et de son titre.

XIII

Trois fils grandissaient dans le palais et dans le camp d'Amurat. L'aîné de ses fils, nommé *Bajazet* ou *Bayézid*, surnommé depuis *Ilderim* (l'éclair), était destiné à lui succéder. Amurat, à l'exemple de ses pères, voulut que la dot de sa belle-fille fût un accroissement de son empire. Il envoya demander sa fille unique à l'émir turc de Kermian, voisin de ses possessions du mont Olympe. Le prince de

Kermian, flatté d'une si auguste alliance, remit sa fille aux ambassadeurs d'Amurat. Son premier écuyer fut chargé de conduire par la bride, jusqu'au palais d'Amurat, le cheval de la fiancée. Amurat et son fils se rendirent d'Europe en Asie pour recevoir la jeune fille. Des envoyés de tous les princes arabes, persans, égyptiens, syriens, turcs, grecs même, présentèrent au sultan et à son héritier les présents les plus somptueux dont l'histoire orientale ait gardé les registres depuis les merveilles de Bagdad, les chevaux de l'Arabie, les tapis de la Perse, les soies d'Égypte, les esclaves mâles et femelles, noirs ou blancs, de l'Éthiopie ou de l'Archipel.

Le général d'Amurat, Évrénos, qui avait abjuré le Dieu des Grecs pour l'Allah de Mahomet et qui conquérait la Grèce antique aux Ottomans, se signala par des présents qui étaient la dépouille des îles et des continents de l'Adriatique. Deux cents jeunes esclaves grecs de sa race, choisis parmi la fleur de la jeunesse et de la beauté de la Thessalie, ouvraient la marche de son cortége de tributs; dix de ces esclaves portaient sur leurs têtes des plats d'or remplis de ducats de Venise; dix autres, des plats d'argent comblés de sequins; dix-huit autres, des aiguières d'or ou d'argent pour les ablutions; le reste, des coupes, des cristaux, des verres de Venise, dans lesquels étaient incrustés et transparentes des pierres précieuses. Toutes ces merveilles, que les Ottomans appellent *satschou*, ou choses à jeter sous les pieds, furent en effet semées sous les pieds de la fiancée et de Bajazet. La fiancée posa à son tour aux pieds d'Amurat et de son mari les clefs d'or de quatre villes capitales des contrées gouvernées par le prince de Kermian, son père, parmi lesquelles les clefs de Kutaïah, un des boule-

vards de la Caramanie asiatique, la ville aux sept mosquées
ét aux. sept bains, aux vergers prodigues de fruits, aux
arbres touffus, aux tombeaux des saints et des braves blanchissants sur les collines à travers l'ombre des cyprès.

XIV

Kutaïah devint ainsi comme une racine profonde poussée
par l'empire d'Othman dans les rochers du mont Taurus.
Les émirs secondaires de Kermian et de la Caramanie, et
le plus puissant d'entre eux, l'émir de Hamid, préférant
la sécurité du titre de vassaux d'Amurat à des rivalités
impuissantes, lui cédèrent la souveraineté de toutes les
villes fortes et de toutes les vallées des environs de Kutaïah
pour garder sous sa suzeraineté leur rang et leurs richesses.

Begschyr, ou la *cité du prince*, construite par le sultan
Alaeddin sur les bords du lac Trogitis; Sidischyr, autre
ville de ces Alpes, au bord d'un autre de ses lacs; la ville
blanche ou *Akschyr*; Isparta, Ighirdir, Kara-Aghadj, cités renaissantes sur les plages des lacs ou sur leurs îles,
riches en forêts, en ruisseaux, en herbages, en population,
en troupeaux, en fabriques de tissus ou de teinture de
laine, reçurent les lois et les gouverneurs d'Amurat.

De tous les émirs qui s'étaient partagé l'Asie Mineure,
et qui espéraient y fonder leur indépendance, il n'en restait que trois d'insoumis : l'un dans le Diarbekir, chef des
Turcomans du *mouton noir;* l'autre à Marasch; l'autre à
Adana, provinces intermédiaires entre l'Arabie et l'Ana-

tolie. Ces trois tribus, qui formaient ainsi l'arrière-garde des Turcs dans leur marche vers l'Europe, n'inquiétaient pas Amurat : ses pensées étaient en avant. Il savait que la force était là avec la victoire et la richesse. Certain que ces indépendances tomberaient d'elles-mêmes, à leur heure, derrière lui, quand il serait le plus grand des Ottomans par la renommée, il ne ralentissait pas ses invasions en Thrace, en Grèce, pour rallier quelques tribus de plus sur les confins de la mer Noire ou de la Syrie.

XV

Son visir Timourtasch avait de nouveau franchi les remparts du Rhodope et de l'Hémus, ravageait la Macédoine, subjuguait Monastir, tandis que l'aile droite de son armée, restée dans la vallée intérieure, entre l'Hémus et le Rhodope, bloquait la ville forte et populeuse de *Sophia*. Sophia, située sur la même ligne qu'Andrinople, Philippopolis, Nissa, dans le long bassin qui circule entre Constantinople et le lit du Danube, était l'ancienne Sardique. Les montagnes de l'Albanie à gauche et des Balkans à droite s'ouvrent tout à coup comme les rives boisées d'un grand lac pour étendre autour de Sophia une vaste plaine nivelée où serpente la rivière d'Œscus. Ses eaux fertilisent partout le pied des montagnes et le lit de la plaine. La ville est, comme Damas et comme Andrinople, noyée à demi sous les vapeurs de l'eau, sous l'ombre des montagnes, sous les feuilles des poiriers et des abricotiers ; ses jardins, qui remplacent aujourd'hui ses remparts, serpentent et fleurissent à travers les blocs de ses bastions démolis. L'agriculture, le commerce des fruits et des troupeaux, les marchés des Serviens et des Bulgares voisins, l'animent d'une perpétuelle affluence. Du côté qui regarde la Servie, deux promontoires avancés de rochers tapissés de vignes, entre lesquels roule la rivière, lui forment comme une porte naturelle qu'un petit nombre de guerriers peut défendre. Cette ville, conquise par les Ottomans, leur donnait, indépendamment d'un séjour délicieux, une capitale au centre des barbares.

Mais ses remparts, ses tours, sa rivière, ses citadelles avancées au sommet de ses promontoires sur la plaine, la défendaient depuis plusieurs années contre le blocus et les assauts du général de Timourtasch. Un subterfuge habituel chez les Turcs et une trahison domestique fréquente chez les Grecs la livrèrent à Timourtasch. Un jeune Ottoman de l'armée de Timourtasch, feignant d'avoir été menacé de mort par ce général, se réfugia dans la ville assiégée, et tomba aux pieds du gouverneur en lui demandant la vie et sa protection. La beauté de cet adolescent, nommé Soundouk, ses supplications, ses serments, ses larmes, convainquirent le gouverneur de Sophia. Il reçut le beau page dans la citadelle, et l'attacha avec d'autant plus de sécurité à son service qu'il le crut plus irréconciliable avec ses compatriotes ottomans.

Pendant les loisirs d'un blocus qui durait depuis tant de mois, et qui laissait libre l'espace couvert de forêts qui descend de la Servie vers Sophia, le gouverneur chassait quelquefois au faucon dans ces solitudes. Soundouk, dans une de ces chasses, feignant un jour de suivre au galop un gibier qui fuyait devant son cheval, entraîna son maître hors de la vue de ses autres serviteurs; puis, tout à coup se retournant, le renversant de son cheval, et le garrottant avec des cordes suspendues à sa selle, il le replaça sur son cheval, et, le conduisant par des détours au camp des Turcs, il le livra prisonnier à Timourtasch. Le gouverneur exposé dans ses fers, sous les murs de Sophia, aux regards de la ville, enleva l'espoir et le courage aux habitants. Sophia ouvrit ses portes aux Ottomans et devint l'arsenal d'Amurat dans ses guerres contre les Albanais, les Serviens, les Valaques et les Hongrois.

XVI

Ces conquêtes successives et si faiblement disputées formaient une circonvallation de plus en plus rétrécie autour de Constantinople. L'empereur Jean Paléologue, menacé par de nouvelles prétentions d'Amurat, n'espérait plus rien des Grecs et ne possédait plus les trésors nécessaires pour solder les barbares contre les barbares.

Les querelles théologiques séparaient, par un schisme d'autant plus envenimé qu'il était plus subtil, l'Église grecque de l'Église latine. Pour obtenir le secours du pontife romain, dont les bulles suscitaient seules alors le zèle religieux des princes et des peuples de l'Occident en faveur des chrétiens leurs frères en Orient, il fallait abjurer d'abord le schisme. Ce n'était qu'au prix de cette abjuration que Rome pouvait intervenir dans la cause des empereurs de Byzance.

Jean Paléologue résolut (dès 1369, mais il ne partit

qu'en 1378) de tenter par lui-même cette grande négociation religieuse et politique avec le pontife romain. Puisqu'un moine inconnu et vagabond, Pierre l'Ermite, avait réussi à précipiter l'Europe sur l'Orient en armées innombrables pour arracher le sépulcre de Jésus-Christ aux califes, il pensa que le spectacle d'un empereur chrétien d'Orient, revêtu de la pourpre de Constantin, et venant mendier à la cour des princes latins et du successeur des apôtres un peu de l'or, du fer et du sang de l'Europe pour sauver la première capitale et le premier peuple du christianisme du joug de Mahomet, arracherait quelques larmes, quelques tributs, quelques vaisseaux et quelques guerriers à l'Occident.

Le récit des extrémités auxquelles cet empereur fut contraint pour accomplir son entreprise désespérée d'émouvoir l'Occident arrache des larmes aux historiens grecs compagnons de son pèlerinage à travers les cours de l'Europe, en 1378.

XVII

Amurat triompha à Brousse de la déception de l'empereur (1371). Jean Paléologue, afin d'acheter son pardon, lui livra son troisième fils, le jeune Théodose, pour le former, disait-il, à la valeur et aux exercices militaires dans les rangs des janissaires ottomans. Théodose, après un séjour de quelques mois à la cour du sultan, passa en Morée pour y recevoir l'investiture du territoire de Sparte, héritage d'un descendant des Cantacuzènes. L'empereur, las d'un gouvernement si agité, confia l'autorité à son fils aîné, Manuel (1373).

Son autre fils, Andronic, jaloux de l'élévation de son frère, conspira secrètement avec Saoudji, fils d'Amurat, qui commandait, comme autrefois Soliman, les armées turques de son père en Europe. Ces deux jeunes ambitieux, impatients du trône, rêvaient de combiner leurs crimes pour se porter, par une révolte simultanée, l'un à l'empire, dans Constantinople, l'autre, à la place de son père, à Brousse. Amurat découvrit le premier la trame de cette conjuration parricide. Il vole en Europe, se présente à son armée, en est salué comme père et comme sultan, s'approche de Constantinople, confère avec l'empereur, lui conseille de s'unir à lui pour marcher ensemble contre leurs deux fils rebelles, et de leur crever les yeux pour les rendre à jamais inhabiles au trône.

Andronic et Saoudji avaient réuni leurs partisans en un corps d'armée campé sur les bords escarpés d'un petit fleuve de Thrace, l'Apricidion. Ils se croyaient sûrs par la complicité même de la fidélité de leurs complices. L'intrépide Amurat, plus sûr de son ascendant sur des anciens compagnons d'armes, monte à cheval dans une nuit sombre, franchit seul l'Apricidion, et, se dressant sur ses étriers, élève tout à coup sa voix connue et formidable qui rappelle ses soldats à leur sultan.

A ce cri, les sentinelles turques, saisies d'un effroi et d'un remords surnaturels, jettent leurs armes, éveillent le camp et courent, bientôt suivies de leurs camarades, autour du cavalier nocturne. Amurat les harangue et leur pardonne. Ils jurent qu'ils ont été trompés par Saoudji, croyant que le fils agissait par les ordres du père. Le fils, abandonné à son crime, fuit avec le prince grec et ses complices dans la petite forteresse de Dydimotique, sur les bords de l'Hèbre ou de la Maritza.

Amurat les suit, les assiége, les force à capituler, se joue ensuite de la capitulation, fait crever les yeux d'abord, puis trancher la tête à son fils; et vengeant également les droits de la paternité et du trône dans les jeunes nobles grecs complices d'Andronic, il les fait amener sur les remparts et lancer dans le courant de la Maritza. Lui-même, placé avec ses principaux officiers sur un promontoire avancé du fleuve, assistait, le sourire sur les lèvres, à cette expiation d'un double parricide, suivant tour à tour, d'un regard impassible, tantôt les lièvres effrayés que ses chiens faisaient lever dans les broussailles, tantôt les cadavres accouplés que la Maritza roulait, au milieu de son écume sanglante, à ses pieds.

Pour que nul dans sa cour et dans son armée ne pût lui reprocher sa sévérité envers Saoudji, il ordonna à tous les pères qui avaient des enfants coupables dans la conspiration de trancher de leur propre main la tête de leurs fils. L'autorité paternelle, loi des lois chez les Tartares, ne lui parut assez cimentée que par ces représailles qui faisaient frémir la nature. La justice et la colère lui soufflèrent, pour la première fois dans cette circonstance, le goût de ces cruautés qui rendirent son nom terrible aux Ottomans.

Andronic, le premier instigateur du crime et le corrupteur de Saoudji, fut livré par Amurat à son père pour qu'il accomplît lui-même la vengeance que les deux souverains s'étaient jurée contre leurs enfants. L'empereur, pour complaire au sultan, fit verser de l'huile bouillante sur le globe des yeux de son fils. Toutefois, l'indulgence paternelle ne poussa pas le supplice jusqu'à l'aveuglement complet du coupable. Une faible lumière resta au regard d'Andronic et de son fils supplicié avec lui ; mais ils furent privés de leurs droits au trône qu'Andronic avait voulu anticiper par le crime.

XVIII

Ce crime de Saoudji avait paru d'autant plus impardonnable à Amurat, qu'il avait été plus longtemps et plus odieusement prémédité. De sinistres soupçons couvaient depuis plusieurs années dans l'âme du sultan contre ce jeune homme. Le recueil de Feridoun contient une correspondance authentique entre Amurat et son fils de prédilection, qui fut, depuis, le sultan Bajazet, correspondance où l'on voit transpirer d'avance les inquiétudes d'un père et d'un souverain qui redoute son héritier. « Je t'annonce, dit dans sa lettre Amurat à Bajazet, laissé en observation par lui à Brousse, je t'annonce qu'au printemps nous aurons une grande guerre avec la Hongrie, guerre dont le commencement sera, il faut l'espérer, favorable aux croyants, et dont la fin dépendra des décrets de Dieu. A la réception de cette lettre, tu rassembleras et tu armeras toutes les troupes. Mais, en même temps, tiens les yeux ouverts sur les actions de ton frère Yacoub, qui réside à Karasi, ainsi que sur la conduite de mon fils Saoudji, commandant de Brousse, dont Dieu veuille protéger la vie ! Du reste, exécute fidèlement mes ordres et informe-moi exactement de tout ce qui pourra survenir. »

On voit que Bajazet possédait seul, entre les enfants du sultan, toute la confiance de son père. Soit que Bajazet eût déjà des indices de la rébellion de Saoudji, soit qu'une rivalité sourde existât déjà entre les deux frères : « Mon frère Yacoub, répondit-il à son père, fait son devoir et rend bonne justice dans son gouvernement. (Que Dieu double ses dons sur lui!) Quand à Saoudji-Beg, tu trouveras, dans la même bourse qui contient cette lettre, une lettre originale du grand juge de Brousse qui le concerne. C'est à ta justice à m'envoyer désormais de nouveaux ordres. Je suis ton esclave, le pauvre Bayézid. »

XIX

Manuel, que Jean Paléologue avait déjà associé à l'empire, frémissait de l'ascendant qu'Amurat exerçait jusque sur la famille de l'empereur dans Constantinople. Il osa attaquer le sultan dans la ville de Seres, une de ses conquêtes. Khaïreddin-Pacha, grand vizir d'Amurat depuis la mort de Lalaschahin, marcha contre Manuel, l'écrasa et le poursuivit jusque dans Salonique, s'empara de la ville (vers 1377) et déconcerta ainsi tous ses plans.

Manuel, n'osant retourner à Constantinople, dans la crainte d'être livré, par le vieil empereur son père et son collègue, à Amurat, s'enfuit sur une barque à Lesbos, ville de l'île de Mitylène possédée alors par les Génois. Les Génois, trop politiques et trop trafiquants pour être généreux, le repoussèrent de ce dernier asile. Manuel, à qui la terre et la mer se fermaient, osa tenter la générosité d'Amurat. Il fit voile vers le pied du mont Olympe, et parut en suppliant sur les terres du sultan.

Amurat n'abusa pas de l'infortune de son ennemi. Il monta à cheval, et s'avança, dans toute la pompe de la souveraineté, au-devant d'un autre souverain. Manuel, à l'aspect du sultan, descendit de son cheval, se prosterna dans la poussière, implora son pardon pour ce qu'il appelait lui-même son crime de lèse-majesté. Amurat l'accueillit avec magnanimité, et le renvoya avec une escorte impériale à Constantinople, priant, dans une lettre de sa main, le vieil empereur d'excuser la faute d'un fils téméraire, mais non rebelle.

Ainsi le chef d'une peuplade de l'Oxus régnait déjà par ses armes, en Asie, sur des sujets et des vassaux innombrables; en Europe, par son empire sur la famille même des empereurs.

XX

La mort lui enleva bientôt son second vizir, Khaïreddin-Pacha, vainqueur de Salonique. Amurat se plaisait à s'entretenir, avec ce conseiller consommé, de la guerre et de la politique. On trouve dans Chalcondyle, l'historien byzantin de cette époque, une conversation entre le sultan et son vizir qui prouve la familiarité de l'un, la rude liberté de l'autre.

« Sultan Mourad, demanda un jour, en partant pour la campagne de Salonique, Khaïreddin à son maître, comment faut-il conduire la guerre pour t'assurer toujours la victoire et l'empire?

» — Il faut, lui répondit celui-ci, profiter toujours des occasions, ces offres de Dieu, et t'assurer du dévouement des soldats qui combattent pour la foi.

» — Bien, reprit le vizir; mais comment profite-t-on des occasions?

» — On en profite, dit le sultan, en pesant rapidement dans son esprit les dangers ou les avantages qu'elles nous présentent.

» — Ah! sultan Mourad, répliqua en riant le vizir, je vois en vérité que la nature t'a doué d'une rare sagesse; mais tu oublies que l'occasion fuit et qu'on ne peut la faire attendre pour balancer ainsi dans son esprit ce qu'elle offre de péril contre ce qu'elle offre de fortune. Ajoute donc à tes conseils la promptitude. Un grand général doit délibérer avec une grande prudence avant l'action, agir avec la rapidité de l'éclair dans l'action; et, pour s'assurer l'affection et la confiance de ses troupes, frapper lui-même de grands coups d'éclat en vue et à la tête de l'armée! »

XXI.

Amurat, par reconnaissance des services de Khaïreddin, donna, à sa mort, le titre de grand vizir à son fils. Il pensa que les enseignements et les exemples d'un tel père suppléaient à l'âge dans le génie du jeune vizir.

La vieillesse du sultan, la jeunesse du vizir, les dissensions sanglantes dans la famille d'Amurat, attestées par le supplice de Saoudji, son héritier naturel, enfin les tentatives de Manuel pour reconquérir la Thrace, parurent à l'émir de Caramanie, jaloux d'Amurat, une occasion favorable pour s'affranchir de la suzeraineté des Ottomans. Ces émirs, de la maison des Caramans, illustres parmi les princes turcs qui avaient inondé la Cilicie et donné leur nom à cette province, avaient pris le titre de Bedreddin ou *pleine lune de la foi*. Celui qui régnait alors sur les hordes turcomanes était Alaeddin. Amurat, pour s'assurer de sa fidélité, lui avait donné pour épouse une de ses filles. L'ambition rompit ce lien du cœur. Alaeddin, après avoir coalisé contre le sultan toutes les populations turcomanes répandues dans la Cilicie et dans la Cappadoce, nommée maintenant la Caramanie, les fit avancer en masses innombrables vers Iconium, cette première capitale des Turcs seldjoukides (1387).

Amurat et Ali, son jeune vizir, descendent aussitôt du mont Olympe à la tête des premières troupes qu'ils ont sous la main. Ils envoient à Timourtasch, généralissime de l'armée d'Europe, l'ordre de repasser avec toute l'armée en Asie, et de les suivre à marches rapides vers Iconium. Timourtasch arrive presque aussi vite qu'Amurat dans la plaine d'Iconium. L'émir de Caramanie en couvrait plus de la moitié des nuées de sa cavalerie. Amurat retrouve sa jeunesse à l'aspect de ces ennemis dignes de lui. Il passe en revue ses vainqueurs de l'Europe : leur confiance et leur expérience le rassurent contre le nombre. Il supplée à la jeunesse de son vizir en réglant lui-même l'ordre de bataille. Il donne à son fils Yacoub le commandement de son flanc droit, à Bajazet, son second fils, le commandement de son flanc gauche ; il range derrière eux la réserve solide et irrésistible de l'armée d'Europe sous son vieux chef Timourtasch ; lui-même, placé en avant et au centre avec sa nombreuse cavalerie et ses invincibles janissaires, il se réserve les premiers et les derniers coups. Alaeddin, à cheval en face de lui, à la tête aussi de ses cavaliers les plus intrépides, le défiait par ses flèches et par les évolutions de son cheval entre les deux camps.

Au son des timbales et des cornes de bœuf, les Caramaniens de l'aile droite d'Alaeddin s'élancent les premiers contre le flanc gauche d'Amurat, commandé par Bajazet.

Bajazet, avant de lancer ses Turcs au combat, accourt vers son père, descend de cheval, se prosterne aux pieds du cheval du sultan et lui demande respectueusement l'autorisation de vaincre ou de mourir pour sa maison et pour sa race. Le sultan relève son fils et ordonne la charge. Bajazet, suivi de Timourtasch, coupe en deux l'armée des Turcomans et en disperse les lambeaux dans la plaine. Le reste de l'armée d'Amurat n'a qu'à envelopper et à recueillir les escadrons vaincus par Bajazet et Timourtasch. La plaine, libre ou jonchée de cadavres en un instant, découvre la ville d'Iconium sans autre défense que ses remparts. Amurat, qui ne destine à son fils qu'un trône pour récompense, nomme Timourtasch pacha à trois queues sur le champ de bataille, triple décoration d'une dignité qui n'avait encore été décernée à aucun Ottoman.

Iconium, assiégée depuis douze jours, allait céder aux assauts des Ottomans; la porte s'ouvre, un cortége en sort: c'est la fille d'Amurat, l'épouse d'Alaeddin, suivie de ses enfants, qui vient implorer de son père le pardon de son mari. Amurat, attendri par la vue et les larmes de sa fille, ne demande d'autre réparation à Alaeddin que de venir lui baiser la main, en signe de vasselage, devant la porte de Koniah.

Alaeddin accomplit cette humiliation pour sauver sa famille et ses États du fer et de la flamme des Ottomans. La politique expérimentée d'Amurat lui montra moins de dangers pour ses successeurs dans le pardon que dans la vengeance. Il négligea de subjuguer en détail les petits émirs qu'Alaeddin avait entraînés dans sa révolte. « Un lion, dit-il, ne s'attaque pas à des lièvres. » Sûr de l'obéissance, bientôt rétablie par la renommée de sa victoire, il retourna lentement à Brousse avec les deux armées chargées de gloire et de dépouilles.

XXII

Mais l'absence de Timourtasch et de l'armée d'Europe avait relevé le cœur des populations de la Servie, de la Bosnie, de la Bulgarie, mal asservies encore au joug des Ottomans depuis la bataille de Sophia. Lazare, kral de Servie, et Sisman, kral des Bulgares, s'étaient ligués de nouveau contre les conquérants de leur pays. Ils avaient égorgé dans les montagnes vingt mille Turcs laissés en garnison par Timourtasch pour contenir les montagnards.

A ce bruit, Amurat se hâte d'appeler aux armes tous les Ottomans d'Asie et d'Europe. Sa victoire sur les Caramaniens fait accourir à sa voix tous les émirs de la Cilicie et de la Cappadoce, heureux de racheter le pardon par le zèle. Deux armées nombreuses se forment sous les murs de Brousse, l'une pour l'Asie, l'autre pour l'Europe. Il se dispose à conduire lui-même celle d'Europe contre les coalisés du Danube; mais auparavant il veut cimenter sa paix duavec l'empire grec, désormais son allié, en épousant une princesse de la maison impériale, et en faisant épouser à ses deux fils, Bajazet et Yacoub, deux autres princesses de la même maison.

Ces triples noces sont célébrées à Iénischyr, première capitale de sa maison, comme pour étonner le toit rustique de ses pères du triomphe et du luxe de leur descendant. Les fêtes participèrent de la simplicité des Ottomans et de l'opulence des Grecs. Rien n'étonnait plus les chrétiens, dont les mœurs s'altéraient au contact des mœurs de leurs conquérants.

Ces fêtes célébrées, Amurat, ses fils, son grand vizir Ali-Pacha, repassent avec quarante mille guerriers en Europe (1389). Timourtasch, lassé de guerre, de gloire et d'années, reste à Brousse pour garder le trône et pour surveiller l'Asie. Ali-Pacha s'avance le premier avec l'avant-garde vers la Bulgarie.

La nature semble avoir fortifié elle-même cette province alpestre, qui fut jadis l'ancienne Mysie, par le large courant du Danube d'un côté, par les remparts continus du Balkan ou Rhodope de l'autre. Elle a laissé seulement huit portes étroites ou huit brèches dans cette muraille du Balkan pour pénétrer de la Thrace dans la Bulgarie. A l'issue de ces huit défilés dans la vallée du Danube au nord, les Romains, les Grecs, les Bulgares, les Serviens, les Ottomans enfin ont élevé sept villes fortes qui ferment ces gorges du côté qui regarde la Germanie comme du côté qui regarde Constantinople, Widdin, Silistria, Rutschuk, Nicopolis, Sistow, Nissa, Sophia, la Porte-de-Fer. De distance en distance, les montagnes s'écartent et laissent place à des bassins ou à des plaines. Les anciens chantaient déjà plus qu'ils ne décrivaient ces oasis de pasteurs et de laboureurs.

« Les plaines qui s'étendent entre ces montagnes, dit le plus exact d'entre ces géographes byzantins, sont couvertes d'un tapis verdoyant qui repose délicieusement les yeux ; les ombrages épais des forêts protégent comme une tente le voyageur qui gravit les collines ; mais, au milieu du jour, quand les rayons ardents du soleil font bouillonner les entrailles de la terre, une chaleur étouffante suffoque la respiration. Ces pentes abondent en sources dont les eaux limpides ne sont nuisibles à celui qui s'y désaltère, ni par leur extrême froideur, ni par leur insalubrité. Des oiseaux, posés sur les branches les plus flexibles des bois, réjouissent par leurs chants mélodieux le voyageur fatigué de la route. Le lierre, le myrte, les tristes ifs eux-mêmes à l'haleine odorante enivrent les sens de douces senteurs. Ils semblent, par leurs exhalaisons saines, vouloir retremper les membres de l'hôte passager qui traverse les gorges de la montagne. »

Ce que Théophylacte décrivait ainsi de son temps est encore ce que nous avons admiré et décrit nous-même en parcourant les faîtes et les bassins de la Bulgarie. La Servie, qui confine du côté du nord avec cette province, offre un caractère analogue, mais plus sévère et plus sombre encore que cette province. Les Bulgares étaient à la fois pasteurs, laboureurs et guerriers ; les Serviens n'étaient alors que pasteurs et bûcherons. Bien que le sol, en s'éloignant du pied du Balkan pour aplanir le lit de la Save et du Danube, soit moins montueux dans la Servie que dans la Bulgarie, les Serviens l'ont laissé plus couvert de végétation que les Bulgares. Soit instinct naturel qui leur fît respecter les bois propices aux sources, soit prudence qui leur conseillât d'avoir leurs chênes pour asiles et pour forteresses, la hache y éclaircit rarement la surface de la terre. Pendant de longues journées de route, le voyageur ne marche qu'à l'ombre d'immenses abris de chênes dont les bêtes fauves connaissent seules les profondeurs. On croit parcourir, sous un ciel seulement plus azuré et plus tiède, les forêts vierges du nouveau monde. Les arbres enroulés de lianes et de lierre n'y tombent jamais que sous le poids des siècles ; les rameaux morts préférés des oiseaux de proie et des corneilles se mêlent, au sommet des chênes, aux tiges vertes des nouvelles générations du sol. Quand on descend dans les gorges où serpentent quelques ruisseaux à l'onde noire où croupissent les feuilles mortes, on est plongé dans une ombre humide qui dérobe le ciel aux regards. Quand on remonte les collines et qu'on plane du haut d'un monticule sur l'espace étendu autour de soi, on croit voir ce que les Ottomans du mont Olympe appelaient la mer de feuilles, c'est-à-dire un immense océan de vagues vertes qui ondoient et qui murmurent comme la mer au moindre frisson des vents.

XXIII

De rares et étroits sentiers débouchent çà et là de ces profondeurs ténébreuses. On en voit sortir avec étonnement de grands troupeaux de bœufs et de génisses sous la garde de bergers vêtus de peaux de moutons noirs; des bandes de bûcherons, la hache sur l'épaule, ou des groupes joyeux de jeunes paysannes qui portent en chantant aux meules le foin fauché dans les clairières; les couleurs de la santé teignent leurs joues, la sécurité et la franchise sont dans leurs yeux et sur leurs lèvres. On se croit dans une Helvétie méridionale où la simplicité des mœurs, la candeur des âmes et la liberté, fille et gardienne des montagnes, conservent une source abondante et pure de l'espèce humaine, comme les forêts conservent l'abondance et la pureté des eaux à la source des fleuves.

D'espace en espace, la forêt s'éclaircit et laisse à découvert un vallon de peu d'étendue où fument les toits de chaume d'un village. Quelques vergers de pruniers, de cerisiers, de pommiers, fleurissent ou fructifient autour de ce groupe de cabanes. La terre y étale des moissons ou des prairies; des sentiers creusés par les chariots en rayonnent dans diverses directions, pour faire communiquer ces hameaux éloignés entre eux, à travers la forêt éternelle.

Des villes, plus rares encore et plus semblables à des marchés temporaires de bestiaux qu'à des cités fixes, ouvrent leur caravansérai aux commerçants ou aux voyageurs. Tels sont les sites et tels sont les habitants de la Bulgarie et de la Servie, races trop peu nombreuses pour conquérir, trop indomptées et trop patriotes pour être longtemps conquises. Ces peuples, demi-sauvages quoique doux, semblent avoir été formés par la nature en fédérations dociles, mais indépendantes comme celles de l'Helvétie, pour suivre les vicissitudes des grands empires qui les enveloppent, tantôt romains, tantôt germains, tantôt grecs, tantôt ottomans, mais toujours eux-mêmes, et se retrouvant encore jeunes et sains quand ces grands empires périssent de corruption ou de vieillesse.

XXIV

Ali-Pacha, ce jeune vizir, fils et successeur de Khaïreddin, s'avança sans attendre l'armée du sultan, son maître, pour lui ouvrir la principale brèche du Balkan, sur la Bulgarie, par le défilé de Nadir-Derbend (1389). Le kral des Bulgares, Sisman, recula devant lui et s'enferma dans Nicopolis, sa place la plus forte vers le Danube. Les plaines sans autre horizon qu'elles-mêmes qui s'étendent du Danube vers la Hongrie apparurent pour la première fois aux Ottomans, qu'elles devaient conduire un jour jusqu'à la capitale de l'Autriche. Sisman, qui ne s'attendait pas au retour si prompt et si écrasant d'Amurat du fond de l'Asie, prévint l'assaut de Nicopolis par une capitulation. Il abandonna la ligue formée entre lui, les Serviens, les Valaques, les Hongrois, et se résigna au tribut, sceau de la conquête chez les Ottomans. A cette condition, Ali lui laissa la couronne des Bulgares. Cette soumission des Bulgares valait plus que la victoire du sultan.

Ali, tranquille de ce côté, marcha sur sa gauche vers le nœud des hautes montagnes où les Bosniens et les Serviens touchaient à l'Albanie. Ses troupes en ramenèrent des troupeaux de prisonniers devenus esclaves et revendus par lui à Sisman. Mais, à peine le vizir avait-il reflué avec son armée vers les Balkans, que Sisman reprit les armes et reconquit son indépendance sur les traces des Turcs. Ali revint sur ses pas, assiégea une seconde fois Sisman, le fit prisonnier avec toute sa famille, et l'envoya chargé de fers à Amurat, pour que le sultan décidât du sort du vaincu.

Amurat, campé alors aux environs de Philippopolis, laissa la vie au kral des Bulgares, et lui assigna un revenu digne de son ancien rang; mais il résolut de gouverner la Bulgarie par lui-même. Toutes les places fortes qui ouvraient ou fermaient la vallée du Danube et les hauts défilés du Balkan reçurent des garnisons et des gouverneurs.

XXV

Le kral des Serviens, l'héroïque Lazare, fort de la ligue jurée entre son peuple, les Bosniaques, les Hongrois et les Albanais, se retira, comme pour mieux prendre son élan, sur les escarpements des montagnes de l'Albanie. Il en redescendit bientôt avec une armée coalisée supérieure en nombre aux Turcs. Quatre-vingt mille hommes de toutes ces races guerrières des montagnes et des deux rives du haut Danube se déployèrent dans les bassins de la Servie. Amurat, défié ainsi par une nuée de patriotes qui n'avaient de semblables aux Grecs amollis que la religion et la langue, appela, par des messagers à son armée, tous ses vétérans d'Asie. Yacoub et Bajazet, ses deux fils, accoururent avec de nombreux renforts. Le vieil Évrénos lui-même, ce transfuge byzantin qui revenait du pèlerinage de la Mecque, voulut mourir en martyr de sa foi nouvelle, qu'il avait si vaillamment servie. La renommée et les conseils de ce compagnon d'Othman valaient une armée au sultan. Il dédaigna d'entendre les coalisés dans la plaine de Sophia, dont l'accès lui était facile. Il marcha avec tous ses renforts à l'assaut du défilé de Soulu-Derbend, derrière lequel ses ennemis le défiaient. Parvenu dans le bassin de Ghioustendil, où *le lait et le miel semblaient couler des montagnes de l'Hémus pour son armée*, le sultan s'arrêta pour consulter ses généraux. Évrénos conseilla l'audace, et il en donna l'exemple. Suivi seulement de cinquante intrépides cavaliers, il sortit la nuit de Ghioustendil pour aller reconnaître l'ennemi. Il ne trouva plus que la solitude. Les Serviens, les Hongrois et leurs confédérés s'étaient repliés derrière la Morava, aux confins de la Servie et de la Bosnie, situation qui leur offrait à la fois le développement d'une plaine pour combattre, l'abri d'une rivière, la retraite des montagnes. Évrénos conjura le sultan d'affronter ces trois supériorités de site avec la confiance de la victoire.

Amurat lui confia l'avant-garde des Ottomans; le grand vizir Ali commandait le premier corps de l'armée; Bajazet, déjà consommé dans les armes, le second corps; Yacoub, le troisième; deux autres corps étaient commandés par Ainebeg et par Saridjé-Pacha; Amurat s'était réservé à lui-même le centre, composé de ses plus intrépides janissaires.

XXVI

Ces six corps réunis n'égalaient pas en nombre l'armée des confédérés, où les Hongrois, les Albanais, les Épirotes, les Bosniaques, les Serviens, chacun sous leurs rois, leurs krals, leurs chefs les plus renommés, étaient descendus à là voix de la religion, de leur indépendance et de leur patrie, pour refouler en Asie ce fléau de l'Europe qui n'avait rencontré jusque-là aucun écueil. L'assiette de leur camp, choisie à loisir et fortifiée par la nature, ajoutait encore à cette supériorité du nombre et des armes. On voyait leur infanterie et leur cavalerie étagées, sous d'innombrables drapeaux, sur les derniers gradins des hautes montagnes qui enveloppent du côté de l'occident, comme les plaines d'un vaste cirque demi-circulaire, la plaine de Kossova.

Cette plaine, longue de dix mille pas, large de cinq mille, offrait à peine assez d'espace pour contenir les évolutions de cette multitude quand elle y descendrait à la rencontre des Turcs. Le soleil levant, qui se réverbérait sur les flancs des monts d'Albanie et qui rejaillissait sur les cuirasses, sur les casques, sur les lances des Hongrois, éclairait, aux regards d'Amurat et de ses soldats, les nombreux et riches villages serbes et bosniaques, dont les femmes, les filles, les enfants, les vieillards, attendaient leur sort, en priant à genoux sur les collines, de la valeur de leurs guerriers.

Cette proie vivante animait les Ottomans. Ces montagnes, vertes de pâturages, ténébreuses de forêts, chargées de vergers, de troupeaux, de cultures, de populations, leur rappelaient les vallées du Taurus ou du Tmolus qu'ils avaient déjà traversées pour y laisser derrière eux leurs tentes. Mais l'idée d'assujettir ces derniers plateaux de l'Europe occidentale, et d'élever leurs mosquées et leurs minarets à la place de ces clochers et de ces basiliques, les animait de plus d'ardeur encore que la possession de nouveaux territoires. Toute guerre était pour eux la guerre sainte. Ils s'imaginaient que ces montagnards serviens et albanais étaient des idolâtres qui adoraient des images et des statues, et auxquels ils portaient le Dieu invisible à adorer à la pointe de leurs sabres. Ce n'étaient pas seulement deux races, c'étaient deux cultes qui se mesuraient de l'œil sur deux pentes opposées de la plaine de Kossova.

La rivière séparait encore les combattants.

Amurat, selon le précepte qu'il avait inculqué lui-même à Khaïreddin, son sage vizir, arrêta son armée avant de l'aventurer dans la plaine, pour délibérer l'ordre de bataille. Ses fils et ses généraux s'assirent sous un platane, autour de lui, comptant de l'œil les ennemis, combinant les manœuvres, se distribuant le sol et les postes dans le combat, et imaginant à haute voix, devant le sultan, les expédients de terreur et de guerre propices à déconcerter ces nuées de chrétiens. A défaut d'artillerie pour rompre ces masses, Ainebeg et Saridjé-Pacha proposèrent de ranger en première ligne, devant le front de l'armée ottomane, les six mille chameaux d'Asie qui portaient les tentes, les vivres et les bagages de leurs divisions, afin d'épuiser sur ces animaux les traits de l'ennemi, et de jeter l'étonnement et l'effroi dans les rangs des chrétiens par l'aspect et par les gémissements des chameaux, inconnus de ces soldats d'Europe. Cet avis prévalait quand le fougueux Bajazet, plus chevaleresque encore que prince, le combattit avec le dédain d'un héros.

« Les fils d'Othman, dit Bajazet, ont-ils donc jamais craint de regarder leurs ennemis face à face? Est-ce donc en s'abritant comme des femmes derrière des bagages, des éléphants ou des chameaux, qu'ils ont conquis l'Asie sur des multitudes armées contre eux de tous les arts et de toutes les armes de la guerre? De tels artifices sont-ils dignes de la cause divine pour laquelle nous combattons? N'est-ce pas un aveu de peur, au moment où le salut n'est que dans le courage? N'est-ce pas douter de Dieu devant ces profanateurs? Notre confiance en lui n'est-elle pas notre premier rempart comme notre première force? La victoire est à celui qui se croit vainqueur, et non à celui qui craint d'être vaincu. »

Le jeune vizir, Ali-Pacha, confirma Bajazet dans cette ardeur, en racontant au conseil un oracle qu'il avait reçu pendant la dernière nuit, du livre qui contient le passé, le présent et l'avenir.

« J'ai ouvert, dans mon anxiété, le Coran, dit-il; je l'ai ouvert au hasard, et mes yeux sont tombés sur ce verset : *O prophète, combats les infidèles et les idolâtres!* C'était un ordre de ne pas compter nos ennemis, mais de combattre partout où nous les rencontrerions. J'ai ouvert le livre à une autre page, et j'ai lu cet autre verset : *Que crains-tu? Souvent une armée innombrable est vaincue par un petit nombre d'intrépides guerriers!* »

Cet oracle du hasard, familier aux musulmans, comme il l'était aux chrétiens qui cherchaient le sort dans l'Évangile, ébranla le sultan. Le vieux Timourtasch acheva de le convaincre en représentant le danger que ces animaux effarouchés pourraient faire courir aux Ottomans, s'ils venaient à se débander sous la douleur des coups qui les atteindraient, à se retourner contre l'armée, à rompre les lignes de cavalerie et d'infanterie, et à donner ainsi le signal et le courant d'une déroute. La journée entière s'écoula dans cette délibération, pendant que l'armée préparait ses armes et prenait ses postes pour le lendemain.

Au coucher du soleil, un vent violent d'Occident, qui portait des tourbillons de poussière au visage des Turcs, inquiéta le sultan. Il craignit que ces tourbillons de poussière n'aveuglassent ses soldats et ses chevaux pendant la bataille. Il passa une partie de la nuit en prière, sous sa tente, convaincu que de la journée qui allait se lever dépendrait, pour ses descendants, la conquête ou la perte de l'Europe. Il demanda avec ferveur au ciel de mourir dans la bataille, vainqueur, mais martyr de sa foi.

« J'ai assez de gloire ici-bas, dit-il, il ne me reste à désirer que la félicité éternelle des élus mourant pour la cause du prophète; qu'elle soit le prix de mon sang. » Il s'endormit après la prière. A son réveil, une pluie nocturne avait abattu le vent et la poussière; le soleil frappait, à travers une brume transparente, les murs blancs des villages chrétiens adossés aux montagnes de l'Albanie.

XXVII

Lazare, kral des Serviens; Twarko, roi des Bosniaques, et Jean Castriot, chef des Albanais, qui fut le père du héros Scanderbeg, se croyant, par le nombre et par le site, sûrs de la victoire, avaient rangé avant l'aurore leurs différents peuples en croissant pour envelopper les Turcs après avoir repoussé leur impuissant assaut. Ils étaient si confiants dans leur supériorité qu'ils avaient différé l'attaque jusqu'au jour, de peur que les ténèbres ne favorisassent la fuite des Ottomans.

Ils s'étonnèrent pour la première fois en voyant le sultan lui-même s'élancer, à la tête du centre de son armée, à l'assaut de leurs retranchements. Leurs corps avancés se fermèrent alors comme deux vastes ailes pour l'envelopper par les flancs pendant qu'ils le recevaient en face. Amurat disparut un moment dans cette mêlée. Yacoub, son fils, accourut avec le flanc gauche au secours de son père, plia sous la masse des chrétiens, et découvrit, en pliant, le centre des Turcs. Bajazet, jusque-là immobile, traverse alors, au galop de sa cavalerie, la plaine déjà couverte de cavalerie albanaise chargeant Yacoub et cernant son père.

« Il était armé, dit l'historien témoin et combattant à côté de lui dans cette mêlée, il était armé de sa pesante masse d'armes, qu'il brandissait comme un marteau dans sa main, et qui brisait les casques. Les Ottomans, encouragés par son exemple, fendent la multitude confuse de leurs ennemis pour voler au secours d'Yacoub et de leur sultan. Leurs lames de sabre, brillantes comme le diamant, devenaient rouges comme l'hyacinthe. »

Yacoub, à cette vue, arrêtant enfin la retraite de ses troupes, balaye vers la rivière et les montagnes les Serviens et les Albanais, dont le poids l'avait un moment écrasé; Bajazet, libre de fondre à son tour sur les Hongrois de l'aile gauche des ennemis, imprime à son corps d'armée l'élan et le poids de sa course; il traverse de nouveau le champ de bataille, et, lançant sa cavalerie dans les flots, il la précipite pour ouvrir les rangs sur les montagnards ébranlés. Ses spahis comblent, sans les compter, les ravins de leurs cadavres, rompent l'infanterie adossée aux mamelons, se replient à la voix de Bajazet sur le centre où combat le sultan, achèvent la déroute de cette élite des chrétiens, jonchent de morts les bords de la rivière, coupent la retraite des montagnes aux vaincus, immolent tout ce qui résiste et chassent comme des troupeaux, à travers les plaines, des nuées de prisonniers poussés vers leur camp pour être vendus comme esclaves après la victoire.

Un cri de terreur s'élève à cet aspect de tous les villages des montagnes ; les habitants s'enfuient dans les rochers et dans les forêts en brûlant leurs toits derrière eux. Amurat, sûr de les posséder, n'essaye pas de les poursuivre ; il embrasse son fils et rend grâce à Allah de cet espace couvert le matin de trois peuples et où le soir son regard n'apercevait plus un ennemi. Il avait cherché la mort des martyrs au premier rang de ses janissaires, et il n'avait trouvé que la victoire. Cette victoire il la devait surtout à Bajazet, celui de ses fils dans lequel revivait le mieux son âme; et par qui son règne devait lui survivre après lui. L'orgueil de ses armes, le zèle de sa foi, la perpétuité glorieuse de sa maison, tout se réjouissait en lui. Dans cette soirée de la plus heureuse journée de sa vie, il parcourut lentement le champ de bataille pour compter les turbans et les casques dont il était jonché, et pour mesurer, au nombre des morts, la grandeur de la lutte et la grandeur de la fortune. Il s'assit enfin sur un tapis sous la tente que ses serviteurs venaient de lui dresser sur les bords de la rivière, après avoir lavé le sang et précipité dans le courant les cadavres des Hongrois qui couvraient l'herbe. On lui amenait, de moments en moments, des bandes de captifs qui imploraient et qui recevaient la vie ou la liberté. Toute sa colère était tombée avec la lutte ; il n'aspirait pas à dépeupler mais à soumettre les vaincus. Il estimait en eux le courage qu'il sentait dans sa propre race ; il ne méprisait que les Grecs, justement déchus de leur patrie à ses yeux depuis qu'ils étaient déchus de la valeur de leurs ancêtres. L'héroïsme de leur nation lui paraissait concentré dans ces montagnes.

Des cœurs libres, des bras forts les défendaient du moins et donnaient de la gloire à leurs vainqueurs.

XXVIII

Les Serviens, en effet, ne le cédaient pas aux Turcs en intrépidité. Ils n'avaient cédé à Amurat qu'en mourant à ses pieds sur le champ de bataille. Leur nombre parmi les morts attestait qu'aucun n'avait fui. Les blessés seuls, couchés dans leur sang, imploraient une mort prompte plutôt que la vie de leurs vainqueurs. Ce peuple avait un cœur altier et qu'on pouvait fendre, mais non plier, comme le cœur des chênes de ses forêts. Ce jour allait le prouver à Amurat. Il avait tout vaincu, excepté le patriotisme d'un Servien blessé que ses spahis traînaient à la tente du sultan.

Les Serviens étaient gouvernés, comme les Turcomans d'Asie, par des rois ou krals, espèce de nobles chefs de clans ou de villages, vassaux plus ou moins soumis des chefs de la nation. Les factions, comme il arrive toujours dans ces aristocraties indépendantes, déchiraient souvent la nation. Le roi était forcé de se créer lui-même un parti dans ces partis, et de balancer l'autorité de ses vassaux les uns par les autres. Lazare, le roi ou kral de Servie pendant le règne d'Amurat, avait donné deux de ses filles pour épouses à deux chefs des principales factions du pays, l'un nommé Milosch, dont nous avons vu encore de nos jours les descendants gouverner la Servie, l'autre, Brankowich. Ces deux maisons rivales se haïssaient de ces fortes haines qui se perpétuent dans les montagnes, où les sentiments sont plus héréditaires que dans les plaines. Les deux femmes, quoique sœurs, avaient pris parti dans les rivalités des deux maisons où elles étaient entrées. Leurs colères sauvages agitaient le palais de Lazare. Le patriotisme et l'orgueil étaient les occasions de ces disputes entre les deux sœurs. L'une, Wukaschawa, épouse de Brankowich, accusait l'époux de sa sœur, Milosch, de lâcheté dans les combats et de vendre par des avis secrets l'indépendance de sa patrie aux Turcs. L'autre, nommée Mara, épouse de Milosch, s'indignait de ces calomnies et soutenait l'honneur et la supériorité du courage de son mari contre Brankowich. Dans une de ces animosités de femme, Mara, indignée des calomnies de Wukaschawa contre son mari, frappa de la main sa sœur au visage. L'injure parut aux Serviens barbares ne pouvoir être lavée que dans le sang des deux maris. Brankowich demanda satisfaction par les armes à son beau-frère. Le roi permit le combat. Les deux frères combattirent à cheval sous les yeux de leur père et de leurs femmes. Milosch abattit Brankowich sous son épée au pied de son cheval. En ennemi généreux, il lui accorda la vie. Cette générosité n'assoupit pas une haine que la honte avait envenimée. Brankowich, à la table du roi, devant tous les nobles, la veille de la bataille de Kossova, accusa hautement son beau-frère de trahison envers sa patrie en entretenant des intelligences parricides avec Amurat. « Réponds, dirent le roi et les nobles, qui partageaient les soupçons de Brankowich. — Je répondrai demain, » dit Milosch. Soit indignation, soit remords, le jeune accusé prit une résolution qui devait ou absoudre sa mémoire, ou immortaliser son innocence. « Bois à ma santé cette coupe pleine, lui dit Lazare, si tu es innocent du crime dont on t'accuse!

— Passe-moi la coupe, répondit Milosch, au lever du soleil je te prouverai ma fidélité. »

XXIX

Le lendemain, Milosch, monté sur un cheval sauvage, combattit en héros, tant qu'il y eut un groupe de Serviens debout dans la plaine. Il fut blessé dans la mêlée, mais la perte de son sang n'épuisa pas son courage. Après la bataille, il se rapprocha de la rivière, la traversa à la nage, attacha son cheval au tronc d'un chêne, sur le bord, et, s'avançant comme un transfuge vers la tente d'Amurat, il demanda à baiser la poussière des pieds du sultan. Le sultan, fier de la soumission d'un gendre du kral, fit lever le rideau de sa tente et ordonna d'introduire le Servien blessé devant lui. Les tschaouschs ou gardes du sultan obéissent. Milosch se prosterne sur le tapis de la tente, prend dans une de ses mains le pied d'Amurat, comme pour l'approcher de ses lèvres, attire ainsi à lui le corps du sultan, et, de la main droite, saisissant un poignard caché sous sa veste, il plonge sa lame dans le corps d'Amurat (1389).

Amurat s'écrie, les tschaouschs se précipitent sur l'assassin. Milosch se relève, brandit son arme, étend à ses pieds huit des gardes, s'élance hors de la tente, atteint son cheval, le monte et touche impuni la rive servienne, quand les cavaliers de Bajazet se précipitent à sa poursuite dans les flots, le rejoignent et l'immolent, sur le bord, à la vengeance du sang d'Amurat.

La plaine de Kossova est marquée de trois pierres placées à cent pas de distance, l'une indiquant la tente où Milosch frappa à mort le sultan, les autres la place où il faillit échapper et la rive où il tomba lui-même de son cheval, massacré par les janissaires de Bajazet. La scène est sinistre comme le crime et la vengeance. L'ombre des montagnes de Bosnie la couvre de bonne heure d'une teinte de deuil. La plaine résonne comme un sépulcre où les corps de deux armées, ensevelis et consumés par le temps, ont laissé du vide sous le gazon.

XXX

Amurat, quoique frappé à mort et n'espérant plus rien que la félicité éternelle du martyr, croyant se venger lui-même sur l'instigateur de sa mort, ordonna, avant d'expirer, la mort du roi des Serviens, Lazare, qu'un de ses cavaliers venait d'amener prisonnier dans sa tente. Lazare n'apprit l'assassinat d'Amurat par son gendre Milosch qu'en voyant le sultan baigné dans son sang et en entendant l'ordre de son propre supplice. Il reconnut tardivement la fidélité de ce patriote servien qui avait sacrifié sa vie, et jusqu'à son honneur, à sa justification éternelle devant sa race.

« Grand Dieu! s'écria Lazare en se livrant aux exécuteurs et en joignant les mains comme pour rendre grâces; grand Dieu! tu peux maintenant m'appeler à toi, puisque tu m'as permis de voir l'ennemi de ma religion, de mon peuple et de ma famille mourir avant moi par la main d'un guerrier injustement soupçonné! »

Sa tête tomba, à la porte de la tente du sultan, avec les têtes de tous ses parents et de tous ses nobles pris avec lui dans leur fuite. La vengeance rendait les fils d'Amurat implacables. Le deuil couvrit les vainqueurs et les vaincus. Les deux souverains, morts au même instant sur le même champ de carnage, laissaient, l'un, les vaincus sans espoir, l'autre, les vainqueurs sans joie. La plaine de Kossova ne vit pendant trois jours que des funérailles. La barrière de l'Europe occidentale était tombée avec Lazare ; mais les Ottomans n'avaient plus de sultan pour achever, sur les bords de l'Adriatique et du Danube, les pensées d'Amurat, arrêté au milieu de sa course. Le sacrifice de Milosch avait donné du temps à sa malheureuse patrie. Son nom devint pour les Serviens ce qu'avait été celui de Judith pour les Hébreux, celui d'Harmodius pour les Grecs. Sa famille, illustrée par ce crime ou par cet héroïsme, selon qu'on vit dans son acte un meurtre patriotique sur le champ de bataille, ou un assassinat par déloyauté, resta à jamais populaire dans ces montagnes, et se confondit, dans le lointain du passé et dans les poésies nationales, avec le patriotisme des ancêtres et avec le salut de la patrie. Elle donne encore à présent à la Servie, plutôt vassale que soumise, les grands citoyens et les grands agitateurs qui s'appuient tantôt sur les Turcs, tantôt sur les Russes, pour confirmer leur ascendant sur leurs compatriotes. Cinq siècles n'ont encore décidé ni la servitude ni l'indépendance des Serviens, toujours également menacés par les deux empires, qu'ils verront peut-être tomber en ruines du pied de leurs forêts, en conservant l'éternelle jeunesse et l'immuable solidité de leurs montagnes.

PIÈCES COMPLÉMENTAIRES

NOTES ET ÉCLAIRCISSEMENTS

I

— Page 35 —

OPINION SUR LES TURCS

TRADUIT DE L'ANGLAIS [1]

L'opinion a de singuliers retours. Un des plus étonnants se manifeste dans la sympathie qu'on éprouve en Angleterre et en France pour cette race mahométane que l'Europe civilisée a si longtemps maudite par ses historiens, ses orateurs, ses publicistes, ses poëtes, — cette race qui renversa l'empire d'Orient, supprima sa littérature, effaça toutes ses traditions, s'empara des édifices de son culte comme de ceux de sa puis-

---
[1] *Bentley's miscellany.*

sance temporelle, substitua Mahomet à Jésus-Christ, le fatalisme à la civilisation.

Il y a trente ans à peine, le sentiment qui avait provoqué les croisades se ranima sous la double influence de l'esprit libéral et de l'idée littéraire. Les Turcs furent dénoncés cette fois comme les ennemis de l'inspiration évangélique, de l'inspiration homérique et de ces institutions constitutionnelles qui semblaient aux rois et aux peuples la garantie des priviléges de l'autorité aussi bien que ceux de la liberté politique. Il n'y avait alors de vrai despote que le sultan, et lorsque les Grecs des îles et de la Morée s'insurgèrent contre les musulmans, l'enthousiasme ne parla pas moins haut en leur faveur à Paris qu'à Saint-Pétersbourg, à Londres qu'à Rome. Il suffirait, pour le rappeler à ceux qui l'oublient, de citer un des discours prononcés, soit par les ministres, soit par les membres de l'opposition, dans la chapelle Saint-Étienne ou au Palais-Bourbon; il suffirait de rappeler les titres de tant de poëmes anglais ou français; il suffirait enfin de citer quelques noms, comme ceux de Canning, de Chateaubriand, de Byron, etc.

La réaction en faveur des Turcs, n'est pas, d'ailleurs, née précisément sans une certaine préparation philosophique, politique et littéraire. Avant l'injuste et maladroite agression de la Russie, la religieuse Angleterre elle-même avait ses dévots à Mahomet. Le sceptique Th. Carlyle et le théologien M. Maurice n'avaient pas trop scandalisé leur public en publiant des panégyriques du prophète de l'islamisme. Carlyle avait proclamé Mahomet un des demi-dieux de son culte des héros, un de ces hommes providentiels qui ont légitimement enchaîné ou fasciné une partie de l'espèce humaine. Le révérend M. Maurice a été obligé de donner sa démission de professeur de l'Université de Londres; mais ce n'est pour avoir professé que l'islamisme était une des religions suscitées par Dieu.

Nous ne prétendons pas que cette opinion eût précisément fait beaucoup d'adeptes, elle a même eu des contradicteurs; mais la discussion prouve quels progrès elle a faits; il y a trente ans, on n'aurait pas vu la *Revue d'Édimbourg* publier le pour et le contre sur la matière dans deux livraisons successives. Dans l'une le mahométisme est mis de pair avec le christianisme; les diverses races de l'Orient sont proclamées très-capables de composer une fusion nationale, une unité religieuse, avec Constantinople pour point central, le patriarche et le mufti allant bras dessus, bras dessous, l'évêque et l'uléma, le wahabite et le dissident arménien fraternisant tous ensemble pour moraliser et civiliser le monde par une croyance commune. Dans l'autre, le mahométisme a cessé d'être le Credo sauveur de l'Orient pour devenir le tombeau de la civilisation et de la liberté. Au lieu de cette unité si pure qui pourrait perfectionner le christianisme lui-même, le second auteur, car très-certainement il y en a deux, ne trouve plus dans l'islamisme qu'un recueil de rêves puérils, sensuels ou d'une portée exclusivement sanitaire.

Mais, pendant que le grand organe des whigs ouvre ainsi une thèse entre la croix et le croissant, voici le grand organe des tories, le champion de l'anglicanisme, la *Quarterly Review*, qui semble revenir du pèlerinage de la Mecque, tance un touriste d'oser se plaindre de la canaille constantinopolitane, se fait le champion de la moralité turque et prétend que la polygamie est l'exception plutôt que la règle chez les bons musulmans.

Quant à nous, laissant cette polémique, nous avons la douleur de convenir que, depuis un quart de siècle qu'elle existe, la monarchie grecque n'a pas encore fourni des arguments favorables à ceux qui proclament la race chrétienne de l'Orient supérieure à la race musulmane. A-t-elle rendu heureux et libre le peuple confié à son sceptre? La population et la prospérité publiques ont-elles augmenté? Son système judiciaire et son système administratif sont-ils plus indépendants, plus équitables, plus avancés que la justice et l'administration turques? l'impôt est-il moindre? les finances en meilleur ordre? le gouvernement moins corrompu? Ce gouvernement, fondé sur la base représentative, a-t-il produit un certain nombre d'hommes d'État habiles, conséquents et respectés? La Grèce monarchique a-t-elle vu accourir comme dans un asile les Grecs nés sous la souveraineté musulmane? Athènes est-elle devenue le port de mer de la Grèce? son Université réunit-elle l'élite de la jeunesse? la Grèce, en un mot, a-t-elle réalisé les espérances qu'elle avait fait concevoir?

Nous sommes forcé de répondre négativement. La Grèce a été mal gouvernée, son roi ne s'est fait aucun ami, ni à lui, ni à son pays, ni au dedans, ni au dehors. Les puissances d'Europe semblent, au contraire, d'accord pour regarder la Grèce d'un mauvais œil et déclarer qu'il ne faut pas songer à étendre ses frontières.

Nous n'en dirons pas moins, avec la même sincérité, que l'Europe a tort dans ses conclusions péremptoires : autocrates et politiques se trompent quand ils prononcent leur anathème contre la Grèce. Comme nous persistons à croire que la civilisation, la prospérité des peuples et le progrès de l'humanité ont plus de chances avec des races professant la religion chrétienne qu'avec les sectaires de Mahomet, on nous permettra d'assurer que nous tenons à cet autre préjugé suranné, que la race hellénique est de beaucoup la plus noble et la mieux organisée de toutes celles qui suivent la religion grecque et peuplent, comme rayahs, les deux bords de la mer Égée. Les Turcs peuvent être de *bons gentilshommes*, très-dignes de figurer dans les cercles aristocratiques. Les Grecs peuvent être plus vulgaires, portant les stigmates d'une race longtemps opprimée, subtils, trompeurs même, en défiance contre les étrangers, et, par le fait, moins *bons enfants* (good fellows) que les Turcs; mais nous maintenons que ces vices, résultat de l'oppression et d'un mauvais gouvernement, n'existeraient plus après un siècle de vraie liberté.

Puisque nous parlons des imperfections des Grecs, disons, en qualité d'ami des Grecs, qu'il en est une qui n'a besoin que d'être signalée aux hommes intelligents de leur nation pour qu'ils s'en corrigent. Les marchands grecs établis en Angleterre ne sont pas populaires dans les localités qu'ils ont choisies pour leurs résidences. A Manchester, par exemple, ils ont conservé trop exclusivement chez eux leurs mœurs orientales et conquis à la Bourse très-peu de sympathies, quoique peut-être pourraient-ils, eux aussi, attribuer cette impopularité à la jalousie mercantile ; moins heureux, en tout cas, que les négociants allemands, qui se font si facilement accepter dans la même patrie adoptive.

Mais les reproches que mérite le gouvernement grec sont bien autrement graves. Il était difficile à l'Angleterre de se faire représenter à Athènes par un diplomate plus bienveillant pour les Hellènes que sir Edward Lyons, plus bienveillant et plus honnête, plus libéral et plus attaché à l'idée de les voir développer le vrai gouvernement représentatif. Mais, en Grèce comme en Turquie! le Mavrocordato de l'un était le Reschid-Pacha de l'autre. Le parti moderne, le parti civil et réformateur, avait à lutter dans les deux pays, ici contre la vieille féodalité des pachas, là contre celle des palikares. Le sultan Abdul-Medjid a eu le bon esprit de résister aux pachas et à leur vieux système de tyrannie pillarde, soutenant Reschid avec énergie, tandis qu'Othon a repoussé de sa cour et de ses conseils le parti libéral grec pour se livrer aux chefs indigènes.

Il y eut un homme qui prévit dès les premiers jours que le régime constitutionnel ne réussirait pas en Grèce. C'était Capo d'Istria, qui disait : « L'autorité locale du riche armateur dans les ports et les îles, des propriétaires et des chefs héréditaires dans les montagnes, l'emportera sur toutes les autres, neutralisera tout gouvernement, falsifiera tout élément de liberté, l'élection entre autres. » Capo d'Istria ne fut donc pas plus tôt à la tête du ministère, qu'il travailla à détruire l'influence et l'indépendance des magnats insulaires ; il avait déjà commencé à abaisser l'aristocratie montagnarde, quand le fils d'un de ces chefs prit le moyen le plus court de débarrasser les palikares de leur ennemi... il le tua d'un coup de poignard. Malheureusement l'œuvre de Capo d'Istria était incomplète. S'il avait réduit à l'obéissance normale la seconde aristocratie comme la première, ou s'il les eût laissées se combattre l'une par l'autre et se neutraliser, l'équilibre constitutionnel eût été possible.

Mais, à part toutes considérations de gouvernement, constitutionnel ou autre, l'Angleterre et la France auraient dû prévoir, quand elles émancipèrent la Grèce, que sa population contenait deux éléments : — le rural et le maritime, l'agricole et le commercial, le féodal et le civil. Si la Grèce devait être progressive, riche, libérale et éclairée, il n'y avait pas à hésiter entre celle des deux classes qu'il fallait favoriser. Il était clair enfin que l'encouragement de l'intérêt commerçant et naval profiterait indirectement à la population rurale. Malheureusement l'insurrection et même l'indépendance avaient eu pour principal effet de détruire la prospérité navale et commerciale de la Grèce. Les Grecs étaient devenus puissants et riches en se faisant les constructeurs, les armateurs et les marins de l'empire turc. La guerre avait déjà compromis cette situation, la paix acheva de la ruiner. Canning avait entrevu ce malheur lorsqu'il proposait de laisser quelque temps encore la Grèce sous la suzeraineté nominale de la Turquie. Lord Aberdeen se vante d'avoir patronné sa complète indépendance. L'histoire dira lequel des deux fut le plus sincère ami des Hellènes. Quant au roi Othon, s'il accorde toutes ses faveurs aux rustiques palikares de l'Étolie ou de l'Arcadie plutôt qu'aux Timariotes et aux Idriotes, il a eu raison de préférer le parti dans lequel il croyait voir le plus de vie et d'avenir, à cette classe commerciale qu'il trouvait pauvre et mécontente. Avant de le condamner absolument, supposons que, le siècle dernier, une contre-révolution eût arrêté l'essor du commerce anglais, paralysé la navigation, privé Londres et Bristol de leur influence, de leur activité et de leur richesse, mis des obstacles à la prospérité croissante de Liverpool et étouffé Manchester dans le berceau de son industrie : supposez que ce fût là, en 1745, le résultat du retour des Stuarts, serait-il étonnant que l'Angleterre eût rétrogradé, que le trésor fût vide, que la cour fût impopulaire et que le nouveau roi se fût jeté dans les bras du parti tory à l'exclusion du parti libéral? Or c'est à beaucoup d'égards le cas du roi Othon. Il a exagéré ses difficultés; mais ces difficultés ne sont pas son fait.

Quoi qu'on pense du roi Othon cependant, il n'y a que deux alternatives pour la Grèce. Ou il faut rétablir la race grecque dans tous ses antiques avantages, ou il faut l'annihiler... L'empereur Nicolas met au ban de l'empire russe la Grèce monarchique et se prononce contre son extension parce qu'il sait bien qu'elle ne lui est pas favorable et qu'il la trouverait entre lui et Constantinople. N'était-ce pas justement ce qui devait faire naître chez un ministre intelligent la sympathie pour une race que le czar dénonce comme sa rivale et son ennemie ? — Mais ce ministre ne s'est souvenu que des torts du roi Othon envers quelques consuls anglais. Hélas! si tout royaume mal gouverné était condamné à périr, que deviendraient quelques-unes des plus fières monarchies de l'Europe ? S'il fallait effacer une race de la famille des peuples parce que les autres rois coalisés lui imposèrent un roi de leur choix et non du sien, ou parce qu'à peine émancipée de la tyrannie turque, elle n'a pu improviser la pratique du gouvernement constitutionnel, quelle serait la sentence prononcée contre l'Espagne, la Prusse, l'Irlande, etc. ?

Il est souverainement injuste de punir les Grecs du gouvernement qu'on leur a donné. Non-seulement ils n'auraient pas été chercher un prince bavarois, mais encore ils n'en auraient pas choisi d'autre et se seraient constitués en petite république fédérative qui aurait eu du moins l'avantage de l'économie en leur épargnant la dépense d'une cour, d'une armée, d'un trésor employé à la corruption et d'une métropole peuplée par les chercheurs de places et les diplomates. Tous les États d'Europe font en ce moment marcher leurs troupes pour occuper quelques provinces du sultan. Quelque chose qui arrive, leurs forces militaires leur assurent à chacun une voix et une influence pour la réorganisation de la Turquie. Par la diplomatie, par les parlements, par les journaux, nous prétendons que notre seul but est de défendre et maintenir l'intégrité de l'empire ottoman ; mais l'empire ottoman peut être maintenu nominalement et dans sa circonscription territoriale, après qu'auront disparu la suprématie ottomane et l'ascendant de la race musulmane. Telle est du moins l'opinion rationnelle de tout le monde en Orient comme en Occident. Si l'Autriche désire occuper la Servie, si la Russie conserve les Principautés danubiennes, si les Anglais et les Français fortifient la Péninsule des Dardanelles et prennent une position dominante en Roumélie, les Grecs naturellement aspirent à porter leur étendard au delà d'Arta et à en faire le ralliement de leurs frères de l'Épire et de la Thessalie.

La Grèce monarchique n'est pas si blâmable dans ses prétentions ; car, en les élevant, elle est fidèle au caractère dont nous l'avons revêtue et elle poursuit le but que nous lui avons indiqué. Notre grande faute en fondant le royaume grec fut de séparer la Grèce brusquement de la Turquie et d'en faire la rivale de cet empire. Les races étaient hostiles, les deux pays ennemis. C'était inévitable sans doute ; mais on aurait pu ne pas établir une dynastie grecque, qui pour le sultan est une rivale plus sérieuse que les deux autres.

Relativement à la Grèce comme relativement à la Turquie, les politiques de l'Europe occidentale ont complétement changé d'avis depuis 1825. Ce qu'ils pensent aujourd'hui est diamétralement le contraire de ce qu'ils pensaient avant la bataille de Navarin : le mal vient de ce revirement de notre opinion, tandis que les Grecs sont restés fidèles à la leur. Nous avons pensé autrefois qu'une nation grecque et une dynastie grecque devraient tôt ou tard occuper le trône de Byzance, et nous voyons aujourd'hui tout le danger de cette idée. Nous reconnaissons à présent que la suprématie des Turcs est encore nécessaire provisoirement pour réunir et diriger les ressources de l'empire contre les Russes. La Grèce et sa cour sont devenues un obstacle. Voilà l'embarras, il s'agit de le tourner, car nous ne sommes pas hostiles à la race grecque ; pourrions-nous sincèrement croire, en 1854 plus qu'en 1824, que la race ottomane suffira toujours à défendre son territoire et sa suprématie ?

La fausse politique de 1824 peut-elle être réparée ? Là est la question. Avoir maintenu l'union des Hellènes, même sous la domination turque, eût été plus sage que de la diviser en plaçant une moitié de la nation sous le sceptre constitutionnel d'Othon et l'autre sous le despotisme des pachas. Laisser au sultan les Grecs de l'Épire et de Candie, ce n'était pas fortifier son autorité ; car il ne pouvait ni se fier à eux ni les employer. Aussi sont-ils restés sujets désaffectionnés et inutiles, payant très-mal leurs impôts, quand ils les payent. — Avoir émancipé les Grecs au sud jusqu'à une certaine ligne de la carte, et en former une monarchie indépendante, puis supposer qu'ils ne conserveraient pas leurs relations avec le reste de leur race au delà de cette frontière, était une espérance vaine, un but impossible à atteindre. Les associations appelées *heteriæ* organisèrent bientôt la résistance morale, et elles ont préparé de longue main l'insurrection. Avec les *heteriæ* de l'empire turc fraternisent naturellement les *heteriæ* du royaume grec. Le roi Othon est forcé de tolérer ces sociétés secrètes qui le détrôneraient lui-même s'il voulait les dissoudre. Notre politique ne saurait être de chercher à punir Othon ou à lui faire violence dans des questions où il est en accord parfait avec son peuple. En l'attaquant sur ces points délicats, nous affaiblissons notre influence et fortifions la sienne. Lorsque nous soutînmes le parti constitutionnel à Athènes contre les palikares préférés par Othon, nous pûmes l'arrêter dans ses tendances vers l'arbitraire ; mais, lorsque nous fîmes le blocus du Pirée, parce que le juif Pacifico avait été hué par la populace, nous ne fîmes que rallier tous les Grecs autour de leur roi. Il en sera de même si nous recommençons le même blocus pour empêcher les Grecs de prendre les armes et d'aller rejoindre leurs concitoyens de l'Épire et de la Thessalie. Par une pareille mesure nous rendrons le nom anglais aussi odieux dans toute la Grèce qu'il l'est déjà à la cour d'Athènes.

Rien de plus libéral que l'édit de Gulhané ; s'il eût été observé scrupuleusement partout, en Thessalie, par exemple, c'était à la fois le plus sûr moyen de prévenir l'insurrection et de donner tort à l'empereur de Russie, à qui cet édit est antipathique. En l'état des choses, rien de plus juste que de protéger le gouvernement turc et de prêter appui à la réforme turque, par nos consuls, dans les provinces où, jusqu'ici, elle est restée une lettre morte ; mais notre but est surtout de protéger le territoire turc contre l'agression du dehors. Eh bien, les Grecs des deux races, la slavonne et l'hellénique, sont également propres à cultiver le sol et à s'armer contre l'invasion, si nous pouvions y intéresser leur nationalité en leur donnant l'indépendance et des fusils.

Cette éventualité n'appartient qu'aux chances d'un avenir encore éloigné, nous le voulons bien ; mais ce serait le comble de l'imprévoyance politique de ne pas en tenir compte. Le concours des Grecs, slavons et romaïques, peut déjà nous être assuré sans trop de difficulté ; car, dans les provinces qui ont subi l'occupation russe et goûté le fruit amer de la servitude russe, il existe une horreur salutaire de la domination permanente du czar et même de l'empereur d'Autriche. Un esprit énergique d'indépendance règne parmi les Serviens, les Valaques et les Moldaves ; cet esprit s'exalterait en ardeur patriotique le jour où nous aurions repoussé les Russes de leurs foyers. Ils ont déjà et des princes à eux et des institutions auxquelles nous n'aurons besoin de rien ajouter, après avoir établi l'équilibre entre l'influence aristocratique et l'influence démocratique.

Si les Hellènes, surtout dans les provinces au delà des frontières de la Grèce monarchique, ne nourrissent pas les mêmes sentiments d'indépendance, s'ils ont plus de foi en la Russie, c'est qu'ils ont reçu son or sans subir son joug de fer ; c'est aussi parce que les puissances occidentales se sont montrées sévères et souvent hostiles à la Grèce ; c'est que le gouvernement des îles Ioniennes est malheureusement en désaccord avec la race entière. Nous savons bien les difficultés suscitées à ce gouvernement, et avec quel succès la Russie est parvenue à créer un antagonisme permanent entre les gouverneurs anglais de Corfou et la cause hellénique dans Céphalonie et les îles. Mais rien n'est irrémédiable, et, surtout depuis que la Russie a jeté le masque, la déclaration du czar contre la Grèce pourrait servir à notre réconciliation avec les Hellènes. Tel est, selon nous, le premier pas vers une solution satisfaisante de la difficile question d'Orient. Car, soyons-en bien assurés, si nous cherchons à la résoudre sans les Hellènes, nous ne ferons que semer les dissensions et nous ne fonderons rien de stable.

Nous apprenons, au moment où nous écrivons, le décret de la Porte qui bannit de Constantinople tous les Grecs qui ne reconnaîtront pas la souveraineté du sultan. Ce décret atteint deux classes de Grecs, — ceux qui sont sujets d'Othon et ceux qui se plaçaient sous la protection de l'ambassade russe. Certes, la Porte a le droit d'expulser ces deux classes. Mais, comme la plupart sont engagés dans le commerce ou l'industrie, leur expulsion, très-motivée sans doute, aura pour effet de les envoyer grossir les rangs de l'insurrection en Épire, en Thessalie ou ailleurs. La mesure est donc maladroite, et prouve que la Porte est plus disposée à prendre des résolutions *ab irato* que de peser les motifs et les conséquences de ses actes. Une déclaration de guerre prématurée a causé le désastre de Sinope; l'expulsion des Grecs pourrait servir à recruter cette armée d'insurgés qu'on nous représente comme tendant à se dissoudre. Il peut entrer dans la politique capricieuse du divan de ruiner les commerçants grecs de Constantinople, ceux-là surtout qui se parent de leur origine ou de leurs droits de citoyens de la Grèce proprement dite; mais tel n'est pas l'intérêt de la France ni de l'Angleterre. Les commerçants hellènes sont justement ceux que nous devons protéger, non pas seulement les commerçants du Pirée ou de Patras, villes peu propices, malheureusement, au développement du commerce, mais les commerçants de Constantinople, qui est et doit être toujours la capitale de la race grecque.

Examinons ce dont Constantinople a besoin avant tout. Elle a besoin de l'existence ou plutôt de la création d'une classe commerciale et industrielle, d'une classe moyenne, sans laquelle cette capitale ne saurait avoir la prospérité de la civilisation. Les Turcs ne peuvent fournir cette classe, ils en sont incapables. Les Turcs peuvent faire des soldats, des propriétaires, des magistrats, des fonctionnaires, mais une classe mercantile turque n'existera jamais. Les Grecs seuls peuvent la former, et mieux vaut les Grecs helléniques que les Slavons ou les Arméniens. L'expulsion des Grecs de Constantinople est une des mesures les plus contraires à nos intérêts et les plus favorables à la barbarie que la guerre ait encore produites.

Non-seulement cette expulsion privera Constantinople de la population chrétienne, riche et industrieuse que c'est notre intérêt d'y avoir, mais encore elle précipitera les Grecs bannis dans des voies funestes pour la Turquie et pour nous. Il faut que les Grecs vivent comme les autres hommes, quoique les politiques puissent nous répondre « qu'ils n'en voient pas la nécessité ! » — Or, si on les exclut de la vie du commerce et de l'industrie, ils se réfugieront dans celle de la guerre, du vol, du pillage; l'armateur exilé de Constantinoble convertira son bâtiment en pirate; l'artisan de Péra, avec une carabine et un yatagan, ira joindre les bandits de la montagne.

Si nous avions besoin encore d'expliquer la supériorité des Hellènes sur les Slavons, pour défendre l'indépendance du territoire, l'événement de la guerre nous offrirait un autre argument. — Si la Turquie avait eu dans les provinces septentrionales une population maritime sur laquelle elle pût compter; si elle avait attaché à la flotte un corps de marins actifs ou de matelots, tels que les Grecs le sont proverbialement, les Russes n'auraient pas plus marché à la conquête de la Dobrudscha qu'ils n'auraient volé par-dessus le Balkan. D'après les rapports officiels, la plus orte division de l'armée d'invasion fut transportée en bateaux par l'embouchure du Danube à Sulina et jusque dans la pranche de Saint-Georges, — manœuvre que les puissances tenant la mer auraient pu prévenir. Le général russe ne l'eût pas hasardée s'il avait eu à lutter contre des marins grecs. Quant à la prétention des Turcs d'avoir une flotte sans matelots grecs, elle est absurde. Sinope nous donne une idée de ce que peut faire une flotte exclusivement turque. Les Slavons ne pouvaient y suppléer, les embouchures et les cantons adjacents du Danube n'avaient pas l'équipage d'un seul bâtiment. Constantinople est une ville maritime, mais elle ne saurait avoir d'autres marins que des Grecs. Les Turcs peuvent gouverner et régner dans cette capitale; mais ils sont incapables même de la peupler. Les Slavons et les Roumains entretiendraient ou accroîtraient la population; mais ils ne pourraient faire manœuvrer un vaisseau pour la défendre. Une seule race, dans l'empire ottoman, le pourrait, — celle des Hellènes. Et cependant tous nos actes, toutes nos paroles, tous nos efforts tendent à déshériter, à avilir, à outrager, à détruire ces mêmes Hellènes, seul espoir d'un empire indépendant et civilisé dans ces régions.

(Revue Britannique.)

II

— Page 52 —

—

ORIGINE DES ARABES

D'anciennes traditions juives nous apprennent que les enfants de Couch, fils de Cham, s'établirent en Arabie, en Chaldée, d'où ils se répandirent jusqu'en Éthiopie. Hérodote parle des enfants de Chanaan, frères de Couch, établis dans l'Arabie méridionale. Les Chananéens, après avoir traversé l'Arabie septentrionale, allèrent occuper en Syrie les bords de la Méditerranée et se rendirent célèbres sous le nom de Phéniciens.

La Bible fait connaître les races formées de la postérité de Sem par Heber, et les descendants d'Ismaël et ceux d'Ésaü (les Iduméens), et les montre se développant au Nord.

Bientôt les races sémitiques dominent tous les points de l'Arabie et englobent les faibles débris qu'ont dû y laisser les races chamites. La plupart des auteurs arabes divisent leur nation en trois races que M. Caussin de Perceval nomme races primitive, secondaire et tertiaire. L'histoire des Arabes primitifs est enveloppée de ténèbres; tout ce que la tradition en a recueilli, c'est qu'ils étaient originaires de la Babylonie, d'où ils avaient émigré après la confusion des langues, et étaient venus se fixer en Arabie. C'était un peuple pasteur qui vivait sous des tentes. Plus tard ils élirent des rois qui bâtirent des demeures en pierre, transition entre la vie nomade et la civilisation des villes. Ils adoraient les astres et étaient adonnés à l'idolâtrie. La tradition a conservé les noms de plusieurs idoles adorées dans l'Yémen jusqu'au temps de Mahomet ; malheureusement ces noms ne sont accompagnés d'aucune description des figures qu'elles représentent, ni d'aucune explication des motifs du culte qu'on leur rendait. On s'accorde, dit M. Caussin de Perceval, à faire descendre la race secondaire de Sem par Abir, patriarche appelé dans la Bible Heber, qui était aussi le père des Hébreux, auxquels il a donné son nom.

Cette race se partage en deux grandes familles :

La tige de la première est *Cahtân*, ou Yectân, fils d'Heber.

La souche de la seconde est *Adnan*, descendant d'Heber par Ismaël.

Le nom d'*Arabes* désigne les plus anciens habitants de l'Arabie.

Parmi ces races, les principales sont les *Amalica* et les *Adites*.

Les Amalica de la Bible, évidemment les Amalécites, représentent la postérité de Cham par Couch et Chanaan. Les Amalica, expulsés de la Chaldée par les Assyriens, entrèrent en Arabie et s'étendirent jusqu'en Égypte. Plusieurs pharaons étaient de leur nation.

Suivant les légendes, Ad, descendant de Sem, fut le père de la nation adite. Il s'était fixé dans la région méridionale. La postérité d'Ad se multiplia considérablement. On trouve parmi ses descendants un roi du nom de Cheddad, qui fut un grand conquérant et subjugua l'Égypte. Ces détails rappellent l'irruption des pasteurs hycsos, qui s'emparèrent de l'Égypte vingt siècles avant Jésus-Christ. On dépeint les Adites comme des hommes d'une très-haute stature. On croit qu'ils avaient élevé des monuments gigantesques de leur puissance. De là vient chez les Arabes l'habitude d'appeler de grandes ruines des constructions adites, comme nous disons constructions cyclopéennes. Ce peuple d'Ad fut détruit, selon les chroniqueurs, par un fléau de Dieu.

Un nouveau peuple se forma, désigné par le nom de seconds Adites. Il habitait également le Yémen. Un de ses chefs, nommé Locmân, fut le bienfaiteur du pays. Il détourna les torrents, construisit des digues, établit des irrigations qui fertilisèrent les champs, et créa pour les habitants une grande prospérité, attestée encore de nos jours par des ruines considérables. Un voyageur français, M. Arnaud, en a levé sur les lieux des plans qu'il a envoyés à la Société asiatique de Paris. La postérité de Locmân conserva la royauté, dit la tradition, pendant mille ans. Cette royauté lui fut enlevée par Yarob, fils de Cahtân, qui établit sa souveraineté environ sept siècles et demi avant notre ère.

On raconte que Locmân, ou un de ses descendants, implora la pluie du ciel par une députation envoyée à la Kaaba de la Mecque, déjà en grande vénération dès cette époque.

La race secondaire, appelée Yectanide, de Yectân, fils d'Heber, s'installa dans le Yémen, d'abord avec les Arabes primitifs, et par la suite domina entièrement le pays.

Elle envoya des colonies dans toutes les régions de l'Arabie, qui conservèrent toujours la qualification de tribus yémâniques.

Les peuples tertiaires, dont l'origine est la plus moderne, sont les descendants d'Ismaël, parmi lesquels la branche la plus connue est celle d'Adnân. Le Hedjaz est le berceau de la branche d'Adnân, qui s'est ramifiée dans le Nedjed, dans les déserts de l'Irak, de la Mésopotamie et de la Syrie.

Selon les historiens, l'idiome des races primitives, c'est-à-dire des Chamites, était la langue arabe. Sous cette appellation, on doit comprendre les divers dialectes des tribus. La race sémitique parlait la langue de Noé. Le mélange de ces deux idiomes produisit la langue appelée hémyarique, de Hémyar, quatrième roi du Yémen, fils de Yectân, fils de Sem.

La race ismaélique, mêlant l'hébreu à la langue hémyarique, produisit la langue connue sous le nom d'arabe pur. Le Coran est écrit dans cette langue, qui est demeurée la langue dominante de l'islamisme.

Il n'appartient pas à notre sujet de donner la nomenclature des chefs de tribu, devenus successivement chefs de dynastie, gouvernant l'Arabie sous le titre de rois réputés descendants d'Ismaël. M. Caussin de Perceval a recherché ce que les traditions et, plus tard, les histoires fournissent de documents sur les temps antérieurs à notre ère, et, à partir de cette époque, jusqu'à la naissance de Mahomet. Nous renvoyons nos lecteurs à ses tables chronologiques. Il nous suffit de dire, d'après ce savant auteur, que la grande famille hémyarite régna dans le Yémen depuis l'époque de son fondateur Hémyar, jusqu'à la conquête de ce pays par les Abyssins, vers 525 de notre ère.

Un des descendants d'Hémyar, nommé Abou-Carib, chercha à introduire le judaïsme à la Mecque. Le peuple idolâtre résista, et l'épreuve du feu, à laquelle les deux partis convinrent de se soumettre, décida en faveur du judaïsme.

Un autre roi hémyarite, Abd-Kelâl, était chrétien ; il régna vers 280 de notre ère ; mais il ne fut pas assez puissant pour convertir ses sujets idolâtres.

Le roi Marthad, vers 330 de Jésus-Christ, avait coutume de dire : « Je règne sur les corps et non sur les opinions. J'exige de mes sujets qu'ils obéissent à mon gouvernement ; quant à leurs doctrines, c'est au Dieu créateur à les juger. » Marthad répandait d'abondantes aumônes et faisait rechercher les pauvres dans toute l'étendue de ses États.

Les Hémyarites, conquis par les Abyssins, qui avaient inutilement assiégé la Mecque, firent de grands efforts pour secouer leur joug. Vers 574, Nomân, prince hémyarite, implora le secours des Persans. Les Persans attaquèrent les Abyssins, les mirent en déroute et tuèrent leur roi. Le reste fut si complétement expulsé du territoire, que la race noire disparut du Yémen ; mais les Hémyarites perdirent leur indépendance et ne furent plus que des tributaires du schah de Perse.

Madicarib, descendant du dernier roi hémyarite, régna en qualité de vice-roi du monarque persan. Nous trouvons Abd-el-Motalêb, aïeul de Mahomet, parmi les chefs qui vinrent féliciter Madicarib (597).

Ici nous sommes sur le seuil de l'histoire de Mahomet.

III

— Page 59 —

LA KAABA

Les Arabes avaient une si grande vénération pour la Kaaba, qu'ils n'osaient pas construire leurs habitations ni couper des arbres dans le voisinage.

Ils passaient leurs journées dans la circonscription du terrain sacré appelé la Mecque, et s'en éloignaient le soir par respect.

Vers l'an 440 de Jésus-Christ, un chef coraïte, nommé Cossay, coupa un des arbres sacrés et fit abattre plusieurs autres par ses adhérents. Dès lors on commença à bâtir. On laissa des quatre côtés de la Kaaba un espace vide pour les processions, et on construisit des maisons autour de ce parvis, qui fut pavé de pierres polies et appelé El-Mataf-el-Charif.

La Kaaba était censée avoir été construite par Abraham et Ismaël. Elle fut détruite par un torrent vers l'an 150 de Jésus-Christ, et fut rebâtie sous la même forme. La postérité des constructeurs porta comme distinction honorifique le nom de El-Djadara, maçons.

Kaaba signifie *bâtiment carré*. Les Arabes musulmans appellent en leur langue *Mesched* le lieu ou le temple dans lequel ils adorent et prient Dieu selon les cérémonies établies dans leur religion. De ce mot arabe on a fait *Mesquita*; c'est ainsi que les Italiens l'appellent, et de ce mot-là les Français ont fait celui de mosquée.

Il y en a deux principales parmi les mahométans. La première, qui est l'objet principal de leur culte et de leurs prières, est le *Mesched-al-Haram*, la *Mosquée sacrée*, c'est-à-dire le temple de la Mecque, où est la Kaaba, ou Maison carrée, bâtie, comme ils prétendent, par Abraham et par Ismaël, son fils. C'est ce temple vers lequel ils se tournent quand ils prient, en quelque partie du monde qu'ils se trouvent, et cet aspect qu'ils choisissent s'appellent en leur langue *Kiblah*.

Le second de ces temples est *Mesched-al-Nabi*, le *Temple du prophète*, que Mahomed fit bâtir à Iathreb, après qu'il s'y fut réfugié. C'est dans ce temple qu'il prêchait, qu'il faisait la prière, et où il fut enterré. Les pèlerins mahométans visitent ordinairement ce temple, après qu'ils ont satisfait aux obligations du premier. Mahadi, troisième calife des Abassides, fit agrandir les deux temples. Ils sont appelés par excellence *haramain*, c'est-à-dire les *deux lieux sacrés*, desquels le sultan des Turcs se dit serviteur, après tous les autres titres de grandeur qu'il prend.

Le tarikh Montekheb dit de cette Maison carrée, ou temple de la Mecque, ce qui suit : « Du temps d'Adam, dans le lieu où est bâti ce temple, il n'y avait qu'une tente dressée, laquelle avait été envoyée du ciel, pour servir aux hommes de lieu propre à rendre le culte souverain qu'ils doivent à Dieu, et pour obtenir de lui le pardon de leurs péchés, avec les grâces qui leur sont nécessaires pour le bien servir. Adam visitait souvent ce saint lieu, et Seth, son fils, suivit, pendant tout le cours de sa vie, l'exemple de son père, jusqu'à ce qu'il jugeât à propos d'y bâtir un temple de pierre, lequel pût servir à sa postérité. Ce premier temple, ayant été renversé par le déluge, fut rebâti ensuite par Abraham et par son fils Ismaël. »

Mirkhond et Khondemir écrivent qu'Amrou-ben-Harith, chef d'une des plus anciennes tribus des Arabes, appelée, de *Djorhom*, *Djorhomides*, ayant été enfin obligé de céder la Mecque et son temple aux Ismaélites, qui étaient devenus les plus puissants en Arabie, jeta la pierre noire et les deux gazelles d'or dans le puits appelé Zemzem, dont elles furent tirées quelque temps après.

Cette pierre noire était attachée à la porte et révérée par un culte particulier. Quant aux deux statues d'or, c'était un présent fait au temple de la Mecque, qui était dès lors en grande vénération parmi les peuples voisins, par un roi de Perse, longtemps avant la naissance de Mahomet, car la dévotion que l'on avait pour ce temple était fondée sur l'opinion qu'il avait été bâti par Abraham et par son fils Ismaël.

D'Herbelot, *Bibliothèque orientale*.

IV

— Page 63 —

MŒURS DES ARABES AVANT MAHOMET

Les noms et surnoms de quelques princes arabes de la race de Djorhom, prince de l'Hedjaz, dont la domination avait commencé longtemps avant Jésus-Christ, indiquent que l'idolâtrie se mêlait au culte du Dieu d'Abraham. Nous citerons entre autres *Abdyâlib* (serviteur d'Yâlib), *Abdel-Madân* (serviteur de Madân). *Yâlib* et *Madân* étaient des idoles conservées dans le temple de la Mecque, la Kaaba.

Le sixième prince de la deuxième race de Djorhom (environ cent trente ans après Jésus-Christ) porte un surnom qui mérite une attention particulière. Il s'appelait Abdelmacih (*serviteur du Messie*). Cette dénomination montre assez clairement que celui qui l'a portée vivait postérieurement à notre ère, et donne à penser que Jésus-Christ lui-même était au nombre des divinités révérées dès ce temps-là dans l'Hedjaz. A l'appui de cette conjecture, on peut rappeler un fait curieux mentionné par *El-Azrâki*.

Cet auteur, d'après des traditions authentiques remontant, dit-on, à des témoins oculaires, rapporte que la figure de Jésus et celle de la Vierge Marie, sculptées sur une colonne du temple de la Kaaba, étaient un des objets de l'adoration des Arabes dans les siècles antérieurs à l'islamisme.

A mesure que la nation ismaélite se multipliait autour de la Mecque, chacune des familles que la difficulté de subsister sur un territoire trop peu étendu obligeait à chercher une autre demeure, emportait avec elle une pierre arrachée dans l'enceinte de la Kaaba et la gardait comme une relique précieuse. On érigeait cette pierre à l'endroit où la famille s'établissait, et l'on faisait alentour les tournées processionnelles, *tawaf*, telles qu'on les pratiquait autour de la Kaaba. Cette coutume conduisit insensiblement à adorer ces pierres elles-mêmes ou d'autres qu'ils adoptèrent.

Les historiens musulmans, en général, accusent Amr, fils de Lohay, premier prince de la race khozaïte, d'avoir altéré la religion d'Abraham en y mêlant l'idolâtrie. Cependant il est démontré que le culte des fausses divinités existait dans l'Hedjaz et même à la Mecque longtemps avant lui; mais il est constant qu'il fit adopter à ses compatriotes plusieurs idoles, entre autres celle de Hobal.

On raconte qu'ayant fait un voyage en Syrie, il passa, à son retour, par Maab, dans la contrée de Balca, ancien pays des Moabites, entre *Damas* et *Wadilcora*. Ce pays était habité par les Benou-Samayda ou Amila-el-Amalik. Il les vit adorer des idoles, et leur demanda ce que c'étaient que les objets de leurs hommages. Ils répondirent : « Ce sont des dieux faits à l'imitation des corps célestes et des figures humaines. Nous les implorons dans la sécheresse, et ils nous envoient la pluie; dans le danger, et ils nous accordent leur secours. » Amr les pria de lui donner un de ces dieux. Ils lui firent présent de *Hobal*. Amr l'emporta à la

Mecque, et l'érigea sur la Kaaba. Il engagea ensuite ses compatriotes à adorer cette idole et à lui offrir des sacrifices, ce qu'ils firent, à son exemple.

La statue de Hobal était faite, dit-on, d'une sorte de pierre rouge ou cornaline, nommée akik : Hobal était représenté sous la figure d'un vieillard à longue barbe.

CONSÉCRATION DES CHAMELLES.

Lorsqu'une chamelle avait eu une femelle dans chacune de ses portées, et qu'elle arrivait à avoir dix petites femelles, elle était consacrée aux dieux. On ne la montait plus. On cessait de lui imposer des fardeaux, de la tondre ou de la traire, excepté pour offrir son lait à des hôtes ou à des pauvres. Elle était qualifiée de *Saïba;* elle paissait librement jusqu'à ce qu'elle mourût de sa mort naturelle. Si une chamelle saïba avait encore une onzième production femelle, on fendait l'oreille à celle-ci, on lui accordait les mêmes priviléges qu'à sa mère, et on l'appelait *Bahira*.

Une chamelle qui avait eu des femelles jumelles, on l'honorait du nom de *Wacila*.

Voici la manière dont Ibn-Iskâk explique les termes de Wacila, Bahira, et Saïba.

Selon Ibn-Hichâm, on qualifiait de *Saïba* tout animal auquel la liberté et l'inviolabilité étaient données en exécution d'un vœu fait par un malade pour recouvrer la santé, ou par un voyageur pour obtenir un heureux retour. C'était ordinairement une chamelle que l'on consacrait dans ces cas.

Lorsqu'une chamelle faisait habituellement, à chaque portée, deux jumeaux ou deux jumelles, les femelles appartenaient aux dieux, et les mâles au maître de la mère : et s'il arrivait que cette mère fît une portée d'une femelle et d'un mâle, les deux petits appartenaient aux dieux, parce que la femelle communiquait à son frère jumeau son privilége d'inviolabilité. Cette femelle, selon Ibn-Hichâm, était *Wacila*.

Tout cela, au premier coup d'œil, paraît bizarre. On peut cependant y reconnaître autre chose que du caprice.

Le chameau est l'animal le plus utile aux Arabes. C'est leur monture en voyage, le vaisseau du désert, suivant l'expression pittoresque d'un écrivain moderne. Leurs tentes sont fabriquées avec son poil. La chair du mâle et de la femelle, et le lait de cette dernière, sont une des bases de leur alimentation. Le chameau est enfin leur principale richesse. La multiplication de l'espèce cameline a donc dû être de tout temps l'objet particulier de leurs soins. Or, si l'on réfléchit que pour cette multiplication le grand nombre des femelles est plus nécessaire que celui des mâles, on comprendra qu'une sorte de reconnaissance et en même temps une sagesse prévoyante avaient pu inspirer l'idée de rendre inviolables ceux de ces animaux qui donnaient le plus de productions femelles, et d'enlever à la consommation plus de femelles que de mâles, pour les réserver, sous la protection d'un caractère sacré, à la propagation de l'espèce.

L'anecdote suivante montre la finesse de perception et la sagacité qui caractérisent la race arabe :

Nizâr fut le père des principales tribus de l'Hedjâz et du Nedjed. Ses enfants furent *Iyâd*, *Anmâr*, *Rabîa* et *Modhar* (nés vers l'an 31 avant J.-C.). Quelques généalogistes regardent Iyâd et Anmâr comme fils de Maâdd; mais l'opinion qui les range parmi les fils de Nizâr est le plus généralement suivie.

On raconte, au sujet de ces quatre fils de Nizâr, une anecdote peu historique, sans doute, mais qu'il n'est pas inutile de reproduire, parce qu'il y est fait souvent allusion dans les ouvrages de littérature arabe.

Nizâr, dit-on, se sentant près de mourir, appela Modhar, Rabîa, Iyâd, Anmâr, et leur dit : « Mes enfants, je donne à

Modhar cette tente de cuir rouge; à Rabîa, ce cheval bai-brun et cette tente noire; cette esclave à cheveux gris est pour Iyâd; Anmâr prendra ce sac d'argent et ce mobilier. S'il s'élève entre vous des difficultés pour le partage de mes biens, rapportez-vous-en à la décision d'Afà le Djorhomite, qui habite Nadjrân. » Les frères ayant eu, en effet, des contestations relativement à l'héritage de leur père, se mirent en marche pour se rendre auprès d'Afa.

Sur la route, Modhar, apercevant un champ dont l'herbe avait été en partie broutée, dit aussitôt : « Le chameau qui est venu paître ici est borgne. — Il penche d'un côté plus que de l'autre, » dit Rabîa. Iyâd ajouta : « Il n'a pas de queue, » et Anmâr dit : « Il est d'un caractère inquiet et farouche. »

Lorsqu'ils se furent avancés un peu plus loin, ils rencontrèrent un homme qui avait perdu un chameau et le cherchait. Cet homme leur demanda s'ils n'avaient point vu sa bête. « N'est-ce pas un chameau borgne? dit Modhar. — Ne penche-t-il pas d'un côté plus que de l'autre? dit Rabîa. — N'est-il pas sans queue? N'a-t-il pas un caractère inquiet et farouche? continuèrent Iyâd et Anmâr. — Oui, répondit l'homme, c'est bien là le signalement de mon chameau. Indiquez-moi ce qu'il est devenu. — Nous ne l'avons pas vu, répliquèrent les quatre frères. — C'est impossible, s'écria le propriétaire. Puisque vous le dépeignez si exactement, vous l'avez vu, vous l'avez pris peut-être, et c'est de vous que je le réclame. » En parlant ainsi, il s'attacha à leurs pas et les accompagna jusqu'à Nadjrân. S'étant présenté avec eux devant Afà, qui était le juge des Arabes, il exposa le fait. « Comment avez-vous pu, dit Afà aux quatre frères, tracer le portrait d'un animal que, à vous en croire, vous n'avez pas vu? » Modhar répondit : « J'ai remarqué que le chameau avait brouté sur une moitié seulement du champ et qu'il n'avait pas touché l'autre moitié; j'en ai conclu qu'il était borgne. » Rabîa dit : « Je me suis aperçu que l'un des pieds de devant avait laissé sur le sol des traces bien imprimées, tandis que les traces de l'autre pied étaient mal formées; de là j'ai tiré la conséquence que l'animal penchait d'un côté. — Pour moi, dit Iyâd, j'ai deviné qu'il n'avait pas de queue, parce que ses crottins étaient réunis en tas; au lieu qu'ils auraient été éparpillés par le mouvement de sa queue, s'il en avait eu une. » Anmâr ajouta : « J'ai observé que le chameau, après avoir commencé à paître dans des endroits dont l'herbe était bonne et abondante, les avait abandonnés pour aller çà et là brouter sur des points où l'herbe était maigre et de qualité inférieure; cet indice m'a fait connaître qu'il était d'un caractère inquiet et farouche. » Le juge fut charmé de la sagacité des quatre frères, et dit au plaignant : « Ces hommes n'ont pas vu ton chameau; va le chercher ailleurs[1]. »

Les fils de Nizâr expliquèrent ensuite à Afà le motif particulier qui les amenait, et lui répétèrent les dernières paroles de leur père, en le priant de faire entre eux le partage de la succession. Afà leur dit : « Tout ce qui, dans les biens de votre père, ressemble par la couleur à la tente rouge appartiendra à Modhar. Rabîa, auquel a été donné le cheval bai-brun et la tente noire, aura tout ce qui est d'une couleur analogue. Avec l'esclave à cheveux gris, tout ce qui est de couleur grise sera pour Iyâd; j'adjuge à Anmâr l'argent et le reste de l'héritage. » En conséquence, Modhar prit pour sa portion, dans les biens de Nizâr, l'or, les chameaux roux et le vin, Rabîa eut les chevaux, dont la plupart étaient bruns. Le lot d'Iyâd fut le bétail gris, moutons et chèvres; Anmâr, à qui était dévolu le restant de la succession, fut appelé depuis *Anmâr-el-Fadhl* (Anmâr du reste). Ses frères reçurent les surnoms de *Modhar-el-Hamrâ* (Modhar de la tente rouge), *Rabiat-el-Faras* (Rabîa du cheval), et *Iyâd-el-Chamtâ* (Iyâd de l'esclave grisonnante)[2].

Tous les fils de Nizâr eurent une postérité nombreuse.

———

On lit dans le *Kitab-al-Aghâni* le récit suivant d'une aventure

[1] Voltaire a probablement eu connaissance de cette anecdote, qu'il a imitée et embellie dans le conte de *Zadig*.
[2] Voyez Proverbes de Meïdâni, traduit, par M. Quatremère, *Journal asiatique*, mars 1838, pages 246-251.

de Zayd-el-Khayl avec un voleur de la tribu de Chayban, c'est le voleur lui-même qui parle :

« Des malheurs m'avaient réduit à la misère. Je menai ma femme et mes enfants à la ville de Hira, et leur dis : « Restez » ici, et implorez l'humanité du roi; il ne vous laissera pas mou- » rir de faim. Pour moi, je vais tenter la fortune, et je jure de » revenir avec du butin ou de périr. » Je partis muni d'une petite provision de vivres. A la fin de la première journée, je vis un superbe cheval qui paissait, avec des entraves aux pieds, à quelque distance d'une tente isolée. Personne ne paraissait le surveiller, je conçus l'idée de m'en emparer. J'allais lui ôter ses entraves et sauter sur son dos, quand ces mots, prononcés par une voix menaçante : « Fuis, où tu es mort! » m'obligèrent de détaler au plus vite.

» Je marchai ensuite pendant six jours, sans qu'aucune chance favorable s'offrît à moi. Le septième, j'arrivai en un lieu où une grande et belle tente était dressée près d'un parc à chameaux actuellement vide. Je me dis à moi-même : « Ce parc se remplira » ce soir. Il y a ici quelque chose à faire. » Je plongeai mes regards dans l'intérieur de la tente. Un seul homme y était assis ; c'était un vieillard courbé sous le poids de l'âge. Je me glissai furtivement derrière lui, et me blotis dans un coin. Au coucher du soleil, un cavalier semblable à un colosse, monté sur un puissant cheval, parut devant la tente, escorté de deux esclaves noirs. Il ramenait du pâturage cent chamelles avec un étalon et un troupeau de brebis. Le cavalier dit à l'un des nègres de traire une chamelle qu'il lui désigna, et de donner à boire au cheikh. L'esclave obéit, apporta une jatte de lait qu'il plaça près du vieillard, et se retira. Le vieillard but lentement deux ou trois gorgées, et posa le vase à terre. Dévoré d'une soif ardente, je ne pus résister au désir de la satisfaire. J'étendis doucement la main, saisis la jatte, et avalai le reste du lait. Un instant après, le nègre revint, emporta la jatte, et, voyant qu'elle était vide, il dit au cavalier : « Mon maître, il a tout bu. — Tant mieux, répliqua le » cavalier; eh bien, trais cette autre chamelle. » Bientôt une seconde jatte de lait fut présentée comme la première fois au vieillard. Il ne fit qu'y tremper ses lèvres, et la remit à côté de lui. Je la saisis encore, et j'en bus seulement la moitié, pour ne pas éveiller le soupçon. Le nègre, étant venu la reprendre, dit à son maître : « Il en a laissé, il n'a plus soif. » Pendant ce temps les chamelles étaient entrées dans le parc, et s'étaient couchées autour de leur étalon. Une brebis avait été tuée, et rôtissait devant un feu petillant. Le meilleur morceau fut servi au cheikh, qui soupa seul; le cavalier mangea hors de la tente avec ses deux nègres.

» Quand ils furent tous endormis, et que le bruit de leur respiration m'eut fait connaître que leur sommeil était profond, je sortis de ma cachette, j'entrai dans le parc, et, allant droit à l'étalon, je le débarrassai de son entrave, *ihâl;* je le montai, et le poussai dans la direction de Hîra. Les chamelles suivirent le mâle, et je m'éloignai rapidement avec ma capture.

» Je cheminai toute la nuit; lorsque le soleil se leva, je regardai derrière moi; je ne découvris personne. Plein d'espoir, je pressai le pas, me retournant de temps en temps pour voir si j'étais poursuivi. Vers le midi, j'aperçus au loin un objet qui s'approchait avec la vitesse d'un oiseau. En un moment l'objet prit la forme d'un cavalier; enfin je reconnus le guerrier et le cheval que j'avais vus la veille. Aussitôt je sautai à terre, j'entravai l'étalon, et me plaçant entre le troupeau immobile et mon adversaire, je vidai mon carquois à mes pieds et préparai mon arc. Le cavalier s'arrêta à une petite portée de flèche et me cria : « Délie la jambe de ce chameau et sauve-toi. — Non, répondis-je,
» j'ai juré à ma femme et à mes enfants de revenir avec du butin
» ou de périr. — En ce cas, tu es mort, dit-il; obéis. — Non, ré-
» pétai-je, je saurai défendre ma prise. — Insensé! s'écria-t-il,
» ta perte est certaine. En veux-tu la preuve? ajouta-t-il en pre-
» nant son arc, fais cinq nœuds à la longe du chameau, et laisse-
» la pendre. » Désirant juger de son adresse, j'exécutai ce qu'il m'indiquait. « Maintenant, dit-il, lequel de ces nœuds veux-tu
» que je perce de ma flèche? » Je désignai celui du milieu. A l'instant la flèche partit et le traversa. Puis en un clin d'œil

quatre autres flèches décochées avec la même justesse vinrent successivement frapper les autres nœuds, et alors je détachai l'entrave du chameau, et, croisant les mains, je restai dans l'attitude d'un homme qui se rend prisonnier. Le cavalier vint à moi, me désarma, et m'ayant fait monter en croupe, il chassa devant lui l'étalon toujours fidèlement suivi par les femelles, et regagna sa tente.

« Que penses-tu que je vais faire de toi? me demanda-t-il en arrivant. — Hélas! répondis-je, j'ai tout lieu de craindre un traitement rigoureux. » Le matin, en découvrant le vol des chamelles, il avait compris que la quantité plus qu'ordinaire de lait présentée la veille au vieillard avait dû être bu en partie par le voleur caché dans la tente. « Est-ce que tu crois, dit-il, que je sévirai contre un homme qui était hier soir le convive de mon père Mohalhil! — Ton père Mohalhil! m'écriai-je; tu es donc Zayd-el-Khayl? — Oui, dit-il. — Un guerrier tel que toi, continuai-je, doit avoir l'âme généreuse. » Il répondit : « Bannis toute crainte. Si ces chamelles étaient ma propriété, je te les abandonnerais volontiers. Mais elles appartiennent à la fille de Mohalhil; je ne puis en disposer. Au reste, demeure ici quelques jours; je suis sur le point d'entreprendre une expédition. »

» En effet, il se mit en campagne le lendemain. Peu de jours après, il revint ramenant cent chameaux qu'il avait enlevés aux Benou-Nomayr. Il m'en fit présent, et me congédia en me donnant une escorte qui m'accompagna jusqu'à Hîra. »

Caussin de Perceval, *Essai sur l'Histoire des Arabes avant l'islamisme.*

V

— Page 64 —

LES POËTES ARABES AVANT MAHOMET

ET LES MOALLACAS

..... D'un côté, l'amour de la vengeance et ses excès, la loi du talion imposée à tous, le besoin d'égalité, la rapine et le brigandage justifiés par la victoire, l'adresse et la force substituées au droit; de l'autre, l'hospitalité pratiquée avec une admirable abnégation, une soif ardente de renommée, ce mobile des plus belles actions et des plus grands crimes : tel était le spectacle que présentait l'Arabie; la passion y jouait le principal rôle, et l'on pouvait aisément prévoir que le jour où ces esprits bouillants et aventureux se porteraient vers un objet unique, ils prendraient un élan irrésistible. Pour arriver à un tel résultat, deux conditions étaient encore nécessaires, l'uniformité de langage et l'unité de religion; la première était en partie obtenue. En effet, les Arabes, en obéissant à leurs seuls instincts, avaient préparé la fusion en une seule langue des dialectes de leurs nombreuses tribus. Jaloux de transmettre à leurs descendants le souvenir de leurs exploits, ils aimaient la poésie qui leur en fournissait le moyen, et voulaient que leur gloire pût se répandre dans toute la péninsule. Mais les auteurs du Nedjed et de l'Hedjaz n'étaient pas compris par ceux de l'Yémen; les tribus d'un même pays elles-mêmes ne faisaient pas toujours usage de termes identiques. Les poëtes reçurent la mission de créer une langue plus générale. Leurs vers, récités partout, fixèrent les mots destinés à représenter irrévocablement les idées; lorsque plusieurs familles appliquaient deux expressions différentes à la même pensée, on adoptait celle que le poëte avait choisie, et la langue arabe se forma peu à peu. On comprit en même temps les avantages de la civilisation; l'on rendit aux travaux de l'esprit l'estime qui leur est due et qu'on n'avait accordée jusqu'alors qu'aux triomphes de la force physique. Il y eut des assemblées générales où l'on apprenait à se connaître et à s'aimer. Ces assemblées, qui se tenaient à Ocazh, petite ville située entre Taïef et Nakhla, à trois journées de la Mecque, à Macjna, et à Dzou'l-Medjaz, derrière le mont Arafat, n'étaient véritablement que des congrès de poésie; du reste, malgré la simplicité qui y régnait, rien n'était plus imposant : c'était comme aux jeux olympiques. Devant un auditoire silencieux et recueilli, se levait un guerrier à la démarche fière : aucune dignité, aucun ornement n'indiquait qu'il eût un rang supérieur, et pourtant tous les yeux étaient tournés vers lui. Il montait sur un tertre, et là, d'une voix sonore, sans autre secours que celui de l'inspiration ou d'une mémoire prodigieuse, il récitait un poëme entier. Tantôt il chantait ses hauts faits, la noblesse de sa tribu; tantôt il dépeignait les plaisirs de la vengeance, tantôt les douceurs de l'hospitalité, tantôt le courage, toujours l'honneur. D'autres fois il s'arrêtait à peindre les merveilles de la nature, les solitudes du désert, les oasis si désirées, la légèreté de la gazelle. Suspendus à ses lèvres, les auditeurs se laissaient aller à tous les sentiments que le poëte voulait leur inspirer : sur leur figure attentive se peignaient l'admiration pour le héros patient dans l'adversité, et le mépris pour le lâche. Ils ne dissimulaient point leurs sentiments, et le poëte, puisant une énergie plus vive encore dans cet aveu de sa puissance, reprenait son récit avec un nouvel enthousiasme. Doués d'une autorité sans égale, les poëtes arabes devaient être les historiens de leur pays avant Mahomet; maîtres de l'opinion, ils élevaient ou abaissaient à leur gré les différentes tribus; aussi étaient-ils craints et respectés. Leurs œuvres, quand elles avaient été accueillies au congrès d'Ocazh, étaient écrites en lettres d'or sur des toiles d'une étoffe précieuse, et suspendues dans la Kaaba pour être conservées à la postérité.

Grâce à ce soin, sept poëmes ou *moàllacàs* sont parvenus jusqu'à nous, et le nom de leurs auteurs est encore célèbre. Ce sont Imroulcaïs, mort en 540; Tarafa, mort en 564; Amrou, mort en 622; Harith, né en 540; Lebid, mort en 662; Zohéir, mort en 627, et Antara ou Antar, mort en 615, Antara surtout, qui personnifie très-bien toute cette poésie antéislamique. Les Arabes, le soir, sous la tente, écoutent avec délices ses compositions merveilleuses, qui joignent aux charmes d'un récit touchant et dramatique une mélodie douce et passionnée; ils y trouvent réunis tous les sentiments, toutes les passions qui peuvent les animer, dans une langue qui semble avoir été créée uniquement pour les exprimer. La *moàllacà* de Harith-ben-Hillizé rappelle le différend des Bacrites et des Taghlibites, les combats où ses adversaires ont eu le dessous, les affronts qu'ils ont reçus et qui sont restés impunis. Zohéir célèbre la réconciliation des Abs et des Dhobyan. Amr ou Amrou, fils de Colthoum, fait un éloge emphatique de la tribu des Taghlibites en général, et de la famille de Djorhom en particulier. Les *moàllacàs* d'Imroulcaïs, de Tarafa, d'Antara et de Lebid ont un autre caractère, c'est une suite de tableaux où se peint l'imagination de l'auteur; les riches détails, les comparaisons variées, les figures hardies dont ces poëmes sont semés, ont servi de modèle aux écrivains des siècles suivants. Imroulcaïs, né vers l'an 500, avait longtemps mené une vie errante. Son père était chef des Abou-Asad; il périt assassiné, et Imroulcaïs, pour venger sa mort, s'adressa inutilement aux Arabes nomades du désert, aux princes de l'Yémen et à l'empereur Justinien; il expira lui-même près d'Ancyre, peut-être empoisonné. Tarafa eut une destinée plus cruelle encore : ayant encouru la disgrâce du roi de Hîra, Amr, fils de Hind et de Moundhir III qui l'avait accueilli avec faveur, il fut enterré vivant, à peine âgé de vingt ans. Antara, qui s'illustra par ses exploits et son génie poétique, n'eut pas des aventures moins surprenantes; fils de Cheddad et d'une esclave abyssinienne, il suivit d'abord le sort de sa mère; déclaré libre au milieu d'une action sanglante, il fit des prodiges de valeur et devint un véritable héros; ses hauts faits ont donné naissance à un roman moderne très-populaire en Orient, et qui ne comprend pas moins de trente-quatre volumes in-4°. L'auteur Sayyid-Yousef, fils d'Ismaïl, a fait une peinture exacte de l'existence des Arabes du désert, dont il décrit avec une verve singulière les vertus et les vices, introduisant dans son récit les événements et les personnages les plus remarquables du siècle de Mahomet. Antara fut tué dans un âge avancé par un Arabe de la tribu de Nebhan, nommé Wizr, qui fut un des députés envoyés au prophète en 629 par les Benou-Tay.

A côté des sept poëtes qui eurent l'honneur d'attacher leur nom aux *moàllacas*, se trouvent des hommes d'un mérite aussi éminent, parmi lesquels nous devons mentionner les deux Mourrakisch, qui prirent part à la guerre de Bacous; Schanfara, de la tribu d'Ard; Taabbata-Scharran; Nabigha-Dhobyani, qui se concilia successivement la faveur des rois de Hîra et des princes ghassanides, et qui vécut jusqu'au commencement du septième siècle de notre ère; enfin Dourayd, fils de Simma, qui périt à la bataille de Honaïn, après avoir atteint une extrême vieillesse.

SÉDILLOT, *Histoire des Arabes*.

VI

— Page 146 —

—

CHARTE DONNÉE PAR MAHOMET A MÉDINE

ALLIANCE AVEC LES JUIFS

Tous les musulmans issus de Coresch ou d'Aus et de Khazradj, et tous les individus, de quelque origine qu'ils soient, qui font cause commune avec eux, forment un seul et même corps de nation. — Les Coreischites émigrés se cotiseront entre eux pour payer le prix du sang versé par l'un d'eux; ils rachèteront ceux des leurs qui seraient faits prisonniers. — Il en sera de même de quelques autres tribus; chacune se cotisera pour payer le prix du sang versé par un de ses membres, et racheter ceux des siens qui seraient faits prisonniers. — Tout musulman qui est dans l'impuissance d'acquitter une rançon ou une amende a droit d'être assisté par ses frères. — Un musulman ne tuera point un musulman pour venger la mort d'un infidèle. — Un musulman ne prendra point le parti d'un infidèle contre un musulman. — Le croyant puissant doit respecter dans le faible la protection de Dieu, qui couvre également tous les musulmans. — Les croyants sont tous les alliés les uns des autres; cette alliance est plus étroite que toutes celles qu'ils pourraient avoir avec des hommes étrangers à leur religion. — L'état de paix ou de guerre est commun à tous les musulmans ; nul d'entre eux n'a droit de conclure de paix particulière avec les ennemis de ses coreligionnaires. — Aucun idolâtre ou juif ne peut protéger contre les musulmans les biens ou les personnes des Coreischites idolâtres. — Les juifs qui s'attachent à nous seront à l'abri de toute insulte ou vexation ; ils ont droit à notre assistance et à nos bons offices. — Les juifs des diverses branches d'Auch et de Kazradj, les Chatba, les Thalabat-ibn-el-Ghityoun, et tous autres domiciliés à Yathreb, forment avec les musulmans un seul et même corps de nation. Ils professeront librement leur religion, comme les musulmans la leur. Les clients et amis de ces juifs jouiront comme eux-mêmes d'une entière sécurité. — Ceux-là seulement qui se rendraient coupables de quelque crime seront poursuivis et punis. — Les juifs devront se joindre aux musulmans pour défendre Yathreb contre tout ennemi qui viendrait l'attaquer. — Tant que les musulmans auront des ennemis à combattre, les juifs contribueront avec eux aux frais de la guerre. — L'intérieur d'Yathreb devient un lieu sacré pour tous ceux qui acceptent cette charte. — Les protégés ou alliés des musulmans et des juifs seront respectés comme eux-mêmes. — Tous les vrais croyants doivent frapper de réprobation l'auteur d'un crime, d'une injustice, d'un désordre. Nul ne soutiendra le coupable, fût-il son plus proche parent. — Celui qui tuera un musulman sans motif légitime sera soumis à la peine du talion, à moins que les parents du mort ne se contentent de recevoir le prix du sang. Tous les musulmans sont tenus de se réunir contre le meurtrier. Que la malédiction de Dieu tombe sur quiconque donnerait assistance ou refuge au criminel ! — Toute contestation qui pourrait surgir à l'avenir entre ceux qui acceptent la présente charte sera soumise à la décision de Dieu et de Mahomet.

CAUSSIN DE PERCEVAL (*ouvrage cité*).

VII

— Page 224 —

OPINION DE GŒTHE SUR MAHOMET

Voici comment le plus grand poëte et un des philosophes rationalistes des plus judicieux de l'Allemagne parle de Mahomet :

« Ce fut ainsi, dit-il, que je conçus l'idée de rechercher, dans la série des événements réels dont se compose la vie de Mahomet, une peinture dramatique de ces tentatives si vivement présentes à mon esprit, et qui, déterminées par une noble impulsion, finissent le plus souvent par le crime. Jamais je n'avais pu voir un imposteur dans ce prophète de l'Orient. Je venais de lire avec le plus vif intérêt et d'étudier son histoire. Je me trouvais donc tout préparé pour l'exécution de mon projet. Mon plan se rapprochait des formes du drame régulier, vers lesquelles me ramenait déjà mon inclination, quoique j'y fisse, avec une certaine réserve, usage de cette liberté récemment acquise à notre théâtre, de disposer librement du temps et des lieux.

» La pièce commence par un hymne que prononce Mahomet. Seul au milieu de la nuit la plus brillante, il salue d'abord la multitude des étoiles, comme autant de divinités. La planète favorable de Gad (notre Jupiter) s'élevant alors sur l'horizon, il lui rend un hommage spécial, comme à la reine de tous ces astres. Peu après la lune se meut et brille à son tour : elle captive quelque temps les yeux et le cœur du pieux adorateur de la nature, qui, bientôt ranimé et sentant sa vie se renouveler à l'éclatante apparition du soleil, se répand en hommages nouveaux ; mais cette succession des astres, quelque satisfaction qu'elle lui inspire, laisse encore son cœur en proie aux désirs. Il sent qu'il y a encore au delà quelque chose de plus grand, et c'est alors qu'il s'élève jusqu'au Dieu unique, éternel, infini, à qui tous les êtres finis doivent l'existence. J'avais composé cet hymne avec le plus vif enthousiasme : il s'est perdu. Mais ce pourrait encore être le sujet d'une cantate, qui offrirait au compositeur un vaste champ pour une grande variété d'expression. Il faudrait, et c'était mon intention, qu'il se pénétrât bien de la situation de Mahomet, conducteur de caravane, entouré de sa famille et de sa tribu. Il trouverait dans cette multitude des moyens suffisants pour faire alterner les voix et former un beau chœur.

» Après que Mahomet s'est ainsi converti lui-même, il fait part de ses sentiments et de ses croyances à sa famille. Sa femme et Ali deviennent ses zélés prosélytes. Au second acte, il s'efforce de propager sa religion dans sa tribu, et Ali le seconde avec la plus vive ardeur. C'est alors que se manifestent l'enthousiasme et l'aversion, suivant la différence des caractères. La discorde éclate, la lutte devient violente, et Mahomet est obligé de fuir. Au troisième acte, il triomphe de ses adversaires, fait adopter sa religion comme culte public, et purifie la Kaaba des idoles qui la souillaient. Mais, ne pouvant tout dompter par la force, il a recours à la ruse. Les moyens humains se développent et s'étendent. Le but divin est oublié, et la lumière céleste s'obscurcit. Au quatrième acte, Mahomet poursuit le cours de ses conquêtes. Sa doctrine lui sert plutôt de prétexte qu'elle n'est pour lui un but. Il a recours à tous les moyens de succès, sans reculer même devant des cruautés. Une femme, dont il a fait périr le mari, lui donne du poison. Au cinquième acte, il en éprouve l'effet. Son génie sublime, son repentir, son retour à des sentiments plus dignes de lui, le font admirer. Il épure sa doctrine, consolide sa puissance, et meurt.

» Tel était le dessein d'un ouvrage qui fut longtemps le sujet de mes méditations. »

(*Correspondance de Gœthe.*)

TABLE

DES MATIÈRES CONTENUES DANS CE VOLUME

Préface..	3
Post-scriptum à la préface	37
Livre I. — Notions préliminaires.	47
Naissance de Mahomet, l'an 570.	73
Mahomet passe à Jérusalem, en 595.	85
Hégire, l'an 622.	145
Mort de Mahomet, l'an 632.	217
Livre II. — Califes arabes.	225
Première notice sur Ertogrul et Othman.	263
Notice sur les Turcs seldjoukides.	273
Livre III. — Turcs ottomans ou Osmanlıs	277
Ertogrul et Othman, l'an 1285	281
Livre IV. — Orkhan, en 1326.	299
Livre V. — Amurat, en 1360.	345
Appendice. — Pièces complémentaires, notes et éclaircissements.	399

FIN DU VINGT-TROISIÈME VOLUME.

www.ingramcontent.com/pod-product-compliance
Lightning Source LLC
Chambersburg PA
CBHW050904230426
43666CB00010B/2020